Steffen Unger

Vorkoster gesucht!

Steffen Unger

Vorkoster gesucht!

100 Berufe aus der Antike

Für meine Familie

Die Deutsche Nationalbibliothek verzeichnet diese Publikation
in der Deutschen Nationalbibliografie;
detaillierte bibliografische Daten sind im Internet über
http://dnb.d-nb.de abrufbar.

Der Verlag Philipp von Zabern ist ein Imprint der WBG.

© 2015 by WBG (Wissenschaftliche Buchgesellschaft), Darmstadt
Die Herausgabe des Werkes wurde durch die Vereinsmitglieder der WBG ermöglicht.
Lektorat: Thomas Theise, Regensburg
Satz: Doppelpunkt, Stuttgart
Umschlagabbildung: Entladen eines Schiffes mit Bleibarren und Wiegen der Barren, Mosaik,
Hadrumetum, Mitte 3. Jh. n. Chr. © akg-images / Gilles Mermet
Umschlaggestaltung: Stefan Schmid Design, Stuttgart
Gedruckt auf säurefreiem und alterungsbeständigem Papier
Printed in Germany

Besuchen Sie uns im Internet: www.wbg-wissenverbindet.de

ISBN 978-3-8053-4874-4

Elektronisch sind folgende Ausgaben erhältlich:
eBook (PDF): 978-3-8053-4817-1
eBook (epub): 978-3-8053-4818-8

Inhalt

Einleitung

Das Arbeitsleben in der Antike unterscheidet sich zum Teil gravierend von dem späterer Zeiten und dem unseren. Nicht allein der Fakt, dass ein Mensch Eigentum eines anderen werden und zu verschiedensten Arbeiten gezwungen werden konnte, beeinflusste die damalige Berufsbildung, Arbeitsverteilung oder -einstellung immens. Auch das weitgehende Fehlen von Wirtschaftsanalysen, der recht konstante Entwicklungsstand der technischen Hilfsmittel, die heute fremden Praktiken, Sitten und Bräuche schufen und beeinflussten die Berufe, über die wir uns heute teilweise wundern mögen. Zugleich war die Menschheit seit eh und je von Umständen betroffen, die bis heute anhalten, oder sie ging ebenso dauerhaften Beschäftigungen und Interessen nach. Vor allem Metropolen wie Athen oder Rom waren beispielsweise vom Getreideimport abhängig und konnten bei Lieferschwierigkeiten oder Missernten in schwerste Krisen geraten. Im ländlichen Bereich, der in der vorindustriellen Gesellschaft den wirtschaftlichen Löwenanteil stellte, hatte die Selbstversorgung der freien Kleinbauern, die Hauptstütze der antiken Staaten, oberste Priorität. Regierungen ergriffen mitunter die Initiative, um den Preis zu binden; die Regelung von Grundeigentum oder Fragen der Verteilungsgerechtigkeit sorgten bereits vor über 2000 Jahren für Aufruhr. Politiker kämpften gegen derartige Probleme oder nutzten sie für den eigenen Machtausbau. Die Menschen begeisterten sich für sportliche – oft auch tödlich endende – Wettkämpfe und musische Darbietungen, die Römer liebten die Thermen, und nicht zuletzt muss man der recht chauvinistischen Aussage, Prostitution sei „das älteste Gewerbe der Welt", einen gewissen Wahrheitsgehalt zusprechen. Kluge Köpfe entwickelten in verschiedenen Bereichen erstaunlich hochwertige und präzise Geräte, clevere Strategien oder auch Gesetze, die bis heute im Einsatz sind bzw. gelten.

Zahlreiche Berufe oder Tätigkeiten, die damals gelernt oder ungelernt, bezahlt oder unbezahlt, freiwillig oder erzwungen ausgeübt wurden, existieren noch heute, andere mögen aus heutiger Sicht absurd erscheinen. Die antike Welt wirkt zum einen fremd, zum anderen vertraut, denn unsere Kultur beruht in beträchtlichem Maße auf ihr.

Diese Sammlung von „100" Berufen – eine exakte Zahlenangabe ist allein aufgrund der häufigen Überlagerungen der Aufgabenbereiche und Kompetenzen sowie der oft ungenauen und verschiedenen antiken Bezeichnungen für ein und dieselbe Tätigkeit kaum möglich und auch nicht gewollt –, in zehn Branchen eingeteilt und untereinander verknüpft, ist durch Infokästen mit Zusatzinformationen und spektakulären Anekdoten und Fakten sowie durch eine halbfiktive und eine fiktive Reportage aus dem spätklassischen Athen bzw. dem kaiserzeitlichen Rom bereichert.

Aphrodites Ebenbild

Die Venus von Milo zeigt den Moment, als Phryne den Ältestenrat verzauberte.

Der Redner hat sein Plädoyer beendet. Starr verharrt er inmitten des Gerichts. Seine Augen wandern über die Gesichter der ehemaligen Archonten. Er versucht Ruhe zu bewahren. Schier unmöglich. Die Altehrwürdigen tuscheln, teils gelassen, teils energisch, mit vorwiegend verstimmten Gesichtern; dann kehrt Ruhe ein. Alle warten auf das Wort des Vorsitzenden. Doch Aristomenes verharrt auf seinem Platz ...

,Warum schweigen sie? Aristomenes müsste zum nächsten Punkt übergehen! Was würde Isokrates wohl sagen? Ich wünschte fast, er wäre hier! Ich habe all seine Ratschläge, die er uns jahrelang erteilt hat, befolgt und verbessert. Und dennoch: Diesmal ...'

Erst nach einer Weile erhebt sich der 72-jährige Vorsitzende des Areopags. Er wendet sich dem Redner zu und spricht in tiefem Bass: „Ich danke Euch, Hypereides. Für diese – nun ja – wie erwartet beeindruckende Rede, dieses Mal nicht als Ankläger, sondern als Verteidiger. Ich kann Euch versichern, dass Ihr auch darin dem hohen Gericht glaubwürdig erscheint. Zu glaubhaft diesmal, fürchte ich. Ihr macht selbst kein Geheimnis aus Eurer Beziehung zur Angeklagten. Doch das ist nicht der einzige Grund dafür, weshalb Euer Erfolgskurs in Gefahr ist."

Mehrere Mitglieder des Areopags stimmen lauthals zu. Aristomenes genügt ein kurzes Handzeichen, um sie zur Ruhe zu bringen.

„Bevor wir abstimmen, frage ich, ob sich jemand zur Rede des Hypereides äußern möchte."

Prompt erhebt sich ein etwa Fünfzigjähriger mit Glatze und grauem Vollbart. Hypereides, etwa gleichen Alters, nur etwas fülliger, knirscht leise: „Alexias. Kein Wunder."

Der hagere Athener schaut zum Vorsitzenden und sagt auf dessen Zeichen hin: „Ich teile Eure Meinung, ehrwürdiger Aristomenes. Hypereides hat auch mich erneut davon überzeugt, bei Isokrates durch eine hohe Schule gegangen zu sein. Und gerade hier liegt das Problem! Wie wir alle wissen, äußert sich der alte Lehrmeister seit Längerem öffentlich im Sinne der Makedonier! Er scheint Philippos regelrecht zu bewundern! Das sollte Euch doch genauso stören wie viele andere auch, da Ihr wie sie und ich die Gefahr erkannt habt, die über uns schwebt. Wir alle spüren doch, wie Philipp, der große Retter Delphis, immer weiter nach Griechenland ausgreift. Und alles nur wegen der verräterischen Bundesgenossen, die wir so entbehrungsreich bekämpfen mussten. Wir können uns ganz besonders jetzt Skandale wie um diese Frau in unserer Stadt nicht leisten. Der Areopag muss durchgreifen, um seinen uralten Einfluss zu bewahren, und die Position aller künftigen Archonten stärken!"

„Der Krieg war nicht der einzige Grund, das weißt du, Alexias!", platzt sein Rivale Pytheas in die Rede. Andere unterstützen ihn lauthals: „Du begehrst sie doch selbst! Das weiß die ganze Stadt!"

Alexias schnaubt.

„Um mich geht es hier nicht, sondern einzig und allein um die Angeklagte. Sie hat die Götter beleidigt. Diesen Frevel zu verzeihen heißt, selbst zu freveln!" Seine Sympathisanten brüllen, die Situation scheint zu eskalieren. Aristomenes eilt in die Mitte des Saals. Der Schein der Öllampen lässt sein erregtes Gesicht streng und alt erscheinen; seine Augen treten hervor. Er dreht sich mehrere Male behäbig um sich selbst und hält dabei seinen Gehstock in die Höhe. Diesmal kehrt erst Ruhe ein, als die Gerichtsdiener hereinstürmen, die nur selten auf dem Areshügel zum Einsatz kommen. Die prekäre Situation vorausschauend, hat er sie beim Rat der 500 für den Prozess beantragt. Sie stellen sich zwischen die beiden Lager, die sich im Lauf des Wortgefechts formiert haben. Er ermahnt seine Kollegen immer wieder zur Ruhe. Erstaunt richten die Areopagiten ihre Gewänder und setzen sich. Der Alte tritt auf Hypereides zu.

„Geht bitte einen Moment hinaus, Hypereides."

Der Redner nickt; er geht auf die Tür zu. Ein Diener öffnet und schließt sie hinter ihm. Hypereides stellt sich an die kleine Mauer, die den Areshügel begrenzt, und schaut hinüber zur Akropolis. An der mehr als hundertjährigen Athena, die oben schwer bewaffnet über die Stadt wacht, finden Ausbesserungsarbeiten statt. Der gewaltige Bronzekörper ist bis zur Hüfte von einem Gerüst bedeckt, auf dem einige Handwerker arbeiten. Von unten scheinen sie Anweisungen zu erhalten, vielleicht vom Baumeister. Hypereides genießt es, sich in Gedanken über die Geschichte seiner Heimatstadt zu verlieren, um von seinem momentanen Kummer Abstand zu nehmen. Zumindest für einige Momente. Er wird jedoch eher als gewollt zurückgeholt: Sie sagt nichts, doch er weiß, was sie sagen würde – wenn sie wollte. Dass es keinen Ausweg gibt. Nicht in dieser von Männern bestimmten Welt.

„Wenn sie Sokrates verurteilt haben, dann mich erst recht", sagt Phryne trocken, die mit ihren Sklaven neben dem Gebäude gewartet hat und leise an ihren Liebhaber herangetreten ist. Sie trägt einen feinen Chiton, darüber einen Mantel, im Haar ein Band – keine Schuhe und keinen Schmuck. Hypereides schaut zum Parthenontempel, dreht sich dann langsam um. Er weiß nicht, ob er ihren Anblick heute verkraften kann. Es verbindet ihn mehr mit ihr als bezahlte Erotik und anspruchsvolle Konversation, wie sie typisch für Hetären sind. Zumindest gilt das für ihn. Was sie fühlt, hat er nie erkennen können. Doch ist er sich sicher – genau deshalb liebt er sie.

„Was kann ich nur tun? Ich habe auf Praxiteles verwiesen, deinen Einfluss, deine großzügigen Weihungen und Spenden. – Sie reden nur von Gottlosigkeit. Ich weiß nicht, was passiert."

Sein Blick streift die vier Leichtbewaffneten, die den Weg hinab in die Stadt – die Fluchtmöglichkeit – blockieren. Den Felsen hinabklettern? Würde zu lange dauern ... Hypereides hört nicht, wie Phryne seinen Namen wiederholt, merkt aber ihren festen Griff an seinen Schultern. Er blickt sie verstört an; sie nickt in Richtung Gebäude. In der Tür steht sein Freund Skamandrios und winkt ihn heran, kommt Hypereides aber auch entgegen.

Leicht geduckt flüstert er: „Es ist noch nicht entschieden. Ihr könnt wirklich froh sein, dass der Fall von der Heliaia hierher verlegt worden ist – vor dem Volk wäre das Urteil längst gefallen. Du kannst sie noch retten, aber gib acht, was du sagst. Die Mehrheit scheint Alexias zu folgen!"

„Richtig." Alexias steht plötzlich hinter ihm. Er schaut argwöhnisch zu Phryne und ruft: „Das Gericht hat tatsächlich entschieden, die Angeklagte selbst vorzuladen – an deiner Seite, Hypereides."

Grinsend fügt er hinzu: „Wollen wir sehen, ob Tugend oder Laster überwiegen. Das wird entscheidend sein."

Hypereides folgt zögernd den festen Schritten Phrynes. Sie stellt sich mitten in den Saal.

Aristomenes fährt fort: „Also, Hypereides. Wir stimmen dir zu, dass Praxiteles ein großartiger Künstler ist. Ganz gewiss hat er hervorragende Werke geschaffen, doch zeigen sie nicht das, was Athen jetzt braucht: Stärke und Gemeinschaftsdenken. Und wo ist Praxiteles? Warum weilt er nicht unter uns? Weiß jemand, wo er sich aufhält?"

„Wie ich hörte, in Megara oder Korinth."

„Ach was, er ist in Thespiai, wo er die Hetäre in Gold verewigen soll! Wie die Göttin selbst!"

„Sie hätte in Böotien weiter Gemüse verkaufen sollen!"

„Ruhe!", wiederholt Aristomenes. „Das geht zu weit, Alexias!" Der Vorsitzende wendet sich Phryne zu und ruft: „Jedoch – in der Tat lautet die von mehreren Bürgern bestätigte Anklage, die hier Vorgeladene habe mehrfach geäußert, sie sei mindestens genauso schön wie Aphrodite selbst, also könne Praxiteles die Göttin auch nach ihrem Abbild schaffen – noch dazu völlig nackt! Entspricht dies der Wahrheit? Ich gebe Euch, Hypereides, nun eine letzte Möglichkeit, diesen ungeheuren Vorwurf zu entkräften."

Phryne schaut Hypereides an: Was wird er antworten? Welches Argument bleibt noch? Er selbst ist wie gelähmt, starrt erneut in die Runde. Ein Blick zu seiner Geliebten ... Sie scheint sich ihm zuzuwenden und einen Arm zu heben! Will sie ihn berühren? Ihm etwas zeigen? Er denkt nicht weiter nach – er handelt. Blitzschnell fliegt ihr Mantel vom Körper, Hypereides springt geradezu vor Phryne hin, schaut ihr tief in die Augen – und zerreißt ihren Chiton in zwei Zügen. Bis auf einen kleinen Schurz bekleidet, steht sie regungslos vor der entsetzten Versammlung. Erst verschränkt sie die Arme, dann senkt sie sie, atmet entspannt aus und schaut geradeaus an die Wand.

Die einstigen Archonten springen auf, wenden sich beschämt ab, um im nächsten Moment doch hinzuschauen, trauen ihren Augen nicht oder wollen ihre Erregung nicht wahrhaben. Der Körper der über vierzigjährigen Hetäre ist, wie sie finden, makellos; ihre Haut marmorglatt. Es ist ein Rätsel, warum sie ihren eigentlichen Namen, den keiner hier kennt, abgelegt hat und sich „Kröte" nennt oder nennen lässt.

Als sich der Tumult etwas gelegt hat, beschwört Hypereides die gelähmte Menge. „Seht selbst, warum Praxiteles sie als Modell gewählt hat! Phryne steht unter Aphrodites Schutz höchstpersönlich. Nicht wer sie verteidigt – wer sie verurteilt, der frevelt, der kränkt die Göttin! Ich fordere Freispruch! Freispruch!"

Die überwiegende Mehrheit beginnt tatsächlich zu jubeln. Alexias tobt und brüllt dazwischen, doch nur seine direkten Nachbarn können ihn verstehen. Er drängt sich aus dem Gemenge und verlässt das Gebäude. Aristomenes und Hypereides schauen sich stumm an – ihre Blicke schweifen vorbei an der nackten Phryne, die nicht aufhört, in Bewegungslosigkeit zu verharren. Nur ein kurzes, kaum erkennbares Augenzwinkern zeigt Hypereides ihr ungebrochenes Selbstbewusstsein.

Politisches

❦

Im Zuge ihrer Entwicklung, Expansion und ihres Hegemoniebestrebens versahen die griechischen Stadtstaaten und das Imperium Romanum die antike Welt mit einer Fülle von administrativen Tätigkeiten, die entweder in abgewandelter Form noch heute existieren, in unserem Sprachgebrauch verankert sind oder aber kurzlebig waren. Die höchsten Ämter blieben oft dem Adel und den privilegierten Ständen vorbehalten, die es sich leisten konnten, auf das oft nicht vorgesehene Gehalt zu verzichten oder sich mit einer Aufwandsentschädigung zufrieden zu geben. Diese Ehrenämter waren äußerst begehrt, denn ihre Träger konnten mit einer herausragenden politischen Laufbahn Ansehen erringen, sozial aufsteigen, ihren Einfluss und mittelbar auch ihr Vermögen steigern.

Griechenland

Die Archonten – zehn „Herrscher" aus älterer Zeit

In vielen griechischen Poleis war das Archontat jahrhundertelang das höchste politische Amt. Es war aus der königlichen Gewalt hervorgegangen, die in Athen im Verlauf der sogenannten *dark ages*, vielleicht im 11./10. Jahrhundert v. Chr., abgeschafft worden war. Hier verteilten sich die umfassenden Kompetenzen erst auf einen, später auf drei *archontes* aus dem Geburtsadel (die Eupatriden), die für zehn Jahre gewählt wurden und in einem eigenen Gebäude tagten. Um deren Macht weiter einzudämmen, konnten sie ihr Amt – folgt man der erhaltenen, wenn auch unvollständigen Archontenliste Athens – ab dem Jahr 683 v. Chr. nur noch für ein Jahr ausüben. Man durfte das Amt prinzipiell nur einmal innehaben. Solon, der Archon des Jahres 594/93 v. Chr., der selbst den Eupatriden angehörte, teilte die Bürger in vier Vermögensklassen ein – das Archontat blieb zunächst der ersten Klasse vorbehalten. Dennoch war die bisherige Macht des Geburtsadels stark beschnitten worden.

Vorsitzender war der *archon* (*eponymos*), nach dem etwa seit klassischer Zeit datiert wurde. Er klärte Familien- und Erbschaftsangelegenheiten, organisierte religiöse Feste und empfing Gesandte. Der *archon basileus* führte den Titel des Königs fort und hatte dessen einstige religiöse Macht inne; er entschied über Morde und Fälle, in denen dem Angeklagten Gotteslästerung vorgeworfen wurde. Der *archon polemarchos* war ursprünglich der militärische Oberbefehlshaber, war für andere Feste verantwortlich, entschied unter anderem auch über Streitigkeiten mit Nichtbürgern, vor allem Metöken. Sie alle hatten eigene Gehilfen.

Infolge massiver Unruhen – in der Archontenliste ist zu Beginn des 6. Jahrhunderts v. Chr. von *anarchia* die Rede – wurde das Amt, um eine noch abwechslungsreichere Besetzung zu gewährleisten und als wirksames Mittel gegen Korruption, etwa zu jener Zeit auf neun bzw. zehn Köpfe verteilt. Dazu gehörten die Thesmotheten, die „Gesetzeshüter". Sie schrieben Gesetze nieder und bewahrten sie auf, informierten die Öffentlichkeit über ergangene Gesetzesvorschläge und hatten umfassenden Einfluss auf Gerichtszeiten und -beschlüsse, die komplizierte Auswahl der Richter und Geschworenen. Der ihnen Ende des 6. Jahrhunderts v. Chr. vom Staatsmann Kleisthenes zugeteilte Sekretär, der *grammateus*, unterstützte sie bei schriftlichen Formalitäten. Für die Zeit der Peisistratiden, der Tyrannen Athens (546–510 v. Chr.), sind zwar Archonten nachgewiesen; sie entstammten jedoch Familien, die den Peisistratiden ergeben waren, oder dem Tyrannengeschlecht selbst.

Die insgesamt zehn „Herrschenden" kamen ansonsten aus allen zehn Bezirken (Phylen) Attikas, die Kleisthenes eingerichtet hatte – erst Ende des 4. Jahrhunderts v. Chr. wurden zwölf festgelegt. Sie legten zu Beginn ihrer Amtszeit einen Eid ab und mussten am Ende einen Rechenschaftsbericht vorlegen. Als Zeichen ihrer altehrwürdigen umfassenden politischen Gewalt trugen sie eine Art Krone. Nichtsdestotrotz verlor das Gremium in klassischer Zeit weiter an Einfluss. Staatsmänner der demokratischen Partei übertrugen viele Kompetenzen wie das militärische Oberkommando nach und nach auf die Strategen. Diese wurden fortan gewählt, während die Archonten spätestens seit 487 v. Chr. ausgelost wurden. Den *hippeis* („Rittern"), den Bürgern der zweiten Zensusklasse, stand das Amt seit etwa dieser Zeit offen. Die Staatsmänner Perikles und Ephialtes bewirkten 457 v. Chr., dass auch Angehörige der dritten Zensusklasse – der Zeugiten, die ein kleines Grundstück besaßen und zu denen die meisten Hopliten zählten –, diesem Rat beitreten durften. Insgesamt stand also wahrscheinlich mindestens der

Hälfte aller athenischen Bürger das einst mächtige Kollegium offen. Auffällig ist in diesem Zusammenhang, dass Themistokles, der Sieger über die Perser in der Schlacht von Salamis 480 v. Chr., der letzte namhafte Archon war. Er amtierte 493 v. Chr. Das Hauptaugenmerk der Athener lag nunmehr auf den Strategen.

Dass viele politische Ämter seit Mitte des 5. Jahrhunderts v. Chr. in Athen, das auf dem Höhepunkt seiner Macht war, vergütet wurden, wird ein weiterer Dämpfer für die Aristokraten gewesen sein: Mittellose konnten es sich nun finanziell erlauben, ein öffentliches Amt zu besetzen! Dieses demokratische Standbein überdauerte ungefähr zwei Jahrhunderte. Im Verlauf des 4. Jahrhunderts v. Chr. wurde festgelegt, dass schließlich auch die Theten, die besitzlosen Bürger, als Archon wirken durften.

> Orthagoras von Sikyon war der Sohn eines Opferschlachters. Er wurde Polemarch und schwang sich dadurch zum Tyrannen – einem gesetzlich nicht anerkannten Gewaltherrscher – auf. Sein Bruder Myron, Olympiasieger von 648 v. Chr. im Wagenrennen, wurde sein Nachfolger. Die **Tyrannis der Orthagoriden** hielt sich erstaunliche hundert Jahre. Der letzte ihrer Tyrannen war Kleisthenes, Großvater des bekannten Reformpolitikers. Er siegte 572 v. Chr. ebenfalls im olympischen Wagenrennen.

Seit Solon konnten die Archonten nach ihrer Amtszeit lebenslanges Mitglied im Areopag, dem Altenrat, der auf dem „Areshügel" gegenüber der Akropolis tagte, werden. Diesem altehrwürdigen Rat hatten zuvor nur Eupatriden angehört. Sie hatten den Beraterstab des Königs gebildet, sollen als das älteste Gericht schon in mythischer Zeit aktiv gewesen sein und waren bald mit vielen Verwaltungsangelegenheiten betraut worden. Im 7. und 6. Jahrhundert v. Chr. bestimmten die Areopagiten im Wesentlichen die Staatsgeschäfte, wachten über die Einhaltung der Sitten, die politischen Ämter oder prüften die Qualifikation von Bewerbern.

In klassischer Zeit büßten sie wie zuvor als Archonten zahlreiche ihrer alten Funktionen ein. Der radikale Demokrat Ephialtes bewog die Volksversammlung zur Verabschiedung von Gesetzen, die dazu führten, dass viele Kompetenzen auf andere Gremien wie die Boulé, den Rat der 500, übertragen wurden. Etwa hundert Jahre lang beschränkten sich die Debatten der geschwächten, aber immer noch geachteten Areopagiten, die bei der damaligen geringen Lebenserwartung höchstens 150 Mann gewesen sein können, auf Mordfälle und solche mit religiösem Hintergrund wie vielleicht den der Phryne. Danach sprach man ihnen wieder einige Funktionen zu, vor allem in Sachen Sittengesetzgebung. Der Areopag blieb auch in der Kaiserzeit eines der wichtigsten Gremien im alten Athen.

> Der erste, wenn auch mythische **Archon** Athens regierte Mitte des 11. Jahrhunderts v. Chr., der letzte bekannte „herrschte" im Jahr 484/85 n. Chr. Das Amt hatte somit – mit Unterbrechungen – das Weströmische Reich mit dessen Königen, Konsuln, Diktatoren und Kaisern überdauert. Auch in Ostrom (Byzanz) wurde es bis zu dessen Untergang abgewandelt beibehalten.

Die Epimeleten – Beamte verschiedener Art

Epimeleten, das Pendant zu den römischen Procuratoren, waren im alten Athen mit verschiedenen Aufgaben betraut: Finanzverwaltung, Kontrolle des Trinkwassers, Organisation von Festen, Marktaufsicht oder im Zusammenhang mit dem Attischen Seebund stehende Arbeiten. Sie konnten ferner neben dem Archonten die Choregen bestimmen und auch in vielen anderen Poleis für weitere Aufgaben zuständig sein. Sie ähneln sehr den *episkopoi* („Wärter", „Aufseher") und häufig in hellenistischer Zeit erscheinenden *epistatai* („Vorstehende"), von denen einer den König in verschiedenen Städten vertrat.

Die Ratsherren – auf Staatskosten gespeist

Die Bulé oder Boulé, die Ratsversammlung in demokratischen Poleis – hier jene Athens –, entstand unter Solon zu Beginn des 6. Jahrhunderts v. Chr., gewissermaßen als Ausgleich zum Areopag. Sie bestand zunächst aus 400 vorwiegend wohlhabenden Mitgliedern, die den archaischen vier Phylen („Stämmen") Athens entstammten. Um 500 v. Chr. weiteten die Athener die Bulé auf 500 Mitglieder aus, je fünfzig aus den neuen zehn Phylen. Der Rat bestand in schwankendem Umfang noch in der Kaiserzeit.

Diese *buleutai*, die mindestens dreißig Jahre alt und Bürger sein mussten, wurden jedes Jahr ausgelost – Iteration war nach einer Pause einmal möglich – und hatten die Aufgabe, die Tagesordnung der Volksversammlung (*ekklesia*), die oft alle neun Tage stattfand, vorzubereiten und diese einzuberufen, die Flotte instandzuhalten oder verschiedene hohe Amtsträger auf Tauglichkeit zu prüfen und auszuwählen. Sie verwalteten zudem den Staatsschatz und urteilten über verschiedene Delikte. Dafür hatten die Mitglieder einer Phyle als sogenannte Prytanen, als geschäftsführender Ausschuss, für 35 bzw. 36 Tage die Verantwortung; die Reihenfolge war ebenfalls Losentscheid. Sie teilten sich in Schichten ein, sodass mehrere von ihnen ständig am Buleuterion, ihrem Amtsgebäude nahe der Agora, wo der Rat außer bei Festen tagte, präsent waren und zum Beispiel Gesandte empfingen.

Ein Prytane wurde täglich, aber ohne Iteration zum Vorsitzenden der *bulé* und der *ekklesia* (*epistates*) erlost; er hatte dann die Verantwortung für die Archive und den Staatsschatz. Dieses ehrenvolle Amt, das lediglich die Archonten einst bekleidet hatten, besetzte zum Beispiel der berühmte Philosoph Sokrates 406 v. Chr. Doch auch die *prytaneis* verloren es im 4. Jahrhundert v. Chr. – an jeweils neun *prohedroi*, die zwar ebenfalls Ratsherren waren, aber zu jeweils einer der gerade nicht geschäftsführenden Phylen gehörten.

Die Buleuten erhielten seit Perikles ein tägliches Gehalt von einer Drachme, und wenn sie präsent waren, durften sie neben einigen anderen Privilegierten, vor allem Olympiasiegern, im neben dem Buleuterion liegenden Prytaneion auf Staatskosten speisen. In diesem Rundbau brannte auch das heilige Feuer der Hestia (röm.: Vesta), der Göttin des Herdfeuers. Buleuten waren zudem von der Teilnahme an Kriegszügen befreit. Dies betraf auch den eingangs erwähnten Redner und Logografen Hypereides im Jahr 338

> Das Gegenstück zur demokratischen *bulé* ist die typisch oligarchische *gerusia* oder *Gerousia*, meist ein Ältestenrat, der wahrscheinlich aus der Königszeit stammt. Spartas 28 Geronten („Greise"), die ein Mindestalter von sechzig hatten, wurden von der *apella* (Volksversammlung) per Akklamation gewählt. Sie berieten sich mit den Ephoren und waren sogar berechtigt, die beiden Könige Spartas, die ebenfalls Mitglied der Gerusia waren, zum Beispiel bei Versagen zu verurteilen.

v. Chr., als Philipp II. von Makedonien durch die Schlacht von Chaironeia die Herrschaft über Griechenland übernahm.

Räte anderer Poleis hießen zum Beispiel „die Fünfzig" (Tegea), „die Achtzig" (Argos), „die Dreihundert" oder die sechzig „Amnemones" (Knidos).

Das Ephorat – starkes demokratisches Element

Die Ephoren, die „Aufseher", waren die höchsten Beamten Spartas sowie einiger ähnlich strukturierter Poleis, die seit archaischer Zeit, vielleicht bereits in der Mitte des 8. Jahrhunderts v. Chr. von der Apella für jeweils ein Jahr per Akklamation gewählt wurden. Seit etwa 400 v. Chr. waren es fünf an der Zahl. Die beiden Könige, die von den Ephoren vertreten werden sollten und – als Kontrollmaßnahme – stets von deren zwei auf Feldzügen begleitet wurden, scheinen zumindest in der Frühzeit Einfluss auf die Ernennung gehabt zu haben. Nach dem ersten Ephoren benannten die Spartaner das Jahr. Später wurde ihre Macht ausgebaut. Die Ephoren waren einflussreiche Gesetzgeber, kontrollierten die Staatsfinanzen und die Heloten, die unterdrückte Bevölkerung der Landschaft Messenien, denen sie jährlich symbolisch den Krieg erklärten, entschieden mehrheitlich und in Kooperation mit der Apella über Krieg, Frieden und Bündnisse, leiteten die Gerousia, beriefen die Apella ein und konnten sowohl diese beiden Gremien als auch in Zusammenarbeit mit den Geronten die Könige zu verschiedenen Maßnahmen zwingen.

Ephoren und Könige leisteten zwar regelmäßig gegenseitige Eide, doch kam es häufig zu schweren Auseinandersetzungen, die sogar zur Verurteilung des Königs führen konnten. Zum Beispiel ließen sie den Regenten Pausanias – Vormund des minderjährigen Pleistoanax, des Sohnes des berühmten Leonidas – angeblich auf heimtückische Weise töten: Der vormalige Oberbefehlshaber der Griechen in der Schlacht von Plataiai gegen die Perser 479 v. Chr. hatte Hochverrat begangen und sich in einen Tempel geflüchtet. Dort konnten seine Häscher nicht gewaltvoll eindringen, doch erhielten sie den Befehl, Pausanias einzumauern. Kurz vor seinem Tod „befreiten" sie ihn, damit er nicht auf geweihtem Boden sterbe. Über seinen königlichen Namensvetter verhängten sie 395/94 v. Chr. die Todesstrafe, da er sich mit seinen Truppen nach der Niederlage des „Helden" Lysander kampflos zurückgezogen hatte. Auch hier wählte er weitsichtigerweise den Rückzug und ging nach Tegea ins Exil.

Die Ephoren waren dennoch keine entstellten „Monster", als die der Reißer „300" sie verteufelt, sondern Vertreter des Volks, die heute seltsam erscheinende Riten vollzogen, die in der antiken Welt jedoch allgegenwärtig waren: Sie legten sich zum Beispiel in einem Tempel zwecks Traumdeutung zur Ruhe. Doch auch sie schwebten durchaus in Gefahr, und zwar nicht erst nach ihrer kurzen Amtszeit: König Kleomenes III. löste ihr Gremium 227 v. Chr., als Sparta seine Macht längst eingebüßt hatte, auf und ließ die Ephoren ermorden. Das Ephorat existierte zwar weiter, selbst noch unter römischer Herrschaft, doch hatte es seine einstige politische Macht eingebüßt.

In den Städten Böotiens war der **Böotarch/Boiotarch** der oberste Beamte. In größeren Poleis gab es zwei und in Theben, der Hauptstadt des Bundes, zeitweise vier. Die wiederwählbaren Böotarchen führten die Amtsgeschäfte für ein Jahr, legten der Bundesversammlung Verträge und Gesetzesvorschläge vor und hatten den militärischen Oberbefehl. Bis zum frühen 4. Jahrhundert v. Chr. gab es elf, wenig später sieben. – In Thessalien hießen die höchsten Beamten *tagoi* bzw. *poliarchoi*.

Der Proxenos – „Freund (einiger) Gäste"

Ein *proxenos* war ein hoher Beamter im alten Griechenland. Er hatte Bürgerstatus und sollte die Bürger einer bestimmten anderen Polis in seiner Heimatstadt schützen. Konkrete Aufgaben waren die Vorstellung von Gesandten bei den Amtsträgern seiner Stadt oder deren Beherbergung in seinem Heim. Die Volksversammlung (*ekklesia*, *apella*) der jeweiligen auswärtigen Stadt ernannte ihn zum *proxenos*.

Im Gegenzug genoss dieser Amtsträger verschiedene Ehrungen in dieser Polis gegenüber den anderen dort lebenden Metöken (freien Nichtbürgern) und konnte im Fall einer Verurteilung oder eines Bürgerkriegs in seiner Heimat dort Zuflucht finden.

Berühmte Beispiele sind der Politiker Alkibiades (um 450–404 v. Chr.) und der Redner Demosthenes (384–322 v. Chr.), *proxenoi* der Spartaner

bzw. Thebaner in Athen, und der thebanische Dichter Pindar, der „Freund"
der Athener.

Die Schatzmeister – Hüter des Hortes

*Geldsäcke, Geschäfts-
bücher und ein Gefäß mit
Rechnungstäfelchen*

Die unzähligen griechischen Stadtstaaten, ihre Bezirke, die Heiligtümer
sowie private Vereinigungen hatten jeweils ein oder mehrere Schatzhäuser,
die von einem oft zur ersten Steuerklasse gehörenden Schatzmeister (*tamias*)
oder einem ganzen Kollegium verwaltet wurden.

Im Athen des 6./5. Jahrhunderts v. Chr. zum Beispiel überwachten die
sogenannten *kolakretai* – der Begriff geht möglicherweise auf kultische Aufgaben zurück – den Staatsschatz, der sich aus typischen Einnahmen wie
etwa Steuern oder aus dem Besitz von Ländereien füllte. Sie wiesen unter
anderem auch Zahlungen an verschiedene Beamte an. Die Verwaltung
großer Staats- und Tempelschätze war eine viel Vertrauen fordernde und
teilweise heikle Tätigkeit, bei der Vergehen schwer bestraft wurden. Obwohl die wichtigsten Schatzmeister deshalb von Finanzbeamten (*logistai*)
geprüft wurden, amtierten die zehn *kolakretai*, die in den einzelnen Phylen
ausgelost wurden, kein ganzes Jahr. Sie wechselten vielmehr zusammen
mit den Prytanen, den fünfzig Ratsherren einer Phyle, nach einem Zehntel
des Jahres. Ende des 5. Jahrhunderts v. Chr. wurde das Gremium aufgelöst.

Die zuvor zehn, seitdem zwanzig *hellenotamiai* übernahmen die Staatskasse sowie die damit verbundenen Aufgaben. Diese gewählten „Schatzmeister der Hellenen" verwalteten zugleich den Schatz, den die Seemacht Athen
mit seinem Delisch-Attischen Seebund seit 478/77 v. Chr. angehäuft hatte.
Nachdem der Bundesschatz zuerst auf Delos aufbewahrt worden war, brachten ihn die Athener 453 v. Chr. auf ihre Akropolis. Diese *tamiai* standen in re-
gelmäßigem Austausch mit dem Rat und der Volksversammlung, um die Einnahmen (*phoroi*, Tribute) und Ausgaben zu erfassen, zu prüfen oder zu

bestreiten. Ein erheblicher Teil der Einnahmen ging auf einen weiteren Schatz über: den der Athena, den zehn andere *tamiai* im Parthenontempel auf der Akropolis verwalteten. Ein weiteres Kollegium nannte sich „Schatzmeister der anderen Götter". Sie verwalteten Rückzahlungen von Anleihen.

Im 5. Jahrhundert v. Chr. sollen zehn *hellenotamiai* der Veruntreuung des Bundesschatzes angeklagt worden sein. Nach ihrer Hinrichtung stellte sich heraus, dass es sich um eine Falschaussage gehandelt hatte.

Mit der Niederlage im Peloponnesischen Krieg 404 v. Chr. wurde mit dem Seebund auch das Gremium der *hellenotamiai* aufgelöst und trotz Bildung des 2. Attischen Seebundes, der an die Macht des Vorgängers nicht mehr anknüpfen konnte, nicht mehr eingerichtet. Stattdessen verteilten sich Athens staatliche Einkünfte auf mehrere Institutionen mit speziellen *tamiai*.

Weitere Beamte im alten Griechenland (Auswahl)

Agoranomoi: Sie wurden jährlich gewählt, hatten die Marktaufsicht inne, prüften die dort und im Hafen eintreffenden Produkte und gingen gegen Betrüger vor. In Athen waren es zehn, doch sind *agoranomoi* von der klassischen Zeit bis in 3. Jahrhundert n. Chr. in etlichen griechischen Stadtstaaten belegt – mit gleichen, ähnlichen oder anderen Aufgaben. In Ägypten etwa kontrollierten sie unter anderem die Bewässerungsanlagen.

Astynomoi: in Athen zehn für die Straßen und die öffentliche Ordnung zuständige Beamte mit Schutzfunktion, auch Sittenwächter

Dioiketes: oberster Finanzbeamter unter den Ptolemäern, aber auch lokale Magistrate oder Verwalter

Episkopoi: „Aufseher", von verschiedenen Poleis für außenpolitische Angelegenheiten eingesetzt, auch im Christentum oft verwendet (Bischof)

Epistatai: die Leiter der Münzprägestätten, wo eigene und fremde Nominale (re-)emittiert bzw. eingeschmolzen wurden; auch: Beamte, die mit Bauunternehmen und Architekten im Auftrag der Stadt Verträge schlossen

Grammateus: von der *ekklesia* bestellter Schreiber/Sekretär für verschiedene Institutionen, allen voran die *bulé*; *hypogrammateus:* Untersekretär

Logistai: unter anderem Mitglieder eines athenischen Gremiums von in klassischer Zeit unterschiedlicher Anzahl, die vor allem – neben den zehn sogenannten *euthynoi* – Zwischen- oder Endabrechnungen von Magistraten prüften und bei Zweifeln diese an ein Gericht (Heliaia) weiterleiteten; unabhängig davon auch Rechnungsprüfer in der *bulé*

Metronomoi: im klassischen Athen per Los bestimmte Aufseher, die auf der Agora und am Piräus (Athens Hafen) Maße und Gewichte und auch die Münzprägung kontrollierten; die Urmaße wurden im „Tempel des kranztragenden Helden" aufbewahrt; in Rom übernahm ein *mensor sacomarius* (vgl. Vermesser) in etwa diese Aufgaben

Neoroi: wichtige Aufsichtsbeamte für die Seefahrt, die unter anderem Vorgehen und Finanzlage der Trierarchen prüften; ähnlich: die *trieropoioi*, die den Schiffbau organisierten

Nomographos: in archaischer Zeit in verschiedenen Poleis einzelner Staatsmann mit dem Auftrag, Gesetze niederzuschreiben oder zu erlassen; berühmte Beispiele: Drakon und Solon; stand später auch für verschiedene Kommissionen

Nomophylakes: als „Wächter der Gesetze" für deren Wahrung verantwortlich (darin den Thesmotheten ähnelnd), bis spätestens Ende der klassischen Epoche gehörte dies zu den Aufgaben der Areopagiten, danach eines speziellen Gremiums; in den hellenistischen Reichen mit unterschiedlicher Funktion

Nomothetai: Amtsträger in verschiedenen Poleis, die Gesetze entwarfen oder erließen; Zusammenarbeit mit der Volksversammlung

Poletai: in Athen ein zehnköpfiges Kollegium mit eigenem Amtsgebäude auf der Agora, das in Zusammenarbeit mit der *bulé* Unternehmern oder Privat-

leuten öffentliche Aufträge vergab (zum Beispiel Verpachtung von Minen
oder Ackerland); die *poletai* konfiszierten auch das Vermögen eines Verurteilten; ihnen standen zehn Diener zur Seite

Paredroi: Assistenten zahlreicher Magistrate, so in Athen und Sparta, auch in
Rom

Praktores: „die Macher", Beamte in zahlreichen Poleis, die öffentliche Bußgelder eintrieben oder vermerkten

Sitophylakes: Aufseher auf den Märkten über den Getreide- und damit auch
den Brot- und Mehlpreis; in Athen zehn, seit spätklassischer Zeit 35

Rom

Der Konsul – die Spitze erklommen

Romulus, der sagenhafte Gründer Roms, gilt als der erste von sieben Königen
(753–716 v. Chr.). Der Senat richtete nach seinem Tod ein Wahlkönigtum
ein. Der König musste nun für wichtige Entscheidungen die Zustimmung der
Senatoren einholen. Dass die etruskischen Tarquinier, die letzten zwei oder
drei Könige Roms (616–510 v. Chr.), diese grundsätzliche Übereinkunft
übergingen, bestärkte die Römer darin, deren Herrschaft abzuschütteln. Die
tatsächlichen Ereignisse im frühen Rom lassen sich aber nur bedingt rekonst-
ruieren.

Der oder das Konsulat galt vielleicht bereits zu dieser Zeit, jedenfalls aber
während der weiteren römischen „Republik" – die de facto eine Oligarchie
war, da die höchsten Ämter am ehesten Mitgliedern altehrwürdiger Familien
zugänglich waren –, als das mächtigste ordentliche Amt innerhalb des *cursus
honorum.* Dieser Terminus technicus bezeichnet die übliche senatorische
Ämterlaufbahn. Dieses Amt war somit das höchste „mit Ehren honorierte"
Amt, also unbezahlt, und zwar im militärischen wie im zivilen Bereich, und
mit dem *imperium* sowie der *potestas,* den beiden entsprechenden Amtsge-
walten, ausgestattet (zu den außerordentlichen Ämtern vgl. Diktator, Zensor, *tribuni militum consulari potestate, decemviri*).

> **Zufall, Zeichen der Zeit oder späteres Konstrukt?**
> Die Römer setzten Tarquinius Superbus, den letzten König, angeblich
> 510 v. Chr. ab – genau in dem Jahr, als die Athener den Tyrannen
> Hippias vertrieben. Die ersten Konsuln sollen der berühmte L. Iunius
> Brutus und L. Tarquinius Collatinus gewesen sein.

Das Konsulat war – bis auf Ausnahmejahre – ein kollegiales Amt, und zwar auf zwei Senatoren verteilt, um monarchische Macht auszuschließen. Sie teilten sich in möglichst regelmäßigen Abständen die zahlreichen Zuständigkeiten innerhalb und außerhalb Roms: Sie leiteten Senatssitzungen, konnten das Kriegsrecht ausrufen, hatten richterliche Gewalt, übten wichtige religiöse Handlungen aus und hatten den Oberbefehl über die Truppen. In den häufigen Kriegen waren sie natürlich gezwungen, Aufgaben zu delegieren. Sie konnten auch miteinander in Konflikt geraten, und so manche Schlacht endete katastrophal, da sie gewillt waren, in dem ihnen verbleibenden Amtsjahr die Lorbeeren zu ernten und nicht mit dem Amtskollegen oder einem Prokonsul zu teilen. Iteration war ausgeschlossen oder erst nach zehn Jahren wieder möglich, was später allerdings des Öfteren ignoriert wurde: C. Marius, der Bezwinger der Kimbern und Teutonen und „Vater des Vaterlandes", wurde insgesamt siebenmal Konsul: 107, 104 bis 100 und 86 v. Chr.

Die Konsuln waren die sogenannten eponymen Beamten, das heißt, das Jahr wurde nach ihnen benannt (vgl. Archon). Sie waren bis zum Jahr 367 v. Chr. Patrizier, dann waren auch Plebejer, also Personen von „niederer" Herkunft, zugelassen, was auch für die anderen Ämter bald darauf zutraf. Dass beide Konsuln fortan wohl aus beiden Ständen stammten und sich gegenseitig kontrollierten, gilt manchen als die eigentliche Geburtsstunde des Konsulats; die vorherigen Angaben in den überlieferten konsularischen Namenslisten (*fasti consulares*), ganz besonders die vor den Reformen der *decemvirn*, könnten ein späteres Konstrukt sein (vgl. Prätor). Später verschmolzen beide Stände zur sogenannten Nobilität. Aufstrebende Politiker hatten dann vorzuweisen, welche Sprossen der Ämterlaufbahn ihre Ahnen, gleich welcher Herkunft, bisher erklommen hatten oder ob sie ein *homo novus* – ein „Neuling" – waren, also aus unbedeutender Familie stammten wie zum Beispiel C. Marius.

Schon in jungen Jahren bestimmend: der
spätere Diktator C. Iulius Caesar.

Die nahezu allumfassende Vollmacht der Konsuln konnte nur vom jeweiligen Kollegen, in Rom per Volksbeschluss oder auch durch den Volkstribun
außer Kraft gesetzt werden; sie wurde durch die zwölf Begleiter, die Liktoren, signalisiert.

C. Iulius Caesar war anscheinend bereits 59 v. Chr. als Konsul so domi-
nant, dass er sich über Vetos seines Amtskollegen M. Calpurnius Bibulus hin-
wegsetzte. In der Kaiserzeit büßten die *consules* an Macht ein, denn die Kaiser verfügten über ein übergeordnetes *imperium maius*. Waren die beiden
obersten Beamten und, wenn diese starben oder zurücktraten, ihre Stellvertreter (Suffektkonsuln) in der Republik von den Centuriatskomitien – einer
Volksversammlung auf Basis der „Hundertschaften"/Centurien der Legionen – gewählt worden, bestimmte seit dem Prinzipat der vom Imperator ab-
hängige Senat und später der Kaiser selbst die Amtsträger. Letztere überlie-
ßen das Konsulat ihnen geeignet erscheinenden Staatsmännern, die mit
mindestens 33 Jahren auch jünger sein durften als in republikanischer Zeit,
oder sie bekleideten es selbst. Octavian – ab 27 v. Chr. Augustus – war
29–23 v. Chr. zum fünften bis elften Mal Konsul, 5 und 2 v. Chr. zum zwölften und dreizehnten Mal.

Das Amt blieb jedoch begehrt, vor allem, wenn man mit dem Imperator
zusammen Konsul war. Kaiser Theodosius II. war 403–444 insgesamt acht-

Auch am Ende hoch angesehen
Der letzte weströmische Konsul – unter ostgotischer Herrschaft – war Flavius Decius Paulinus iun. im Jahr 534 n. Chr. In Ostrom löste Kaiser Justinian das Amt formell auf; es könnte aber noch als Ehrentitel bis ins 7. Jahrhundert hinein bestanden haben.

zehn Mal Konsul in Ostrom. Von den Amtsträgern wurde erwartet, dass sie möglichst aufwendige Spiele veranstalteten, was eine große finanzielle Belastung war, da sie wie die anderen Staatsmänner ehrenamtlich agierten. Doch nur so zählte man zur Elite und konnte später andere hohe, kaisernahe Posten belegen.

Ehemalige Konsuln, aber auch Prätoren konnten als sogenannte Prokonsuln einen militärischen Oberbefehl führen oder als Statthalter bzw. kaiserlicher Legat – in der Kaiserzeit wurde zwischen senatorischer und kaiserlicher Provinz unterschieden – eine Provinz für ein Jahr oder mehrere verwalten. Seit etwa der Mitte des 1. Jahrhunderts v. Chr. mussten dafür aber erst einige Jahre verstreichen. Sie hatten „anstelle eines Konsuls" also auch ein *imperium*, höchste militärische Befehlsgewalt, inne. Hierbei bereicherten sich viele der ehemaligen „Ehrenämtler" allzu offensichtlich wie etwa der Proprätor C. Verres in Sizilien 73–71 v. Chr. oder der bekannte Geschichtsschreiber Sallust 46 v. Chr. in Afrika, der deswegen – wenn auch erfolglos – angeklagt wurde. Caesar war 61 v. Chr. Proprätor in Spanien und verübte als Prokonsul in neun Jahren puren Völkermord in Gallien, bevor er 49 v. Chr. den Bürgerkrieg begann, da er seinen Oberbefehl niederlegen sollte, stattdessen jedoch mit Truppen die Grenze seiner Provinz überschritt. Es handelt sich um den Moment am Fluss Rubico, mit dem sein berühmter Ausspruch *alea iacta est* („der Würfel ist gefallen" oder „hoch fliege der Würfel") verbunden ist. Er schwang sich in diesem Jahr zum Diktator auf und war zugleich Konsul der Jahre 48, 46, 45 – in letzterem Jahr großenteils ohne Kollege – und 44 v. Chr.

Traurige Berühmtheit „genießt" der Legat P. Quinctilius Varus, den der hoch betagte Augustus anrief, er solle ihm seine drei Legionen wiedergeben. Diese waren in der Schlacht im Teutoburger Wald 9 n. Chr. vernichtet worden, da Varus dem Sieger Arminius, der den Tage währenden Überfall organisiert hatte, trotz Warnungen vertraut hatte.

Legat – Titel mit vielen Funktionen
Legaten waren kaiserliche Statthalter – *legati Augusti* –, aber
auch Berater der Statthalter
– *legati pro praetore* – oder Gesandte. Im römischen Heer befehligten sie verschiedene Truppen,
vor allem die Kavallerie, und in
der Kaiserzeit als *legati Augusti
legionis* eine Legion.

Den Statthaltern dienten die sogenannten *statores*, die den Liktoren ähnelten und verschiedene Schutz- und Hoffunktionen ausübten. – Im Perser-, im
Alexander- und im Seleukidenreich hießen die Statthalter Satrapen; zuletzt
hatten sie aber keine militärische Befehlsgewalt, denn die war Strategen
übertragen worden.

Die Prätoren – die „Voranschreiter"

Wann genau die Prätur festes Amt des *cursus honorum* wurde, bleibt Spekula-
tion. Möglicherweise gab es im frühen Rom einen einzelnen Oberbeamten,
einen *praetor maximus*, ein Zweier- oder ein Dreierkollegium mit militäri-
schem Oberkommando. Spätestens seit 367 v. Chr. waren jedoch die Konsuln
die höchstgestellten Magistrate oder hatten die Römer das höchste Amt dahin
umbenannt. Die in den kommenden Jahrhunderten zahlreicher werdenden
Prätoren sollten sie entlasten: Der *praetor urbanus* hatte seinen Sitz in Rom
und umfassende juristische Aufgaben; seit der Kaiserzeit war er mit der finanziell belastenden Ausrichtung von Spielen (*ludi*) betraut. Mitte des 3. Jahrhunderts v. Chr. kam ein zweiter Prätor dazu. Dieser *praetor peregrinus* sollte die
Einheimischen schützen, das heißt er regelte Streitfälle mit und zwischen
Fremden, delegierte den vorbereiteten Fall aber schließlich an ein Gericht. Die
Zahl der Prätoren stieg bis 197 v. Chr. um vier, deren Vertreter als Statthalter

in die ersten Provinzen – Sizilien, Sardinien und zwei nach Spanien – gingen, unter dem Diktator L. Cornelius Sulla (81–79 v. Chr.) auf acht und bis Caesar auf 16 an. Die Rechtsprechung blieb die wesentliche Funktion des Prätors.

Wie die Konsuln hatten sie ein – jenen untergeordnetes – *imperium*, erhielten Unterstützung von zwei bzw. sechs Liktoren, konnten Gesetzte vorschlagen, verschiedene Gremien einberufen, ein militärisches Kommando übernehmen oder später als Statthalter fungieren; auch wurden sie in den Centuriatskomitien für ein Jahr gewählt, wobei sich ihr Kommando häufig um ein weiteres verlängerte (proprätorisches oder sogar prokonsularisches *imperium*). Ihr jeweiliges Aufgabengebiet wurde durch das Los bestimmt. Von den Prätoren, die in etwa den Strategen entsprechen, wurde erwartet, dass sie die Quästur (vgl. Quästor) oder noch besser die Ädilität (vgl. Ädil) bekleidet hatten. In der Kaiserzeit unterlagen sie kaiserlicher Kontrolle und büßten mehrere Befugnisse ein; sie waren oft Sonderbeauftragte. Das Mindestalter wurde von vierzig auf dreißig herabgesetzt; ihre Zahl betrug maximal achtzehn. Ihr Amt blieb dennoch begehrt.

Die Liktoren – „Macht Platz für den Magistrat"
Möglicherweise waren die Liktoren einst die Bediensteten des Königs gewesen; sie scheinen etruskischen Ursprungs zu sein. In republikanischer Zeit wurden sie zu Amtsdienern der höchsten Magistrate, der Konsuln und Prätoren, auf welche die Römer die monarchische Gewalt verteilt hatten, erledigten als Diener einiger religiöser Amtsträger aber auch kultische Arbeiten. Die Aufgabe der freien oder freigelassenen *lictores* bestand darin, den Imperiumsträgern voranzuschreiten – ihnen quasi den Weg zu bahnen –, sie zu schützen und zu unterstützen. Die Instrumente, die sie bei sich trugen, waren eher symbolischer Natur, in früher Zeit mögen sie aber auch im Strafvollzug eingesetzt worden sein: Rutenbündel (*fasces*, davon leitet sich die Bezeichnung „Faschist" ab) und außerhalb des Pomeriums, der jeweiligen heiligen Stadtgrenze, auch ein in das Bündel eingeflochtenes Beil. Im Trauerfall trugen die Liktoren ihre Amtsinsignien verkehrt herum.

Die Konsuln hatten einen Anspruch auf zwölf Liktoren, die Prätoren auf zwei innerhalb Roms und sechs außerhalb, die Kaiser ebenfalls zwölf und seit Ende des 1. Jahrhunderts n. Chr. 24, genau wie einst die Diktatoren.

Der Ädil – der „Tempelwächter"

Dieses niedere Magistratsamt wurde zu Beginn des 5. Jahrhunderts v. Chr. für Plebejer geschaffen. Es gab zunächst zwei *aediles plebei/plebis*, erst seit Caesar zwei weitere. Sie sollten die zeitgleich eingerichteten Volkstribunen unterstützen – die Ädilen genossen wie diese während ihrer Amtszeit sogenannte *sacrosanctitas*, Unantastbarkeit –, und die religiösen Handlungen um den Tempel (*aedes*) der Ceres auf dem Aventin beaufsichtigen. Sie wurden von Vertretern ihres Standes in der *concilia plebis*, der Volksversammlung, gewählt. Im Jahr 367 v. Chr. kamen als Ausgleich zwei „patrizische" *aediles curules* dazu, die von den Tribuskomitien – der Bürgerversammlung, die auf der Einteilung Roms nach vier städtischen und seit 241 v. Chr. 31 ländlichen Tribus („Bezirken"), in der römische Bürger gemeldet waren, basierte – gewählt wurden. Diese kontrollierten wie die höheren Magistrate die Auspizien, die alltägliche öffentliche Deutung von Vorzeichen. Mit Beendigung des Amtsjahrs hatten *aediles* Zugang zum Senat – und zum *cursus honorum*. Prinzipiell standen sie aber über der Quästur.

Die Aufgaben des im Ursprung heterogenen Ädilenkollegiums vermischten sich teilweise. Sie hatten wie die *agoranomoi* die Marktaufsicht inne, kontrollierten die Wasser- und Lebensmittelversorgung, vor allem mit Getreide (*cura annonae*), oder die Bordelle, sorgten für öffentliche Sicherheit, sprachen Recht und organisierten die Spiele. Sie besaßen polizeiliche Amtsgewalt. Seit Caesar, spätestens aber seit der Kaiserzeit wurden die verschiedenen Befugnisse der Ädilen zum Beispiel auf Präfekten oder (Pro-)Kuratoren übertragen; das Amt bestand eher als Ehrentitel fort. – Ädilen hießen auch Beamte in den Municipien, die dort oft den *duoviri/duumviri* oder *quattuorviri* unterstanden und von *decuriones* gewählt wurden.

Der Quästor – auf der ersten Sprosse der Karriereleiter

Das niedrigste Amt des *cursus honorum* war die Quästur. Sie entstand ebenfalls frühzeitig, wahrscheinlich Mitte des 5. Jahrhunderts v. Chr. und nicht in der Königszeit. Zunächst sollten zwei, bald vier Beamte angeblich die Konsuln als Finanzverwalter und Logistiker unterstützen, und zwar innerhalb und außerhalb Roms. Die Anzahl an Quästoren nahm allmählich zu: Seit Mitte des 3. Jahrhunderts v. Chr. waren es acht, seit der Diktatur Sullas zwanzig. Seit dieser Zeit waren sie nach dem Amtsjahr befähigt, Senator zu werden. Quästoren wurden wie die kurulischen Ädilen von den Tribuskomitien gewählt. Erlost hingegen wurden ihre speziellen Aufgaben, die von Anfang an weit überwiegend finanzieller Art waren: in Rom – die *quaestores urbani* – die Verwaltung der Staatskasse und amtlicher Verträge, die Eintreibung von Steuern und Geld- oder Naturalstrafen, Zwangsenteignungen, öffentliche Finanzierungen, Soldauszahlungen oder Rückzahlung von Staatsanleihen; in Italien und den Provinzen die dortige Finanzverwaltung und die allgemeine Unterstützung der Statthalter. Zusätzlich waren Quästoren für die Kontrolle der Getreide- und Wasserversorgung und anderes zuständig. Für die Bewältigung dieser Verwaltungsaufgaben stand ihnen zahlreiches Hilfspersonal zur Verfügung.

> Im frühen Rom gab es sogenannte *quaestores parridicii*. Sie dienten als Richter bei Kapitalverbrechen und haben sicherlich nichts mit den gleichgenannten Magistraten zu tun. **Quaestor** heißt übrigens „der Untersuchende", „der (Hinter-)Fragende" (vgl. im Englischen *question* für „Frage").

In der Kaiserzeit wurden die Quästorenstellen in den kaiserlichen Provinzen und Italien aufgelöst. Die stadtrömischen Quästoren gaben die Verwaltung der Kasse an höhere Amtsinhaber – zum Beispiel die Präfekten – ab, beaufsichtigten aber weiterhin die Archive. *Quaestores Augusti* dienten vor allem als Sekretäre und Redner dem Kaiser, andere wie schon zuvor den Konsuln oder weiterhin den Statthaltern. Im Verlauf der Kaiserzeit zunehmend wichtig und belastend wurde die Funktion als Ausrichter von Spielen. Quästor war ebenfalls der Titel verschiedener Beamter in vielen Städten des Imperium Romanum.

Ein von Konstantin (306/312–336 n. Chr.) ins Leben gerufenes und noch im Frühmittelalter im Westen und Osten existierendes Quästor-Amt war der *quaestor sacrii palatii*. Dieser höchste Justizbeamte verfasste und verlas die kaiserlichen Erlasse, prüfte und bearbeitete Bittschriften und arbeitete mit den kaiserlichen Büros und Kanzleien (*scrinia, officia*) zusammen.

Der Volkstribun – (eigentlich) unantastbar

Sie gehörten zu den Plebejern und sollten offiziell die Interessen dieser Bevölkerungsschicht gegenüber den Patriziern verteidigen – die Volkstribunen. Das Amt existierte eventuell schon seit Beginn des 5. Jahrhunderts v. Chr., und nur wenige Jahrzehnte später wählte die Volksversammlung jährlich zehn von ihnen, die während ihrer Dienstzeit sakrosankt waren. Seit dem Ende der Ständekämpfe Mitte des 4. Jahrhunderts v. Chr. zählte das Volkstribunat zur Ämterlaufbahn – wohl nach der Quästur absolviert –, doch nicht selten wurden ehemaligen Tribunen Steine in die weiteren Berufsweg gelegt.

Die *tribuni plebis* konnten die Volksversammlung einberufen, hatten Zugang zum Senat, konnten dessen Sitzungen wahrscheinlich sogar auflösen oder als übergriffig angeklagte Amtsträger verhaften. Besondere Wirkung hatte ihr Recht, gegen Beschlüsse der Magistrate und des Senats einzuschreiten oder diese zu verbieten (Interzession, Veto). Das Problem dabei war allerdings, dass Volkstribunen auch gegen den Beschluss eines Kollegen ein Veto einlegen konnten.

„Volkstribun im Kurzurlaub"

Um die „Plebs" – so der negativ konnotierte Begriff für das gemeine Volk, eigentlich die Plebejer – rund um die Uhr zu schützen, war Schutzsuchenden der Zutritt zum Haus eines Volkstribunen erlaubt. Die *tribuni* durften Rom zudem nicht verlassen – einzige Ausnahme waren die *Feriae Latinae* Ende April, das alte gemeinsame Fest von Römern und Latinern. Von lateinisch *feriae* (Fest, Feiertag) leitet sich unser Begriff „Ferien" ab.

Damit hatten auch die berühmtesten Volkstribunen, die Brüder Tiberius und Gaius Sempronius Gracchus (133 bzw. 123/22 v. Chr.), zu kämpfen. Ihre zunächst durchgebrachten Gesetze bezogen sich vor allem auf die Verteilung von Grund und Boden, ein Schwerpunkt der Politik nicht nur in der antiken Welt: Die Vergabe von Staatsland (*ager publicus*) an einzelne Bürger sollte limitiert werden (500 *iugera*/Morgen Land bzw. max. 1000 pro Familie), um das verarmte Kleinbauerntum, das Rückgrat des römischen Heeres und damit Roms an sich, zu stärken. Diese Ackergesetzgebung war keineswegs revolutionär, dennoch vielen Vermögenden und Senatoren ein Dorn im Auge. Das teilweise radikale Vorgehen der Brüder – Tiberius Gracchus überging das Veto seines vom Senat bestochenen Amtskollegen und ließ ihn darüber hinaus per Volksbeschluss absetzen – führte zu Lynchjustiz, im Fall des C. Sempronius Gracchus sogar zum ersten durch den Senat ausgerufenen Staatsnotstand (*senatus consultum ultimum*), dem auch viele ihrer Anhänger zum Opfer fielen.

Die Kompetenzen des Volkstribunats wurden in der Folgezeit beschnitten, doch hielt sich das Amt bis zum Prinzipat, das nicht zuletzt wegen ungelöster Probleme in Sachen Grundeigentum aus der Republik hervorgegangen war. Die Kaiser nahmen dem Amt des *tribunus plebis* schließlich die Macht, da auch dessen Amtsgewalt, die *tribunicia plebis*, zu ihren allumfassenden Befugnissen gehörte. Dennoch existierte es bis zur Spätantike fort.

Der Zensor – Wahrer der Sitten

Das nicht zum *cursus honorum* zählende Amt der angesehenen Zensoren wurde angeblich 443 v. Chr. eingerichtet. Die *censores* waren damit beauftragt, anstelle der Konsuln bzw. Prätoren die Zählung der Bürger Roms und ihres Vermögens vorzunehmen (Census), sie steuerlich einzuteilen, Neubürger in die entsprechenden *tribus* einzutragen sowie den Zenturien – einer Einheit innerhalb der verschiedenen Steuerklassen (insgesamt gab es 193 Zenturien) – zuzuordnen. Die Einteilung für den Wehrdienst hing damit zusammen. Der Census wurde bis ins 2. Jahrhundert v. Chr. meist alle fünf Jahre vorgenommen, seitdem unregelmäßig.

Die Volksversammlung der Zenturien, die *comitia centuriata*, wiederum wählte bereits kurz nach Amtseinführung nur alle fünf Jahre zwei Zensoren. Diese entstammten bis zur Mitte des 4. Jahrhunderts v. Chr. ausschließlich patrizischen Familien, und seit Ende des 3. Jahrhunderts v. Chr. wurde vorausgesetzt, dass Konsul gewesen war, wer zum Zensor gewählt werden wollte.

Die Zensoren waren sie seit etwa dieser Zeit nicht mehr rechenschaftspflichtig. Die Amtszeit, die sie in Rom zubrachten, währte planmäßig eineinhalb Jahre. Kollegialität, vielleicht aber auch Machtbeschränkung spielten im Fall der Zensoren eine große Rolle, denn wenn der eine zurücktrat oder starb, musste auch der andere sein Amt niederlegen. Nur ein einziges Mal wurde ein Suffektzensor gewählt. Während dieser Zeit waren beide sakrosankt und konnten danach nicht wiedergewählt werden.

Des Weiteren hatten sie die Staatseinnahmen und -ausgaben zu prüfen, die Liste aller Senatoren und Ritter zu pflegen, deren Lebensweise auf Dekadenz oder Korruption hin zu prüfen, bei Ausschluss geeignete Vermögende in diese Stände zu erheben, erfolgreiche oder fähige, verarmte oder kriminelle Bürger in eine andere Steuer- und Wählerklasse zu versetzen oder moralische Streitfälle zu regeln. Interzession war nur vom Kollegen möglich. (Ex-) Zensoren waren die Elite des Senats. Gerade deshalb verloren auch die Zensoren wie die meisten anderen Ämter in spätrepublikanischer Zeit und besonders im Prinzipat Kompetenzen, meist an den Imperator persönlich. Von 81 bis 71 v. Chr. war das Amt ausgesetzt, danach zwar wieder in Kraft, doch schon Caesar nannte sich selbst offiziell „Sittenpräfekt". Und wie aus der Bibel bekannt ist, ließ Kaiser Augustus, der noch als Octavian 28 v. Chr. mit seinem treuesten Gewährsmann Marcus Vipsanius Agrippa Zensor gewesen war, den Census um die Zeit von Jesu Geburt durchführen (8 v. Chr.).

> Ein berühmter Zensor war der auf die alten Werte – die *mores maiorum* – pochende *homo novus* **Cato d. Ä.** – M. Porcius Cato Censorius (234–149 v. Chr.), Konsul 195 v. Chr., Zensor 185/84 v. Chr. Von ihm stammt der vielen Lateinschülern wegen des Akkusativ-mit-Infinitiv-Satzbaus allzu bekannte Spruch: *Ceterum censeo Carthaginem esse delendam* – „Im Übrigen finde ich, dass Karthago zerstört werden muss."

Der Diktator – Retter und Vernichter der Republik

Beim Stichwort „Diktator im alten Rom" denkt man unweigerlich an C. Iulius Caesar oder auch L. Cornelius Sulla. Letzterer regierte als solcher für zwei Jahre, dann legte er sein Amt nieder; Caesar herrschte zuletzt sogar auf Lebenszeit. Die quasi monarchische Gewalt dieser beiden Diktatoren und die Ohnmacht des Senats machten das Amt dermaßen verhasst, dass nach dem berühmtesten Mord der Antike, dem an Caesar 44 v. Chr., beschlossen wurde, es nie wieder zu besetzen. Allerdings fehlte dem sogenannten Triumvirat aus Marcus Antonius, C. Octavius (Octavian, der spätere Augustus) und M. Aemilius Lepidus, auf fünf Jahre festgelegt und danach verlängert, lediglich der offizielle Name „Diktatur" – die Machtfülle war vergleichbar, nur eben auf drei Köpfe verteilt.

*C. Octavius / Octavian begründete
als „Augustus" („der Erhabene") das
Kaisertum.*

Legendärer Held

Zum Aushängeschild für den tugendhaften Römer, den konservative Staatsmänner wie Cato d. Ä. später vermissten, wurde Lucius Quinctius Cincinnatus. Er war 458 und 439 v. Chr. Diktator und 460 v. Chr. eventuell (Suffekt-)Konsul. Wie es heißt, gab er die Macht, an die er nach einem historisch fraglichen Sieg über verschiedene italische Stämme gelangt war, an den Senat zurück und zog sich auf sein Landgut zurück. Indirekt wurde er zum Namenspatron der Stadt Cincinnati (USA).

Die Diktaturen Sullas und Caesars waren gleichermaßen Ausdruck und Folge der Krise der römischen Republik, die letztes Endes zum Prinzipat führte. Dabei hatte dieses außerordentliche Amt im Ursprung der Rettung der Republik dienen sollen: Die Diktatur entstand bereits in der frühen Republik, im 5. Jahrhundert v. Chr. Der Diktator entspricht wahrscheinlich dem alten Titel des *magister populi* (Volks- oder Fußtruppenführer). Einer der beiden römischen Konsuln ernannte nach Senatsbeschluss einen herausragenden Landsmann zum *dictator*, zum Heerführer, wenn eine große innere oder äußere Gefahr Rom bedrohte. Und solche gab es zuhauf: den Galliersturm, die Ständekämpfe, die Samnitenkriege, Hannibal.

*Die Büste stellt angeblich Hannibal dar,
der Rom – fast – in die Knie zwang.*

Die Amtszeit eines Diktators war auf sechs Monate begrenzt. Er konnte
jedoch im nächsten Jahr oder später erneut ernannt werden. Die Konsuln,
Militärtribunen und alle anderen Magistrate waren dazu verpflichtet, mit
diesem Imperiumsträger zu kooperieren, sei es in Italien, worauf sein *imperium* – seine Befehlsgewalt – prinzipiell begrenzt war, oder in Notfällen überall dort, wo Rom militärisch agierte. Das war während des 2. Punischen Krie-
ges (218–202/01 v. Chr.) der Fall. Im Zeitraum von 501 bis 202 v. Chr.,
dem Jahr von Hannibals Niederlage bei Zama, die diesen großen Krieg beendete, ernannten die Römer mehr als achtzig Diktatoren, und zwar vorrangig
im 4. Jahrhundert v. Chr., der Zeit der heftigsten Ständekämpfe und der Samnitenkriege. Generell amtierte nur ein Diktator pro Jahr, manchmal aber
auch zwei nacheinander, zum Beispiel nach der schweren Niederlage Roms
bei den Caudinischen Pässen 321 v. Chr. Als Hannibal seine größten Siege
feierte – in den Schlachten am Trasimenischen See und bei Cannae 217
bzw. 216 v. Chr. –, besetzten die Römer das Amt sogar doppelt.

Ein *dictator* hatte aber auch innenpolitisch unwiderrufliche Befehlsgewalt
und kontrollierte zum Beispiel die Volksversammlungen. Weil das Amt der
Königsherrschaft sehr ähnelte, lehnte Augustus, der sich republikfreundlich
gab, es ab. Die Macht, die er und die nachfolgenden Principes/Imperatores/
Augusti/Caesares – die Kaiser – letztlich genossen, war jedoch weitaus größer als die eines Diktators.

Hannibal macht's nötig

Im Jahr 217 v. Chr. bewirkte M. Minucius Rufus, als *magister equitum* Stellvertreter des Diktators Q. Fabius Maximus, mithilfe eines ansonsten hier unüblichen Volksbeschlusses, dass er ebenfalls zum Diktator ernannt wurde. Dabei sah das Amt keine Kollegialität vor. Doch der siegreiche Karthager Hannibal stand „vor den Toren", und auch ein Jahr darauf, im Jahr der Schlacht von Cannae, gab es vorübergehend zwei Diktatoren in Rom.

Der *magister equitum* – mächtiger Stellvertreter

Jeder Diktator, der eigentliche Kommandeur der Fußtruppen, Roms mächtigster Waffe, beauftragte einen Konsul prinzipiell einen Stellvertreter für sich selbst, einen *magister equitum*, zu ernennen. Dieser ursprüngliche Befehlshaber der Reiterei fällte in unterstützender Weise bald auch allgemeine militärische und politische Entscheidungen oder Urteile, blieb aber stets vom Diktator abhängig. So auch seine Amtszeit.

Die berühmtesten Mächtigsten

Erster *dictator*: L. Larcius Flavus (501 v. Chr.)

Berühmte *dictatores*:

Lucius Quinctius Cincinnatus

Quintus Fabius Maximus (221, 217 v. Chr.; fünfmal Konsul)

Erster *magister equitum*: Sp. Cassius Vecellinus (501 v. Chr.)

Magister equitum unter Sulla (81–79 v. Chr.): L. Valerius Flacchus

Magister equitum unter Caesar: M. Antonius (48–46 v. Chr.), M. Aemilius Lepidus (45 und 44 v. Chr.), 49 v. Chr. ernannte Caesar keinen Stellvertreter.

Die *tribuni militum consulari potestate* – kräftige Unterstützung

Die *tribuni militum consulari potestate* waren zunächst drei, später vier und zuletzt sechs hohe Amtsträger, die teilweise neben Diktator und Konsuln, meist aber ohne diese – gemäß ihrem Namen jedoch mit deren Amtsgewalt ausgestattet – in Rom regiert haben sollen: zwischen 444 und 367 v. Chr. in insgesamt 51 Jahren. Die Dualität und Annuität, die für die Konsuln galt, war in ihrem Fall außer Kraft gesetzt. Das hing wahrscheinlich eher mit den Ständekämpfen zwischen Patriziern und Plebejern zusammen als mit zunehmendem Bedarf an Kommandeuren. Die Aristokratie sah sich gezwungen, der unteren Klasse politische und soziale Zugeständnisse zu machen, doch konnte sie die Plebejer nun auch für die damit verbundenen Aufgaben einspannen.

Das Militärtribunat wurde nach 367 v. Chr. anscheinend bedeutungslos, da seit dieser Zeit das Konsulat auch Plebejern zugänglich war. Es blieb aber als rein militärisches Amt bestehen, vgl. Militärtribun.

> Es gab verschiedene **Tribunen** mit zivilen oder militärischen Funktionen. Sie kümmerten sich beispielsweise um Soldzahlungen, dienten als Richter, Jurist (vgl. Kapitel „Juristisches"), Notar, Gesandter oder als Verwaltungsbeamter. In der späteren Republik hatten sie als Volkstribun enormen politischen Einfluss, der aber im berühmten Fall des Tiberius Sempronius Gracchus und seines Bruders Gaius zur Katastrophe führte – zu Mord und Totschlag.

Die *decemviri* – (zehn) mächtige Männer

Ein weiteres außerordentliches Amt war das der *decemviri* (*consulari imperio*) *legibus scribundis*, der „Zehnmänner, die mit konsularischer Gewalt versehen die Gesetze niederschreiben". Damit war das Zwölftafelgesetz gemeint, die Gesetzessammlung, die Recht und Sitten im frühen Rom zusammenfasste. Dazu zählte auch das problematische Eheverbot zwischen Patriziern und Plebejern.

Als zwei aufeinander folgende Ausschüsse organisiert, bestimmten diese frührömischen hohen Beamten in zweieinhalb Jahren (451–449 v. Chr.) das politische Geschehen in der noch jungen Republik, doch wird ihre Historizität teilweise angezweifelt. Ihr Vorsitzender soll Appius Claudius Crassus Inrigillensis gewesen sein, der das Amt nach heftigen Tumulten, die die Herausbildung der (Adels-)Republik begleiteten, angeblich wieder auflöste.

Andere Zehnmännerkommissionen kümmerten sich beispielsweise um die Interpretation der Sibyllinischen Bücher, legendärer Orakelbücher (vgl. (*quin-*)*decemviri sacris faciundis*), regelten Streitfälle oder verteilten Ländereien. Neben diesen Zehnergremien gab es zahlreiche andere Zweier-, Dreier-, Vierer- oder Zehner-Virate mit diversen Funktionen und Namenszusätzen. Die *tresviri capitales* etwa zählten neben einigen anderen Kollegien, darunter den *tresviri monetales* (den drei bzw. vier Münzmeistern), zu den *viginti(sex-)viri*. Diese 20 (26) niederen Beamten erledigten unterschiedlichste Aufgaben innerhalb und außerhalb Roms. Ihr Amt war eine Möglichkeit, die Leiter der senatorischen Ämterlaufbahn zu besteigen, auf deren letzter Sprosse die beiden Konsuln standen – und oft wankten oder sogar fielen. Zu den Zwanzigmännern zählten ferner die *quattuorviri viarum curandarum*, sogenannte Kuratoren, die unter Aufsicht der Ädilen für die Pflege der stadt-römischen Straßen zuständig waren. In römischen Kolonien oder Munizipien (italischen Städten) sprachen Ädilen, *quattuoviri* oder *duoviri* als „Bürgermeister" Recht, riefen die Bevölkerung, die sie gewählt hatte, zusammen, leiteten andere lokale Wahlen oder kontaktierten den Statthalter oder Kaiser.

Die Präfekten – hohe Beamte mit verschiedenen Funktionen

Präfekten vertraten in der römischen Republik verschiedene hohe Magistrate, doch gewannen sie mit Entstehung des Prinzipats bedeutend an Macht, da die Kaiser sie ernannten. Ihr Amt war demnach kein typischer Schritt in der traditionellen senatorischen Ämterlaufbahn, doch waren zahlreiche Träger dieses hohen Titels ritterlichen oder sogar senatorischen Ranges, die bereits auf eine längere politische Laufbahn zurückblickten. In der Kaiserzeit gab es eine Vielzahl an Präfekten mit verschiedenen, teilweise sehr speziellen Aufgaben und unterschiedlicher Dienstzeit, die hier großenteils vorgestellt werden (vgl. auch die Kapitel „Militärisches" und „Kriminelles").

Der Stadtpräfekt – Weltstadtvorsteher

Der *praefectus Urbi* soll bereits in frührömischer Zeit den König in dessen Abwesenheit vertreten haben. Es gibt aber keine sicheren Belege für die damalige Existenz. Seit Augustus war er jedenfalls der höchste städtische Verwaltungsbeamte in der Stadt Rom und ab dem 4. Jahrhundert n. Chr. in Constantinopolis, dem alten Byzantion. Dem meist ehemaligen Konsul unterstanden die drei sogenannten *cohortes urbanae*, die Stadtkohorten, die Augustus in Rom stationierte. Noch während des 1. Jahrhunderts n. Chr.

wurden weitere auch in anderen Städten eingesetzt. Ab dem 4. Jahrhundert erfüllten die sogenannten *contubernales* (Kampfgenossen) und *officiales*, die dem Stadtpräfekten unterstanden, verschiedene Sicherheitsaufgaben. Er war demnach sozusagen Polizeipräsident und konnte Straftäter in und ab etwa 200 n. Chr. auch im Umkreis von Rom aburteilen. Von Polizeiarbeit im heutigen Sinn kann für die Antike jedoch keine Rede sein, denn die verschiedenen Sicherheitseinheiten hatten oft auch andere Aufgaben. Der Stellvertreter des Stadtpräfekten wurde *vicarius* genannt.

Weitere Präfekten

Das Amt des *praefectus Aegypti* wurde 30 v. Chr. eingerichtet, als Octavian Ägypten eroberte. Das einstige hellenistische Reich hatte aufgrund seines wirtschaftlichen Potenzials – vor allem Getreide – Sonderstatus und gehörte zu den kaiserlichen Provinzen. Der Statthalter, in diesem Fall der *praefectus Aegypti*, der in Alexandreia residierte, unterstand also ihm direkt. Der erste Amtsinhaber war der Ritter Gaius Cornelius Gallus. Trotz der Verwaltungsaufgaben – vor allem Steuereinnahmen, Gerichtsprozesse, Kontrolle des Nils und der Dämme –, die er und seine Nachfolger vorrangig zu bewältigen hatten, besaßen sie bis zum Ende des 3. Jahrhunderts zudem das Oberkommando über die in Ägypten stationierte(n) Legion(en).

Der *praefectus annonae*, ebenfalls unter Augustus zu Beginn des 1. Jahrhunderts eingerichtet, um Privatpersonen zu entlasten, war für den Bezug von Getreide für die Stadt Rom und dessen Preise, später generell für die Lebensmittelversorgung der Metropole verantwortlich. Der erste „Getreidepräfekt" amtierte bis 48 n. Chr. Zusammen mit der *praefectura praetorio* (vgl. Prätorianerpräfekt) war das Amt des *praefectus Aegypti* das höchste, das ein Ritter (*equites*) erreichen konnte. Es überdauerte wie das des Stadtpräfekten, dem der *praefectus annonae* in der Spätantike unterstand, die weströmische Kaiserzeit. Er stand in Austausch mit Statthaltern, privaten Kaufleuten, vor allem den Tiberschiffern, und den *praefecti frumenti dandi*. Das waren jährlich ausgewählte senatorische Beamte, die für die Getreideverteilung an ärmere Teile der Stadtbevölkerung, die sogenannte *plebs frumentaria*, zuständig waren. Inhaber dieses eher weniger reizvollen Amtes gab es in mehreren Großstädten des Reichs. Dem *praefectus annonae* wiederum unterstanden spezielle Prüfer, die *mensores frumentarii* (vgl. Vermesser). Sie waren dafür zuständig, importiertes Getreide zum Beispiel in Ostia in Behältern abzumessen. Größtes Maß war ein *modius* (ca. 8,7 l = ca. 6 kg Getreide).

Die *praefecti aerarii Saturni* waren die zwei Staatskassenleiter in Rom, die während des 1. Jahrhunderts n. Chr. als *praetores aerarii* und danach als *quaestores aerarii* (bis Mitte des 4. Jahrhunderts n. Chr. belegt) bekannt wurden.

Die drei *praefecti aerarii militaris* verwalteten seit 6 n. Chr. die Kasse, aus der Kriegsveteranen versorgt wurden. Das Amt verliert sich im 3. Jahrhundert n. Chr.

Der senatorische *praefectus alimentorum* war seit etwa 100 n. Chr. und vielleicht bis ins 3. Jahrhundert n. Chr. für die Verwaltung der sogenannten *alimenta* (Subventionen für römische Kinder, finanziert mit Zinsen aus vom Kaiser vergebenen Darlehen) zuständig.

> Neben den *mensores frumentarii* waren verschiedene andere **Vermesser**, manchmal praktischerweise aus den Reihen der Legionäre, im Einsatz. Mithilfe von Geräten wie der *groma* aus Stange, Drehkreuz und Lot oder dem Chorobat, einer Art Wasserwaage, waren sie für das Abstecken, Planen oder Nivellieren von Feldern, Straßen, Wasserleitungen, Schächten, Heiligtümern, Gebäuden, Militärlagern bis hin zu kompletten Stadtarealen und damit für die Erstellung von Karten verantwortlich. Sie unterstanden hohen Magistraten wie dem *magister officiorum*.

Die (Pro-)Kuratoren – römische „Sorgetragende"

Kuratoren waren in republikanischer Zeit Verwaltungsbeamte außerhalb des *cursus honorum*. Sie wurden aus der Staatskasse bezahlt und waren für spezielle Aufgaben wie zum Beispiel die Wasser- oder die Lebensmittelversorgung – ein *praefectus annonae* in der Kaiserzeit jedoch für die mit Getreide –, das Bauwesen in Rom oder die italischen Straßen verantwortlich. Meist handelte es sich bei ihnen um Gremien, etwa diverse Zehn- oder Zwanzigmänner, vereinzelt aber auch um Einzelbeamte: Pompeius Magnus etwa, der zu dieser Zeit mit Caesar verbündet war, war 57–53 v. Chr. infolge schwerer Ausschreitungen *curator annonae* mit zahlreichen Befugnissen. Seit Augustus, der die Leitung der *cura viarum*, der „Sorge um die Wege", zeitweise selbst innehatte, bezeichnete dieser Titel vor allem Sonderbeauftragte senatorischen Ranges. Sie wurden vom Kaiser oder vom Senat ernannt. Ihnen stand eine große Zahl öffentlicher Sklaven als Arbeitspersonal zur Verfügung, falls nicht private Unternehmen einsprangen.

Auch in den italischen Städten gab es *curatores*. Sie wurden entweder vom Stadtrat, dem Rat der ehrenamtlich arbeitenden *decuriones* aus der lokalen Oberschicht, für ähnliche Aufgaben gewählt oder für finanzielle Angelegenheiten vom Kaiser selbst betraut. Letztere wirkten als solche auch in den Provinzen.

Als *curator aquarum*, betraut mit der besonders geschätzten und nur von Konsularen besetzten Kontrolle über die reibungslose Wasserversorgung Roms, wirkte der bekannte Staatsmann Sextus Iulius **Frontinus** Ende des 1. Jahrhunderts n. Chr. Als solcher verfasste er eine bedeutende Schrift über Aquädukte. Er bekleidete hohe politische Ämter, war *praetor urbanus*, Suffektkonsul, Statthalter in Britannien und Asia, begleitete Kaiser Domitian (81 bis 96 n. Chr.) auf einem Feldzug nach Germanien, war Konsul der Jahre 98 und 100.

Prokuratoren wie etwa der *procurator monetae* waren kaiserzeitliche, teilweise hoch bezahlte Beamte, die meist dem Ritterstand entstammten. Oft hatten sie wichtige finanzielle Aufgaben, zum Beispiel die Münzprägung, die Kontrolle der Einnahmen und der kaiserlichen Besitztümer in den Provinzen, von denen sie einige sogar anstelle eines Statthalters leiteten, oder auch in Rom selbst als Leiter von Gladiatorenschulen (vgl. *lanista*) oder der kaiserlichen Kanzlei.

Die *publicani* – „Erregung öffentlichen Ärgernisses"

Die Prokuratoren standen in Kontakt mit den *publicani*, denn diese sorgten seit dem 2. Punischen Krieg entweder als Einzelunternehmer oder organisiert in Verbänden – *societates* – unter anderem nicht nur für die Bewirtschaftung und Wartung staatlicher Ländereien und Gebäude, sondern vorrangig für die Einnahme von Steuern, Zöllen und Pachten und den Abschluss und die Kontrolle der damit verbundenen Verträge – eine öffentliche Sache also, daher ihr Name.

Eine weitere Bezeichnung für Steuereinnehmer ist *suspector* (der „argwöhnische Beobachter"), der aber auch in anderen Zusammenhängen als niederer Beamter agierte.

Viele, aber weitaus nicht alle der *publicani* waren *equites* und hatten eine Unzahl freier und unfreier Mitarbeiter wie Schreiber oder direkte Steuereintreiber unter sich. Von Beginn an kam es wiederholt zu Korruption und Manipulation in der Ausübung der heiklen Aufgabe, vor allem weil die *publicani* keine ordentlichen Magistrate waren und nur schlecht haftbar gemacht werden konnten. Der Groll gegen die römische Provinzialverwaltung äußerte sich zum Beispiel in der Provinz Asia, die die *publicani* regelrecht hatten ausbluten lassen, und trieb die einheimische Bevölkerung in die Hände Mithridates' VI. von Pontos, der Kleinasien großflächig einnahm. Der Zorn auf die Römer und Italiker entlud sich im Massaker von Ephesos 88 v. Chr., dem angeblich 80 000 Menschen zum Opfer fielen. Den wirtschaftlichen und durchaus auch politischen Einfluss aus republikanischer Zeit büßten auch die *publicani* seit Augustus ein.

Der *magister officiorum* – Herr über die Akten

Der *magister officiorum* war eines der bedeutendsten spätantiken Ämter. Konstantin schuf es um 320 n. Chr. Als höchster Verwaltungsbeamter – die Finanzen leitete immerhin ein spezieller *comes* („Gefolgsmann") – stand er den kaiserlichen Kanzleien (*officia*) und Büros (*scrinia*) sowie deren verschiedenen Magistern vor, leitete den höfischen Alltag, hatte außenpolitische und umfassende judikative Funktionen und Rechte sowie mit der Zeit Augen und Ohren sowohl im Palast – hier unterstand ihm die kaiserliche Leibwache – als auch im ganzen Reich – dort die *agentes in rebus*. Besonders im Ostreich gingen auch andere Kompetenzen vom Prätorianerpräfekten auf den *magister officiorum* über, sogar im militärischen Bereich. Er stieg dort nach verschiedenen Kämpfen mit den Präfekten zum höchsten Hofbeamten auf und blieb es bis ins frühe Mittelalter hinein, während er im von außen bedrohten Westen bereits im 4./5. Jahrhundert n. Chr. an Bedeutung verlor.

Die *apparitores* – „Mädchen für alles"

Apparitores erschienen buchstäblich (vgl. englisch *appear*), wenn ein Magistrat – sei es ein Konsul, Prätor oder auch ein Volkstribun – es befahl: Sie waren vom Staat bezahlte Amtsdiener, und zwar in unterschiedlicher, vielfach öffentlicher Funktion. Es konnte sich bei ihnen um Liktoren, Herolde, Schreiber (*scribae*), Boten (*viatores*) und viele andere Helfer handeln. Diese Bediensteten blieben oft über die Amtsdauer ihres jeweiligen Vorgesetzten hinaus in ihrer Funktion.

Die *silentiarii* – Wächter des Schweigens

Am spätantiken Kaiserhof sorgten zahlreiche sogenannte *silentiarii* (von lat. *silentium* = Stille, Schweigen) bei zeremoniellen Anlässen rund um den Kaiser für Ruhe. Sie unterstanden dem obersten Zeremonienmeister/Kämmerer, dem *praepositus sacri cubiculi*, stets ein Eunuch. Sie sind für das Oströmische Reich bis weit ins Mittelalter hinein belegt.

Juristisches

Die Jurisdiktion der alten Griechen und Römer war auf zahlreiche Gerichtshöfe verteilt. Sie war entweder Teil des Aufgabenbereichs von Institutionen wie dem Areopag oder dem Rat, wenn es um politische Delikte oder Bluttaten ging, oder es wurden Gremien für spezielle Strafsachen eingerichtet. Über viele Fälle entschieden auch die anwesenden Bürger als Mitglieder eines Volksgerichts.

Heliastes und Dikastes – viele dürfen mal

Heliaia bedeutete ursprünglich „Volksversammlung"; es konnte sich aber auch um eine andere politisch-juristische Institution handeln. In Athen war es ein großes Geschworenengericht, dessen Mitglieder, die *heliastai*, sich seit Solon aus dem versammelten Volk zusammensetzten und unter freiem Himmel auf der Agora zugleich als Geschworene und Richter tätig wurden. Aufgrund etlicher Prozesse entstanden in klassischer Zeit selbstständige Abteilungen, Dikasterien genannt. Ihnen saßen die Thesmotheten vor, doch hatten diese wie etwa die Prätoren in Rom die Fälle lediglich vorbereitet – die Urteile fällten letztlich die *dikastai*. Dazu wählten sie Kiesel oder Muschel bzw. einen vollen oder gelochten Stimmstein, die bzw. den sie in die entsprechende Stimmurne – oder in eine Ersatzurne – warfen.

Bei Heliasten und Dikasten handelte es sich also um Laienrichter. Sie besaßen Bürgerstatus, durften keine Schulden beim Staat haben und mussten mindestens dreißig Jahre alt sein. Sie stammten aus allen attischen Phylen und meldeten sich freiwillig; 6000 wurden zu Jahresbeginn und die Anwesenden später täglich festgelegt und auf die Dikasterien verteilt. Damit wurde Bestechung erschwert. Je nach Ausmaß der Straftat war eine unterschiedliche Anzahl an *dikastai* Voraussetzung. Seit Mitte des 5. Jahrhunderts v. Chr. wurden die Laien für jeden Gerichtstag bezahlt, und zwar aus der Gerichtskasse, die sich mit Bußgeldern und Prozessgebühren füllte.

Der vielleicht erste hingerichtete Philosoph
Eins der berühmtesten Urteile der Antike fällte ein athenisches Volksgericht: Es verhängte über den Philosophen Sokrates 399 v. Chr. die Todesstrafe durch den Schierlingsbecher. Die Gründe waren Nichtachtung der alten und Verehrung neuer Götter sowie Verführung der Jugend. Frühe Christen verglichen Sokrates mit Jesus.

Diaitetai: in privaten oder auch öffentlichen Streitfällen von den Parteien bestellte Schiedsrichter, und zwar oft drei, da jede Partei eine Person ihres Vertrauens stellte und diese beiden sich auf eine dritte, quasi „unparteiische" einigten. Mit *diaitetai* waren alle älteren Athener wie beispielsweise der berühmte Hypereides im Jahr 330 v. Chr. gemeint, die verpflichtet waren, die Thesmotheten zu vertreten. Sie konnten den Fall beenden oder ihn bei Klage einer der Prozessparteien an ein Gericht weitergeben.

Ephetai: die Geschworenen dreier Kollegien, die als Gerichte neben dem Areopag, von dessen Mitgliedern sie ernannt wurden, vorrangig Tötungsdelikte untersuchten, in ihrem Fall eher unvorsätzliche; von Drakon eingerichtet; den Vorsitz hatte der *archon basileus.*

Nautodikai: ein im klassischen Athen eingerichtetes See(manns-)richterkollegium, das sich mit dem komplexen Seehandelsrecht im attischen Seereich befasste. Wie die *xenodikai* (Fremdenrichter) urteilten sie über Fremde (nicht Metöken), die vorgegeben hatten, Bürger zu sein. Auflösung beider Gremien Mitte des 4. Jahrhunderts v. Chr.; die *xenodikai* fungierten auch in anderen Poleis in verschiedenen Streitfällen, zum Beispiel als Beamte (nicht als Richter), und sind gewissermaßen das Pendant zum *praetor peregrinus.*

Synegoros: eine Person, die zumindest in klassischer Zeit offiziell unentgelt-
lich vor dem Dikasterion „Partei ergreift", also mit dieser zusammen anklagt
oder verteidigt (nicht der *logographos*).

Die Vierzig: ein athenisches Kollegium mit vier Vertretern aus jeder Phyle.
Sie behandelten private Streitigkeiten, deren Wert maximal zehn Drachmen
betrug. Sie waren also mit etlichen, insgesamt jedoch eher unbedeutenden
Fällen beschäftigt.

Die Logografen – Meister des Wortes

Logographoi waren geschickte Rhetoren, die als Redner im klassischen Griechenland auch ohne politisches Amt zu Ansehen und Einfluss kommen
konnten. Ihre eigentliche Einnahmequelle war neben Grundeigentum oder
vielleicht einer Werkstatt das Verfassen von Schriften, vor allem von Ge-
richtsreden. Eine solche Auftragsarbeit las der Angeklagte oder der Ankläger
während des Prozesses selbst vor, während der „Redenschreiber" im Hintergrund blieb, falls er nicht wie Hypereides auch als *synegoros* auftrat. Isokrates etwa, der nicht als Redner auftrat, aber bedeutende Reden schrieb,
hatte erfolgreich als Logograf gewirkt, bevor er eine Schule für Redner eröff-
nete.

In Rom konnten hohe Magistrate – Konsuln, Prätoren, Volkstribunen oder
außerordentliche Amtsträger –, der Senat oder einige andere Gremien
– etwa die *tresviri capitales* – als Richter fungieren. Seit Mitte des 2. Jahrhunderts v. Chr. entstanden verschiedene dauerhafte Gerichte (*quaestiones per-
petuae*), die für diverse Strafsachen zuständig waren und sich aus Senatoren
oder Rittern zusammensetzten, besonders unter dem Diktator Sulla. Grund
für ihre Entstehung war, dass sie die zahlreichen Fälle zügiger „bearbeiten"
konnten als vor allem die Komitien. Das römische Volk hatte demnach weniger Einfluss auf die Gerichtsbarkeit als im alten Griechenland.

In der Kaiserzeit gingen richterliche Kompetenzen verstärkt auf Kaiser,
Senat und Präfekten über, der *quaestio* blieben weniger bedeutende Strafsa-
chen. In den Provinzen entschied oftmals der Statthalter oder Legat über
Streitfälle.

Der Iudex – Richter in den eigenen vier Wänden

Mit *iudex* war in Rom im Allgemeinen der Einzelrichter gemeint, der das von einem Magistrat (Prätor) vorgegebene Urteil in einem meist weniger bedeutenden Prozess nach der Beweisaufnahme fällte. Er musste Senator, seit spätrepublikanischer Zeit auch Ritter und seit Augustus wohlhabender Bürger sein und mindestens dreißig Jahre alt. Er wurde vom Magistrat nach Absprache mit den Prozessparteien ausgewählt. Der *iudex* handelte als Privatperson, also in keinem Amtsgebäude, sondern im eigenen Heim und bekleidete zeitgleich kein politisches Amt.

Da auch die römischen Richter des Öfteren keine Juristen im engeren Sinn waren, standen ihnen in diesem Fall entsprechende Fachleute zur Seite. In der Kaiserzeit wurden jedoch verstärkt „Berufsrichter" mit Beamtenstatus eingesetzt. Legaten und Statthalter unterstanden dem *imperium maius* des Kaisers, der also auch in der Funktion als Richter das letzte Wort hatte, wenn das kaiserliche Gericht aus Protest gegen das Urteil eines Statthalters angeschrieben worden war.

Arbiter: ein oft mit dem *iudex* vermischter „Streitrichter", der aber eher in Fällen gefragt war, die ein typisches gerichtliches Verfahren und die damit verbundene Schuldfrage umgingen und sich auf die eigentliche Problemlösung konzentrierten – ähnlich einer außergerichtlichen Einigung; wurde oft von den Parteien, also ohne Magistrat bestellt.

Centumviri: die „Hundertmänner", ein Gericht mit Mitgliedern aus den 35 *tribus*, seit frührepublikanischer Zeit bis zum 2. Jahrhundert n. Chr. tätig; zuständig vor allem für Erbschafts- und Statusfälle.

Quaesitor: der für die Dauer eines Streitfalls gewählte Vorsitzende der Geschworenen, der aber keine Entscheidungsgewalt hatte, sondern stellvertretend für sein Gremium sprach.

Recuperatores: wie die *centumviri* ein spezielles, jedoch meist dreiköpfiges Richterkollegium, das über publikumswirksame Fälle urteilte, vor allem in sogenannten Repetundenverfahren, bei denen es um die Rückerstattung illegitim konfiszierter Ländereien und Wertsachen ging; in der späten Republik verstärkt eingerichteter Gerichtszweig, der sich durch schnelle Urteilsfindung „auszeichnete"; Auswahl aus einer Richterliste, daher keine „freie" Wahl der Parteien und damit erschwerte Korruption.

Unmittelbarer Strafvollzug in einer römischen Schule.

Militärisches

Auch wenn es für die griechischen Stadtstaaten und im Römischen Reich immer wieder Jahre des Friedens gab, spielte der Krieg stets eine große Rolle: für den frühgriechischen Einzelkämpfer, der den Heroen nacheiferte, den klassischen oder römischen Bürgersoldaten, der Seite an Seite mit seinen Landsleuten für die Heimat kämpfte, den profitorientierten Söldner, der so manches Reich an den Rand des Ruins brachte, oder für die Kaiser, die durch Krieg den Frieden brachten und sich damit brüsteten. Neben schwerer Infanterie und der Reiterei gab es verschiedene Spezialeinheiten, die unterstützend oder als Aufklärer fungierten, Tricks anwendeten oder ausgefeilte, tödliche Fernwaffen bedienten.

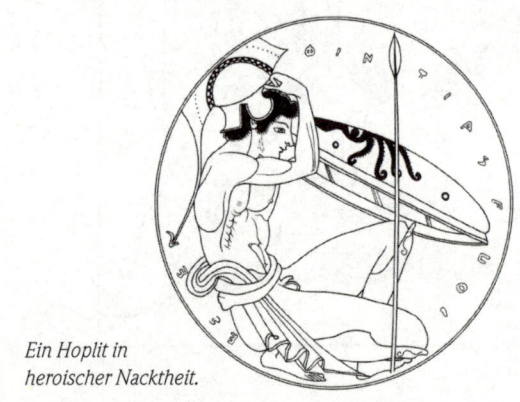

Ein Hoplit in
heroischer Nacktheit.

Der Stratege – Kommandeur, möglichst mit Weitsicht

Der *strategos* war ein militärischer Befehlshaber in verschiedenen griechischen Poleis. Aufgrund der Macht Athens und der entsprechenden Überlieferungslage sind vor allem dessen Strategen berühmt geworden. Sie traten im Zuge der Demokratisierung unter Kleisthenes, spätestens aber 480 v. Chr. an die Stelle des Polemarchen (vgl. Archon), des bisherigen militärischen Oberbefehlshabers. Es handelte sich stets um ein Zehnmännergremium, das in der Volksversammlung gewählt, nicht gelost wurde. In den Anfangsjahren empfahl jede Phyle einen Kandidaten, danach konnten auch zwei Strategen pro Phyle gewählt werden.

Sie genossen also den Ruf, in Sachen spontaner und strategischer Kriegsführung bewandert und geschickt zu sein. Empfehlungen aus ihrer Heimatphyle dürften dazu beigetragen haben, dass man ihnen die am ehesten auf sie zugeschnittenen Spezialaufgaben oder -missionen übertrug. Sie befehligten zunächst das Aufgebot ihrer Phyle – später übernahmen die sogenannten Taxiarchen diese Aufgabe –, abwechselnd oder zusammen mit einem oder zweien ihrer Kollegen ein größeres Heer oder eine Flottenabteilung, kooperierten mit den Bouleuten, den Ratsmitgliedern, ernannten die Trierarchen, agierten als Diplomaten, Verwalter, Logistiker oder Richter. Der Vorsitz soll unter ihnen regelmäßig gewechselt haben, doch muss der eine oder andere Stratege zumindest zeitweise dominiert haben.

> **Aratos aus Sikyon** war in der zweiten Hälfte des 3. Jahrhunderts v. Chr. 16-mal *strategos* des Achaischen Bundes. Angeblich durch Philipp V. von Makedonien vergiftet, verehrten ihn Landsleute an seinem Grab als Heros.

Die Amtszeit betrug zunächst ein Jahr; danach mussten die Strategen wie die anderen hohen Beamten öffentlichen Prüfern (*logistai*) ihre Rechenschaftsberichte vorlegen oder vortragen. Blieben Beschwerden aus, war Iteration möglich. Fähige Staatsmänner wie Perikles, der das Amt auch der Klasse der Zeugiten zugänglich machte, konnten daher in dieser Position zu erheblicher Macht gelangen. Das deswegen letztlich weniger volksfreundlich wirkende Amt verlor im Verlauf des 4. Jahrhunderts v. Chr. zugunsten der Rhetoren („Redner") an Bedeutung, auch wenn diese als solche kein politisches Amt bekleideten.

In den hellenistischen Reichen hießen diverse militärische Oberbefehlshaber zwar ebenfalls Strategen, jedoch ohne den politischen Einfluss ihrer Vorgänger. Sie fungierten eher als Statthalter, also vorwiegend im zivilen Bereich. Im späten Ptolemäerreich, danach im römischen Ägypten gaben sie ihre militärische Macht vollständig in die Hand des *epistrategos*. Sie unterstanden während der Kaiserzeit dem *praefectus Aegypti*.

Lange Zeit geehrt, dann getötet
Der Athener Phokion lebte zur Zeit Alexanders des Großen. Sein An-
sehen war so groß, dass er 45-mal zum Strategen gewählt wurde.
Zum Vergleich: Perikles starb 429 v. Chr. in seinem 15. Amtsjahr in
Folge an der „Pest". Der Makedonierfreund wurde 318 v. Chr., als
Demokraten vorübergehend die Macht innehatten, zum Tode verur-
teilt.

Der Hoplit – kämpfen und sterben in Reih' und Glied

Bereits seit archaischer Zeit verzichteten die Griechen auf den Streitwagen,
der die von Homer beschriebenen Kämpfer zum Schlachtfeld gefahren hatte.
Die meisten Bürger waren im Gegensatz zu den *hippeis* – den Angehörigen
der zweiten Steuerklasse – ohnehin nicht in der Lage, sich ein Pferd zu leisten, und pferdereiche Regionen wie Thessalien und Makedonien glänzten
mit ihrer Reiterei. Die meisten Poleis und auch die Römer setzten besonders
auf Infanterie, die aber durch Sondereinheiten und die Kavallerie unterstützt
wurde.

Der typische Soldat im alten Griechenland – ob Bürger oder Söldner –
war der Hoplit, der schwer gepanzerte Infanterist mit dem markanten Rundschild, dem *hoplon*. In früharchaischer Zeit entsprachen die Kriege der noch
jungen Stadtstaaten eher kleinen Grenzkonflikten, welche die wohlhabenden Bürger schwer gerüstet mit Brustharnisch, Arm- und Beinschienen, mit
Schild, Helm, Langspeer und Langschwert, die sie meist selbst aufbringen
mussten, ausfochten, um zur Ernte wieder auf ihrem Grund und Boden zu
sein.

Zunehmende Hegemoniebestrebungen und die sich ausdehnenden
Kriegszüge erforderten größere Heere und vor allem die zahlreichen Rekru-
ten aus der dritten Steuerklasse. Damit einher ging die Gewichtsreduzierung
der Rüstung. Eine zwanzig bis dreißig Kilogramm schwere Vollrüstung (*pan-
oplia*) war nun buchstäblich untragbar. Oft fielen die Armschienen weg, und
das Langschwert wurde durch ein kurzes Hiebschwert ersetzt. Am auffälligs-
ten war, dass die Hopliten großenteils den bronzenen Panzer (*thorax*) ab-
und einen leichterten, aus mehreren Lagen Leinen bestehenden und damit
wesentlich billigeren anlegten.

Hopliten entstammten meist der dritten Steuerklasse, den Zeugiten mit einem Grundstück von etwa fünf bis zehn Hektar, und nahmen durch ihren Dienst am Staat zunehmend politischen Einfluss. Sie hatten seit dem Peloponnesischen Krieg in Athen Anspruch auf geringe Entlohnung und vielen von ihnen stand ein Diener als Träger zur Seite, der jedoch mitbezahlt werden musste.

Die typische Kampfformation der *hoplitai* war eine enge, in Athen oft acht, in Sparta zwölf Mann tiefe Schlachtreihe, die sogenannte Phalanx („Walze"). Die Kontrahenten prallten auf möglichst großem Terrain mehr oder weniger frontal aufeinander. Besonders gefürchtet waren die Spartaner, die lange Zeit ungeschlagen blieben. Die Perser hatten die Stärke der Hopliten am eigenen Leib in den Perserkriegen erkannt und heuerten unzählige griechische Söldner an, denen auch Alexander der Große noch gegenüberstand. Bereits um 400 v. Chr. setzten jedoch unumkehrbarere Veränderungen im Heereswesen ein. Viele Poleis setzten nun in verstärktem Maße ihre Kavallerie, Leichtbewaffnete (Peltasten), Bogenschützen und Schleuderer – bevorzugt aus Kreta und Rhodos; die sogenannten *funditores* im römischen Heer stammten oft von den Balearen – ein oder variierten ihre Aufstellung und Tiefenstaffelung.

In der Schlacht von Leuktra 371 v. Chr. erlitten die anpassungsunfähigen Spartaner gegen die Thebaner eine bittere Niederlage und büßten ihre Vormachtstellung ein, die schließlich die Makedonier unter Philipp II. und seinem jungen Sohn Alexander durch den Sieg in der Schlacht von Chaironeia 338 v. Chr. errangen. Die griechischen Hopliten, deren Bedeutung in hellenistischer Zeit abnahm, hatten in dieser Schlacht knapp das Nachsehen gegenüber den kampferprobten, sechzehn Mann tief gestaffelten makedonischen „Gefährten zu Fuß" (*pezhetairoi*), die mit einer vier bis fünf Meter langen Lanze (Sarissa) ausgestattet waren, und den berittenen „Gefährten" (*hetairoi*) mit ihrem Stoßspeer, denen es unter Befehl des jungen Alexander vor allem gelang, die bis dato unbesiegte Heilige Schar (*hieros lochos*) zu vernichten.

Diese thebanische Eliteeinheit war spätestens 378 v. Chr. entstanden und soll aus 150 homosexuellen Paaren bestanden haben – unklar, wie die jeweiligen Beziehungen in Wahrheit aussahen. Philipp selbst hatte sie in jungen Jahren als Geisel in Theben kennengelernt.

Einige militärische Führungspositionen im alten Griechenland

Chiliarchos: Kommandant einer 1000 Mann starken Einheit, ursprünglich einer persischen Eliteeinheit, auch Stellvertreter des Königs (Hephaistion war 324 v.Chr. Vize-König Alexanders des Großen), im Ptolemäerreich gleichrangig mit dem *dioiketes* („Wesir"/1. Minister; vgl. auch Leibwächter)

Epistrategos: hoher Offizier im Ptolemäerreich mit rein militärischer Funktion und direktem Oberbefehl in einem zugewiesenen Gau; unterstand mit seinen Amtskollegen direkt einem Strategen

Harmost: Statthalter der Spartaner mit in Abstimmung mit den Ephoren weitreichenden Befugnissen in seinem zugewiesenen Amtsbezirk; suchte die Kooperation mit den lokalen Oligarchen („Konservativen")

Hipparch/Ilarch: Befehlshaber über eine Reiterei (Ilarchie/Hipparchie, mit unterschiedlicher Stärke) und gegebenenfalls Fernkämpfer (unfreie Bogenschützen)

Hipparmost: Reitereikommandant in Sparta

Hippeis: die 300 spartanischen Elite-Hopliten innerhalb der ersten *mora*; Leibwache des Königs; berühmt aus der Schlacht an den Thermopylen 480 v.Chr. unter König Leonidas

Ilarch: Führer zum Beispiel einer makedonischen *ila* (Schwadron) mit mehr als 200 *hetairoi* („Gefährten"), die prinzipiell in Keilform angriff

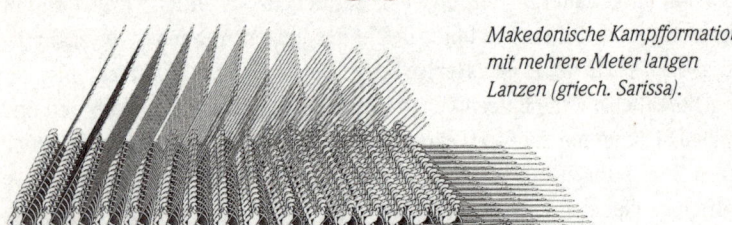

Makedonische Kampfformation mit mehrere Meter langen Lanzen (griech. Sarissa).

Lochagos: Führer einer Kompanie (*lochos*: 144 Mann im 4. Jahrhundert v. Chr.), vom Taxiarchen ernannt

Polemarch: in Sparta Oberbefehlshaber einer *mora* (einer 500 Mann starken Einheit, bestehend aus vier *lochoi*; angeblich ein Sechstel der spartanischen Streitmacht, die einer der beiden Könige befehligte); vgl. auch: Archon

Taxiarch: Befehlshaber einer Infanterieeinheit (*taxis*) von unterschiedlicher Stärke (unter Alexander 1500 Mann); in Athen der gewählte Führer eines jeden Phylenkontingents

Xenagos: hoher spartanischer Offizier in klassischer Zeit; Kommando über ein Kontingent in einer Stadt des Peloponnesischen Bundes oder über Söldner; auch: Statthalter u. a.

Der Trierarch – ehrenvoll belastet

Von fundamentaler Bedeutung: Wartung und Bemannung der Kriegsschiffe.

Die Trierarchie war eine Form der Leit(o)urgie, einer von manchen Staaten ihren wohlhabenden Bürgern auferlegten öffentlichen, ehrenamtlichen Aufgabe. Für die Seemacht Athen war sie sicherlich sogar die wichtigste. Die Trierarchie hatte einen archaischen Vorläufer, die Naukraria, der jedoch im Zuge von Themistokles' Flottenbauprogramm während der Perserkriege auf zahlreiche einzelne Bürger der ersten Steuerklasse ausgeweitet wurde. Ein Trierarch übernahm eine Triere und war während eines Jahres als Kommandant auch für ihren Erhalt, Ausrüstung und Verpflegung der Besatzung zuständig. Auch wenn die Entlohnung der rund 200 Seeleute meist durch den Staat erfolgte, war dies eine enorme finanzielle Last.

Der Machtverlust Athens seit dem Peloponnesischen Krieg führte dazu, dass die Schiffskosten auf jeweils zwei Trierarchen und im Verlauf des 4. Jahrhunderts v. Chr. auf mehrere Bürger verteilt wurden. Die Übernahme des Amtes war besonders ehrenvoll, doch waren nur noch wenige Athener finanziell dazu in der Lage. Athens Niederlage im Lamischen Krieg 323/22 v. Chr., der infolge von Alexanders Tod ausgebrochen war, markiert das Ende seiner mächtigen Flotte. Demetrios von Phaleron, der in Abhängigkeit vom makedonischen Regenten Kassandros zehn Jahre in Athen regierte, hob die Trierarchie wenig später auf.

> **Trierarchen** waren, abgesehen von Athens „Ehrenämtlern", im Allgemeinen die Kommandeure antiker Kriegsschiffe. Sie unterstanden dem Befehl eines Strategen, in anderen Poleis eines Nauarchen. Letztere durften ebenfalls nur ein Jahr amtieren. Da die Spartaner aber nicht auf ihren fähigen „Admiral" Lysander, den Bezwinger der Athener 405/04 v. Chr., verzichten wollten, setzten sie ihn offiziell als Stellvertreter ein. Der eigentliche Nauarch hatte das Nachsehen.

Der Söldner – buchstäblich „käuflich"

Griechische *xenoi*, oft aus Ionien stammend, dienten spätestens seit dem 6. Jahrhundert v. Chr. als Leibwache oder kämpften auch als Piraten für einige Tyrannen, altorientalische Könige, Pharaonen oder Usurpatoren, bis diese Hochkulturen von den Persern erobert wurden. Deren Achämenidenkönige rekrutierten insbesondere Hopliten für ihre Zwecke.

Seit dem Peloponnesischen Krieg erkauften sich auch diverse Griechenstädte in Ermangelung von Milizen in zunehmendem Maße die Dienste professioneller Hopliten, Peltasten (leichtbewaffnete Infanteristen mit Wurfspeeren und Lederschild), Schleuderer, Bogenschützen, Reiter, Piraten, aber auch Ruderer verschiedenster Herkunft. Unter dem Kommando des Atheners Iphikrates besiegten besoldete Peltasten 392/90 v. Chr. eine spartanische *mora*.

Griechische Söldner verdingten sich auch außerhalb ihrer Staatenwelt. Beispiele sind die sogenannten Zehntausend, zu denen der bekannte Autor Xenophon zählte, die sich 402/01 v. Chr. dem spartafreundlichen Perserprinzen Kyros d. J. gegen dessen Bruder, Großkönig Artaxerxes II., anschlossen. Agesilaos II., einer der mächtigsten spartanischen Könige, der nicht gewillt war, sich politischen und militärischen Veränderungen anzupassen, starb 360/59 v. Chr. hochbetagt in Afrika, nachdem er dort in ägyptischem Auftrag als Söldnerführer operiert hatte, da er sich vom Pharao finanzielle Hilfe für seine schwächelnde Polis erhoffte.

Die Phoker stellten im 3. Heiligen Krieg Söldnerheere auf, die mit geraubten Geldern aus den Heiligtümern in Delphi finanziert wurden und Philipp II. von Makedonien, der sie schließlich schlug und selbst zahlreiche Söldner befehligte, entscheidenden Machtzuwachs einbrachten. Besonders standfeste Gegner Alexanders des Großen in zwei Schlachten während seines Feldzuges nach Persien waren griechische Hopliten, und er selbst kommandierte mit jedem Sieg ein weiter wachsendes Vielvölkerheer wie die Perser vor ihm.

Die Achämenidenkönige Artaxerxes III. und sein Nachfolger Dareios III., Alexanders Widersacher, hatten lange Zeit auf die rhodischen Söldnerführerbrüder Mentor und Memnon gesetzt. Mentor hatte derart großen Einfluss auf Artaxerxes, dass dieser den verbannten Satrapen Artabazos, einen späteren Gefolgsmann Alexanders, rehabilitierte. Mentors Witwe, die Memnon zur Frau nahm, wurde später Alexanders Geliebte und gebar einen Sohn namens Herakles, der als letzter, wenn auch illegitimer Angehöriger von Alexanders Dynastie 310/09 v. Chr. ermordet wurde. Auch Memnon hatte das größte Vertrauen des Dareios genossen, sich aber nicht den westkleinasiatischen Satrapen gegenüber behaupten können – diese hatten sich entgegen seinem Rat Alexander zu Beginn von dessen Feldzug 334 v. Chr. zur Schlacht am Granikos gestellt und waren unterlegen. Memnon hatte im Rücken des Invasors erbitterten Widerstand geleistet, war jedoch überraschend während einer Belagerung auf Lesbos verstorben.

Söldnerführer mit Topgage

Der Aitolier Skopas war Stratege und Staatsmann des Aitolischen Bundes, musste aber nach Ägypten fliehen. Dort diente er zunächst als Söldnerführer, stieg jedoch zum Oberbefehlshaber der Truppen des Ptolemaios V. Epiphanes (205/04 bis 180 v. Chr.) auf. Angeblich konnte er frei über die gemachte Beute entscheiden und erhielt darüber hinaus den enormen Tagessold von zehn Minen. Nach mehreren Kämpfen gegen die Truppen des Seleukidenkönigs Antiochos III. starb er 200 v. Chr. unter mysteriösen Umständen nach einem gegen ihn gerichteten Prozess.

Söldnereinheiten bestimmten maßgeblich die Kriege der hellenistischen Reiche. Nicht selten belasteten sie das Land, das sie rekrutiert hatte, indem sie besonders in Krisenzeiten schwere Revolten anzettelten. Alexander der Große bewies mehrfach, dass er Söldnern misstraute: Er ließ zum Beispiel nach der Belagerung einer Festung etliche indische Krieger überraschenderweise niedermetzeln. Im Jahr 324 v. Chr. erlegte er den Griechen auf, sämtliche Verbannte zurückzuführen. Das zielte neben dem jeweiligen innenpolitischen Mächteausgleich im Westen auch darauf ab, möglichst viele Griechen im Osten, die das Söldnertum als Alternative zum Bauern- oder Handwerkerdasein gewählt hatten, zur Heimkehr zu bewegen und deren Gefahrenpotenzial für sein junges Reich zu verringern. Der „König von Asien" verbot zudem seinen Satrapen, Söldner zu rekrutieren. Dass gekaufte Krieger tatsächlich einen Unruheherd darstellten, zeigte sich bei Alexanders unerwartetem Tod bereits ein Jahr darauf: In den östlichen Satrapien kam es zu schweren Aufständen dort angesiedelter Veteranen und Söldner. Sie wurden brutal niedergeworfen.

Großes Leid durch und für unbezahlte Söldner

Die Streitmacht der Karthager bestand großenteils aus Söldnern. Da sie nach Karthagos bitterer Niederlage im 1. Punischen Krieg (264–241 v. Chr.) keinen Sold erhielten, brach ein großer Aufstand – der „Söldnerkrieg" – in weiten Teilen des Landes aus, in den auch etliche libysche Freiheitskämpfer verwickelt waren. Der Stratege Hamilkar, der Vater Hannibals, schloss schließlich 238 v. Chr. Tausende der Rebellen in der sogenannten „Säge", einer Schlucht im Atlasgebirge, ein und hungerte sie aus. Dann ließ er sie von Kriegselefanten niedertrampeln.

Auch die Römer waren auf Söldnerdienste angewiesen. Numidische merce(n)narii (auch: Tagelöhner, Bauern) kämpften an ihrer Seite siegreich gegen Hannibal in der den 2. Punischen Krieg beendenden Schlacht von Zama 202 v. Chr. Oft griffen sie jedoch auf die Truppen italischer Bundesgenossen (socii) oder die Hilfstruppen (auxilia) der von ihnen unterworfenen Nichtitaliker zurück, deren cohortes (Fußtruppen) und alae (Reiterei) nichtsdestotrotz bezahlt und in der Kaiserzeit zum festen Bestandteil des Heeres wurden.

Die Bematisten – wahrhaft gut zu Fuß

Im Tross großer Heere fanden sich etliche Gewerbetreibende, die oft jahrelang mitzogen oder in festen Lagern stationiert waren: Händler, Prostituierte – die zu Kurtisanen werden konnten –, Mediziner (vgl. Arzt), Priester und Wahrsager/Magier, Wissenschaftler, Philosophen/Sophisten, Dichter, Schauspieler, Musiker, Steinmetze, Bergleute (vgl. Minenbetreiber), Zimmerer, Köche, Knechte, Schneider und Schuhmacher oder Militär-Techniker/-ingenieure. Einer der markanteren Berufe war der der Bematisten, der professionellen Landvermesser oder Schrittzähler. Ihre Präsenz ist namentlich für den Alexanderzug mit Messungen vom Südrand des Kaspischen Meeres bis ins heutige Pakistan belegt: Baiton, Diognetos und Philonides. Letzterer war Kreter und ein bekannter Langstreckenläufer, der 335 v. Chr. auf der Peloponnes eine Strecke von rund 200 Kilometern in neun Stunden zurückgelegt haben soll, was unwahrscheinlich anmutet.

Alexanders *bematistai* maßen nicht nur die Entfernungen, sondern ermittelten daraus auch die Marsch- oder Reisezeiten und vermerkten zudem geografische, biologische oder kulturelle Besonderheiten. Über ihr Schicksal ist nichts bekannt. Die Forschung geht aufgrund der erstaunlich exakten Daten, die von ihnen stammen sollen, davon aus, dass sie bereits über ein Messrad verfügten. Ein sogenannter Hodometer ist jedoch erst für das 1. Jahrhundert v. Chr. sicher belegt. – Im römischen Heer dienten ebenfalls Vermesser – *libratores* –, und zwar nicht nur zur Planung von Lagern, sondern auch als Artilleristen.

Ingenieursarbeit bei griechischen Armeen – tödliche Präzision

Bereits in den antiken Heeren dienten verschiedene Militärarchitekten und Militärtechniker (*technitai/mechanopoioi*), die komplizierte Artillerie und Belagerungswaffen konstruierten. Zu den bekanntesten zählt der Thessalier Diades, der für Philipp II. und Alexander Belagerungsgeräte – Wandeltürme, Katapulte mit Torsionsantrieb, Hebebühnen u. a. – auf neuestem Entwicklungsstand erbaute, die Stadtmauern wie die von Halikarnassos oder Gaza sturmreif schießen konnten. Viele Städte orientierten sich übrigens an den technischen Vorleistungen aus Syrakus, die der dortige Tyrann Dionysios I. (405–367 v. Chr.) finanziert und vorangetrieben hatte. Vorläufer griechischer Belagerungswaffen existierten jedoch schon lange zuvor im alten Orient.

Ein römisches Katapult.

Der athenische Architekt Epimachos ist der Schöpfer des größten antiken Belagerungsturms, einer sogenannten Helepolis („Städteeinnehmer"), deren Erfindung möglicherweise den Karthagern zuzuschreiben ist. Sein neunstöckiger, auf acht Rädern rollender Riese war vierzig bis fünfzig Meter hoch, zwanzig Meter lang und wog etwa 150 Tonnen; er war mit Katapulten bestückt und musste angeblich von mehr als 3000 Mann geschoben werden. Auf Befehl des makedonischen Regenten Demetrios *Poliorketes* („Städtezerstörer", Sohn von Alexanders ehemaligem General Antigonos) sollte die Maschine 304 v. Chr. helfen, die Stadt Rhodos einzunehmen. Allerdings wussten sich die Verteidiger mit etlichen Brandpfeilen, welche die *helepolis* trotz eiserner Schutzplatten beinahe zerstört hätten, zu helfen. Demetrios zog den Turm vorerst ab, und später machte der rhodische Techniker Diognetos die monströse Maschine unbrauchbar, indem er seinen Landsleuten riet, den Boden vor ihr aufzuweichen. Die Belagerung schlug schließlich fehl, und die Rhodier gaben beim Bronzebildhauer Chares von Lindos ihr Siegessymbol in Auftrag – den Koloss von Rhodos, das etwa dreißig Meter hohe bronzene Weltwunder. Einen ähnlichen Turm Alexanders, von Diades erbaut, hatten bereits die Verteidiger der phönizischen Stadt Tyros 332 v. Chr. vernichtet, und zwar mithilfe eines Brandschiffs.

Die Römer übernahmen zahlreiche Techniken der griechischen Poliorketik (Belagerungskunst) und entwickelten Katapulte und Pfeilschleudern (Ballista, Onager; Scorpio) sowie Rammböcke weiter. Sie verzichteten jedoch weitgehend auf große Türme, bevorzugten vielmehr Belagerungsrampen und Schanzarbeiten, insbesondere die (Bi-)Circumvallationen – die (doppelte) Umschließung einer Stadt mit Graben und Palisaden –, zum Beispiel von

Alesia durch Caesar 52 v. Chr. oder von Masada 73/74 n. Chr. durch Flavius Silva. Immerhin kam hier angeblich ein bis zu dreißig Meter hoher Belagerungsturm zum Einsatz, der allerdings eine Übertreibung des Autors Flavius Josephus sein könnte.

Auch eine andere alte Methode machten sich die Römer zunutze – den Bau von Tunneln, um Stadtmauern einbrechen zu lassen. Sogenannte Sappeure setzten dazu unterirdisch platzierte Pfeiler in Brand, liefen dabei jedoch Gefahr, von den Verteidigern ausfindig gemacht zu werden.

Der Kriegselefantentreiber – Reiter mit simpel-brachialem Instrument

Das kolossale Tier symbolisierte
Stärke und Macht.

Bereits im 3. Jahrtausend v. Chr. scheinen im Industal Zähmungen von Elefanten erfolgt zu sein; Kriegselefanten kamen dort spätestens seit 1000 v. Chr. zum Einsatz. Ihre Gefangennahme war gefährlich, doch Zucht war aufgrund der langjährigen Entwicklung der grauen Riesen zu zeitaufwendig. Meistens wurden die größeren und reizbareren Bullen „rekrutiert". Wilde Exemplare einzufangen und zu bändigen war relativ schwierig; sie waren auch weitaus rarer als Pferde. Das riskante Training dauerte Jahre und war darauf ausgerichtet, den Willen des jungen Elefanten zu brechen. Im besten Fall bauten Mensch und Tier dennoch eine innige Beziehung auf, sodass der Elefant mehrere Kommandos befolgen konnte und weitgehend schrecklos war. Den Karthagern wird nachgesagt, dass sie den Bullen Wein vorsetzten oder ihnen in die Beine stachen, um sie in Rage zu versetzen. Die Ausbilder liefen dabei Gefahr, selbst attackiert zu werden, besonders während der sogenannten Musth-Zeit, einer wiederkehrenden hormonellen Schwankung, die bei jedem Tier anders verläuft und den Testosteronspiegel um ein Vielfaches erhöht.

Von Indien aus gelangten Kriegselefanten zum Beispiel nach China und Persien. Die Schlacht von Gaugamela 331 v. Chr. zwischen Alexander dem Großen und dem Perserkönig Dareios III. gilt als das erste Ereignis, bei dem Europäer sich diesen Riesen im Kampf stellen mussten. Damals kamen sie allerdings kaum zum Einsatz, ganz im Gegenteil zur Schlacht am Hydaspes (Jhelum im heutigen Pakistan) 326 v. Chr., Alexanders letzter großer Schlacht: Angeblich standen ihm hier 200 Elefanten des Fürsten Poros gegenüber. Sie trampelten etliche Infanteristen nieder, spießten sie auf, erschlugen sie oder schmetterten sie zu Boden. Alexanders Leichtbewaffneten gelang es, zahlreiche Elefantenlenker, auch Mahouts genannt, herunterzuschießen. Auch verwundeten oder töteten die Fußtruppen viele Tiere; verletzte Elefanten gerieten in Panik und trampelten, da sie Freund und Feind nicht mehr unterschieden, etliche Inder zu Tode.

In solchen Fällen hatten Mahouts die Möglichkeit, mit Hammer und Meißel das Tier durch einen Nackenschlag zu töten. Der karthagische Feldherr Hasdrubal, der Bruder Hannibals, erteilte vor der gegen die Römer verlorenen Schlacht am Metaurus 207 v. Chr. eine entsprechende Weisung an seine Reiter. Das muss dem Mahout enorm schwer gefallen sein: Mit einem Schlag, der sicherlich nicht immer den sofortigen Tod des ahnungslosen Tieres herbeiführte, machte er jahrelangem Training und einer gewachsenen Mensch-Tier-Beziehung ein jähes Ende und brachte sich selbst in Lebensgefahr.

Kriegselefanten spielten in den Kämpfen der hellenistischen Reiche untereinander und gegen die Römer eine gewichtige, wenn auch nicht entscheidende Rolle. Während bei den Indern oft ein Krieger mit Speeren oder einem Bogen mit dem Mahout auf dem Rücken des Elefanten in den Kampf zog und die Karthager sich wahrscheinlich auf den Lenker beschränkten, entwickelten die Griechen im 3. Jahrhundert v. Chr. eine Art hölzernen „Turm", der auf dem Elefanten festgeschnallt war. Er bot mehreren Fernkämpfern Platz, Schutz und einen guten Überblick. Die Ptolemäer in Ägypten griffen meist auf die wohl bereits seit der Spätantike ausgestorbenen afrikanischen Waldelefanten zurück, die mit etwa 2,40 m Schulterhöhe weniger für Türme geeignet waren, gewannen im Krieg jedoch auch die größeren indischen dazu. Sie gründeten Städte am südlichen Roten Meer, wo groß angelegte Jagden organisiert und die gefangenen Tiere ausgeschifft wurden.

Mit dem endgültigen Sieg über Karthago 146 v. Chr. und der Einverleibung der hellenistischen Großreiche (bis 30 v. Chr.) waren die Römer zur unumstrittenen Vormacht im Mittelmeerraum geworden. Die Römer selbst hatten keine Elefanten, allenfalls ihre Bundesgenossen. Daher ging der Anteil der Dickhäuter an der westlichen Kriegsgeschichte zurück. Caesars Sieg bei Thapsus 46 v. Chr. gegen die Anhänger des Pompeius und den Numiderkönig Juba gilt als letzte Schlacht im Westen, in der Kriegselefanten eingesetzt wurden. Die Römer stießen in der Spätantike im Osten beim Kampf gegen die Sassaniden wieder auf die Kolosse.

Die Leibwächter – dem Herrscher im Nacken

Monarchen, wohlhabende Staatsleute und Bürger haben sich schon im alten Orient – biblisch belegt ist es für König David – mit einer persönlichen Leibwache umgeben. Es konnte sich dabei um eine Einzelperson (*somatophylax*) handeln oder eine Elitetruppe, die den Palast sicherte oder Spezialaufgaben erfüllte. Die Achämenidenkönige wurden von den sogenannten 10 000 Unsterblichen sowie den Lanzenträgern beschützt. Bei Letzteren handelte es sich um 1000 schwer bewaffnete Infanteristen, die von einem *chiliarchos* angeführt wurden. Dieser hohe Beamte war der Stellvertreter des Königs, in etwa mit dem Prätorianerpräfekten der römischen Kaiser vergleichbar und als solcher in so manches Komplott gegen den Regenten verwickelt. Der Chiliarch Bagoas etwa ermordete Großkönig Artaxerxes; sein Anschlag auf Dareios III. schlug fehl, und er fiel dessen Rache zum Opfer. Der Chiliarch Nabarzanes jedoch gehörte zu den Verschwörern, die wiederum Dareios III. auf der Flucht vor Alexander 330 v. Chr. ermordeten.

Die Lanzenträger kontrollierten den Hof und begleiteten den Großkönig auf seinen Feldzügen. Alexander, der sich als Erbe der Achämeniden sah, übernahm diese Truppe, obwohl er als makedonischer König über ein ganzes Gefolge von *hetairoi* – „Gefährten", nicht zu verwechseln mit der makedonischen Reiterei – verfügte. Zudem umgaben ihn mehrere persönliche *somatophylakes*, oft sieben, denen er auch Sonderaufgaben übertrug und die zu großer Macht gelangten. Zu ihnen gehörten Hephaistion, der Reichsverwalter nach Alexanders Tod namens Perdikkas sowie die späteren Diadochen Ptolemaios und Lysimachos. Berühmt ist der Mord an Alexanders Vater Philipp II. 336 v. Chr., aus umstrittenem Grund begangen von seinem Leibwächter Pausanias.

Eine Schutztruppe konnte ihrem Auftraggeber zu großer Macht verhelfen: Dionysios I. von Syrakus zum Beispiel kam mithilfe der angeheuerten Leibwachen, die ihm als Stratege zugebilligt worden waren, als Tyrann an die Macht. Caesar führte später 400 germanische Reiter in Gallien zum eigenen Schutz mit sich. Ihre Schlagkraft und Zuverlässigkeit schien den Römern zu imponieren: Zusätzlich zu den Prätorianern ließ sich Augustus von einer speziellen Truppe, den *custodes corporis*, bewachen. Das waren Bataver oder Ubier, als romfreundlich geltende Germanen. Nach der Nachricht vom Verlust dreier Legionen bei der Schlacht im Teutoburger Wald 9 n. Chr. entschloss sich der verzweifelte und offenbar verunsicherte Princeps jedoch, sie zu entlassen. Seine Nachfolger zählten allerdings ebenfalls auf diese Garde; sie wurde erst nach Nero (54–68 n. Chr.) aufgelöst. Die Kaiser vertrauten allerdings weiterhin auf die Schlagkraft aus dem Norden: Sie hoben wenig später eine Reitergarde mit der Bezeichnung *equites singulares (Augusti)* aus. Kommandiert von einem Präfekten, bestand die kaiserliche Truppe aus Soldaten der Auxiliareinheiten, oft Germanen, denen nach 25 Jahren Dienstzeit das römische Bürgerrecht zugesprochen wurde. Die lange Zeit aus einer *ala* mit 512 Mann bestehende Einheit existierte bis zum Sieg Konstantins 312 n. Chr. in der Schlacht an der Milvischen Brücke, in der sie dessen unterlegenem Gegenspieler Maxentius gedient hatte. Römische Magistrate in den Provinzen hatten bereits seit der späten Republik Elitereiter – *equites singulares* – zu ihrem Schutz, ebenfalls aus den *auxilia* aufgestellt.

> Römische Reiterei – und zwar nicht nur die elitären Schutztruppen, sondern auch die Heeresabteilungen – hatte als kleinste taktische Einheiten die **Dekurien**, Zehnerschaften. Sie wurden von einem *decurio* (nicht zu verwechseln mit dem gleichnamigen zivilen Amt, vgl. Ädil) angeführt.

Soldaten zur See – oftmals Nichtschwimmer

Auf den typischen griechischen Kriegsschiffen der klassischen Zeit, den Trieren, dienten etwa 170 Ruderer (*nautai*), die sich aus den Reihen der Theten (Bürgern der niedrigsten Steuerklasse), Metöken (freien Nichtbürgern), Bundesgenossen, Sklaven oder aus Söldnern zusammensetzten, dazu mehrere

Matrosen – vor allem für den Umgang mit der Takelage –, der Steuermann (*kybernetes*) plus Gehilfen, einige Bogenschützen (*toxotai*) sowie zehn bis 40 Schiffssoldaten (die *epibatai*). Letztere entstammten in Athen oft der dritten Steuerklasse, den Zeugiten, die auch die meisten Hopliten stellten. Sie verteidigten das Schiff im Falle eines Zusammenstoßes, bedienten Fernwaffen oder waren für rasche Interventionen an Land zuständig.

Unter Aufsicht der *duoviri navales* führten die Römer seit dem 1. Punischen Krieg eine eigene Flotte. Zu dieser Zeit erfanden sie auch die Enterbrücke (*corvus*), um den Krieg an Land, ihre Stärke, auch auf See gegen die maritim weitaus erfahreneren Karthager führen zu können. Daher dienten auf ihren Schiffen – oft Penteren oder Liburnen – etwa hundert *epibatai*, die wie Legionen organisiert waren und an Bord einem Trierarchen unterstanden.

In der Prinzipatszeit kontrollierten zwei große Flottenverbände das Mittelmeer und gingen gegen Piraten vor, deren Treiben die Römer vor allem im östlichen Mittelmeer nie völlig ausmerzen konnten. Sie waren in Ravenna und Misenum stationiert und standen unter Befehl eines aus dem Ritterstand kommenden Präfekten, der seine Anweisungen direkt vom Kaiser erhielt. Darüber hinaus existierten kleinere *classes*, die unter anderem am Rhein, an der Rhone und der Donau sowie an der britischen Küste patrouillierten oder Transportschiffe eskortierten.

Etliche der auf den beiden Hauptverbänden beschäftigten Matrosen, darunter auch die Soldaten, waren Nichtrömer, die nach ihrer Dienstzeit Bürgerstatus erhielten. Sie hatten eine wichtige Zusatzaufgabe weitab der See: Sie bedienten und warteten im Flavischen Theater, das erst im Mittelalter als Kolosseum bekannt wurde, und vielleicht auch in Amphitheatern anderer italischer Städte das *velarium*, das Sonnensegel, das weiten Teilen der Tribüne Schatten spendete. Im Kolosseum waren die einzelnen Planen an insgesamt 240 Mastbäumen, im Obergeschoss verankert, befestigt.

> Nicht erst heutige Großveranstaltungen werben mit **Extradienst-leistungen** wie etwa guter Klimatisierung. Bereits die Römer wussten die Massen entsprechend zu locken – sei es mit den Stars der Arena selbst oder Anzeigen wie: „Sonnensegel werden aufgespannt".

Der Legionär – der „(Maul-)Esel des Marius"

*Eintausend Jahre im Krieg
für Rom: der Legionär*

Bürger einer Vermögensklasse, von der die Obrigkeit ausging, dass sie sich eigene Bewaffnung leisten konnte, waren bereits im frühen Rom wehrpflichtig. Im Detail: ab 10 000 Asse, Ende des 2. Jahrhunderts v. Chr. 4000 Asse (zur Orientierung vgl. u. die Lohn- und Preistabellen). Diese finanzielle Bedingung hatte bis zur umfassenden Heeresreform des C. Marius (vgl. Konsul) meistens Geltung. Bereits seit ca. 400 v. Chr. sollen die Bürgersoldaten – die wie die Hopliten großenteils Kleinbauern waren – jedoch besoldet oder entschädigt worden sein. Der Staat finanzierte zunehmend die Versorgung der Truppen, die mit der Expansion der Republik immer länger im Feld blieben – manchmal einige Jahre ohne Unterbrechung, insgesamt 16 Jahre.

Das damit verbundene Übel, dass die Soldaten ihr Land veröden lassen oder veräußern mussten, führte zur Krise der römischen Republik, eingeleitet durch die radikale Agitation der Gracchen (vgl. Volkstribun) für die Wiedererstarkung des Kleinbauerntums, der Stütze der römischen Gesellschaft.

Augustus rühmte sich in seinen „Res gestae", seinem posthum veröffentlichten Tatenbericht, unter anderem dessen, insgesamt 860 Millionen Sesterzen für den Erwerb von Land für ausgediente Legionäre bezahlt zu haben.

Zum ständigen Politikum besonders der späten Republik und des Prinzipats wurde zudem die Versorgung der Veteranen nach ihrer 16-, seit der Kaiserzeit bis zu 25-jährigen Dienstzeit mit Land. Und nicht zuletzt verlieh die aufgrund der langen Feldzüge starke Bindung und die großen Erwartungen der Legionäre an ihren Feldherrn beiden Parteien zunehmend Macht, die maßgeblich zur Entstehung des Kaisertums – zeitgleich zur Eroberung des letzten hellenistischen Großreichs, Ägyptens – beitrug.

Die zentrale Einheit des republikanischen und kaiserzeitlichen römischen Heeres war die Legion. Sie hatte eine oft bei Weitem nicht erreichte Sollstärke von 5000 bis 6000 Legionären. Bis Marius war eine kampfbereite *legio* unterteilt in drei Reihen (*hastati, principes, triarii*) à zehn Manipel, die aus je zwei Centurien (Hundertschaften) bestanden. Außerdem gehörten Leichtbewaffnete (*velites*) und Reiter (*equites*, oft 300), die zunehmend aus den *socii* bzw. *auxilia* rekrutiert wurden, zu einer Legion.

Unglück verheißende Nummern
Die Legionen hatten Nummern – einige dieselbe –, Namen und Zeichen, die der *signifer* mit der Standarte, die oft einen Adler (*aquila*) zeigte, zur Orientierung und zu Repräsentationszwecken trug. Zur Zeit des Augustus existierten 28 Legionen; drei von ihnen gingen in der Schlacht im Teutoburger Wald 9 n. Chr. unter. Die vom Aberglauben bestimmten Römer entschieden, diese Legionen – 17, 18 und 19 – nicht wieder aufzustellen. Seit dem 3. Jahrhundert n. Chr. bestand das Heer aus 33, um 300 aus der doppelten Zahl an – an Legionären deutlich geschrumpften – Legionen, parallel zur Aufspaltung der Provinzen.

Die Bewaffnung der Legionäre ähnelte unter etruskisch-griechischem Einfluss zunächst jener der Hopliten. Im 2. Jahrhundert v. Chr. setzten sich der *gladius*, das zweischneidige Kurzschwert, das *pilum*, ein Wurfspeer, und das *scutum*, ein Langschild, als Standardausrüstung durch. Eine der Reformen des Marius, der die Schlagkraft der Legionäre durch harten Drill erhöhte – sie wurden wegen der umfangreichen Ausrüstung als seine „Esel" verspottet –, war die Unterteilung der Legionen in zehn Kohorten à drei oder sechs Manipel. Entscheidender war jedoch, dass der mehrmalige Konsul das Mindestvermögen zum Dienst an der Waffe aufhob. Das römische Heer wurde somit im Laufe der kommenden Jahrzehnte zu einer Berufsarmee aus stehenden Legionen.

Legionäre verdienten in früher Zeit zwei Obolen pro Tag, in spätrepublikanischer Zeit 225 Denare pro Jahr, seit Kaiser Domitian 300, später wegen allgemeiner Inflation mehr. Centurionen, die Befehlshaber der Hundertschaften, erhielten zunächst das Doppelte, besonders der *primipilus*, der ranghöchste Centurio, später ein Vielfaches des Legionärsgehalts und dessen Sonderzuwendung nach Armeeaustritt.

Fünf Legionen im Überblick

Legio I Germanica (die Germanische): evtl. unter Caesar aufgestellt, 30–16 v. Chr. in Spanien stationiert, dann in Germania Inferior, ab 9 n. Chr. in Ara Ubiorum (Köln) und danach in Bonna; infolge des Bataveraufstands 70 n. Chr. aufgelöst

Legio I Parthica (die Parthische): unter Septimius Severus (193–211 n. Chr.) aufgestellt, in Singara/Mesopotamien stationiert, die per Luftlinie am weitesten von Rom entfernte Legion: ca. 2500 km

Legio II Parthica: seit Septimius Severus, südlich von Rom stationiert und damit als erste Legion ständig in Italien; Teilnahme am Feldzug Kaiser Caracallas (211–217 n. Chr.) gegen die Parther

Legio VI Victrix (die Siegreiche): Zeichen: Stier, seit spätrepublikanischer Zeit, 42 v. Chr. kurzzeitig als *Legio VI Macedonica* eingesetzt, in Spanien, Novaesium (Neuss) und danach in Vetera/Germanien und seit Hadrian (117–138 n. Chr.) in Eburacum (York/Britannien) stationiert

Legio XXI Rapax (die Räuberische): Zeichen: Capricorn (Steinbock), frühestens seit 40 v. Chr., in Raetien, in Vetera (Xanten/Germania Inferior), seit Nero in Vindonissa (Windisch/Schweiz) und seit 83 n. Chr. in Mogontiacum (Mainz/Germania Superior) stationiert, Ende des 1. Jahrhunderts n. Chr. vielleicht durch Sarmaten vernichtet.

Der Prätorianerpräfekt – mächtig und gefährdet wie der Imperator selbst

Verschiedene Präfekten dienten als militärische Befehlshaber. Der *praefectus classis* etwa war einer der Kommandeure der kaiserlichen Flotten, die in Ravenna, Misenum und andernorts stationiert waren. Präfekten befehligten auch die römischen Hilfstruppen (*auxilia*), und der *praefectus civitatium* war zumeist ein Befehlshaber, der im Auftrag eines Statthalters bestimmte Regionen kontrollierte. Das berühmteste Präfektenamt aber war das des Kommandeurs der *cohortes praetorianae*.

Diese Elitetruppe – ursprünglich eine Stadtwache – bewachte Augustus bereits seit Beginn seiner Regentschaft (27 v. Chr.), sodann seine und die Palastanlagen seiner Nachfolger, sie begleitete die Kaiser auf Feldzügen und griff bei größeren Unruhen

> In seinem Amt als *praefectus classis* segelte **Plinius d. Ä.**, Autor der erhaltenen „Naturalis Historia" (Naturgeschichte), nach Stabiae, um den Vesuvausbruch (79 n. Chr.) zu beobachten. Wie sein Neffe Plinius d. J. berichtet, kam er dabei ums Leben.

innerhalb Roms ein. Ihre genaue Zahl ist umstritten – es soll sich zeitweise um neun Kohorten mit je 500 oder 1000 Mann gehandelt haben. Das Amt des *praefectus praetorio* bestand seit dem Jahr 2 v. Chr. Augustus ernannte zwei Ritter zu den Obersten seiner Leibgarde, doch obwohl auch später meist zwei Präfekten an der Spitze der kaiserlichen Leibwache standen, dominierte – wie etwa im Fall der spartanischen Doppelmonarchie oder der Konsuln zur Zeit der römischen Republik – oft eine Person. Das ursprünglich militärische Amt erhielt später auch zivile, und zwar oft richterliche Kompetenzen, oft sogar unabhängig vom Kaiser, sodass man von dessen Stellvertreter reden kann. Je größer die Macht, desto größer der mögliche Argwohn des Imperators: Bereits Lucius Aelius Seianus, Prätorianerpräfekt unter Kaiser Tiberius (14 bis 37 n. Chr.), wurde des Hochverrats für schuldig befunden.

Der tyrannische Kaiser Caracalla ließ seinen *praefectus praetorio*, Aemilius Papinianus, umbringen, da dieser sich geweigert hatte, den Brudermord, den der Imperator begangen hatte, öffentlich zu verteidigen. Bereits 205 n. Chr., noch zu Lebzeiten seines Vaters Septimius Severus, hatte Caracalla den allzu mächtigen und offenbar hochmütigen Prätorianerpräfekten Plautianus, Konsul 203 n. Chr., als angeblichen Hochverräter töten lassen. Dieser hatte den Kaiser verstimmt, da übermäßig viele Statuen von ihm existierten, und Iulia Domna, die Kaiserin, erniedrigt. Ein Prätorianerpräfekt konnte auch einem Anschlag seiner eigenen Männer zum Opfer fallen, so Domitius Ulpianus, der wie Papinianus ein berühmter Jurist war, im Jahr 223 n. Chr., weil jenen seine Reformpläne missfallen haben sollen. Einige sogenannte Soldatenkaiser wie Philippus Arabs (244–249 n. Chr.) nutzten wiederum ihre Macht als Prätorianerpräfekt, um selbst den Kaiserthron zu besteigen. Letztlich hing ihr Erfolg vom Rückhalt bei den Prätorianern und den Legionen ab.

Konstantin der Große löste die seinem besiegten Feind Maxentius ergebene Prätorianergarde auf. Beim *praefectus praetorio* handelte es sich ab sofort

und bis zum Ende des Weströmischen Reichs um einen senatorischen Reichs-
beamten, der als verlängerter Arm des Imperators jeweils mehrere Provinzen
oder Diözesen verwaltete. Seine bisherige Macht und den direkten Einfluss
auf den Kaiser hatte er an den *magister militum* und den *magister officiorum*
abgetreten. Und doch hatte man mit der *praefectura praetorio*, die nun Senatoren vorbehalten war, die Spitze des *cursus honorum* der Kaiserzeit erreicht.

Der kaiserliche Lagerpräfekt

Im Zusammenhang mit der Herausbildung der Berufsarmee schuf Augustus
auch das Amt des *praefectus castrorum (legionis)*. Jeder dieser Präfekten war
einer Legion zugeordnet; er organisierte das Lagerleben und legte die Wach-
dienste fest. Er markierte den Endpunkt der Karriereleiter innerhalb der Legion. Ab etwa 200 n. Chr. hieß das Amt *praefectus legionis*. Seine Träger lösten
Mitte des 3. Jahrhunderts die Legaten als Kommandeure der Legionen ab.

Der Militärtribun – 1000 Mann unter sich

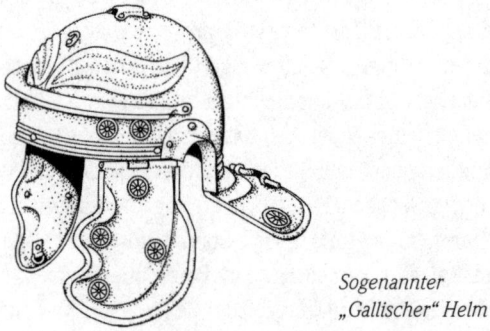

Sogenannter
„Gallischer" Helm

Eine gewichtige Kommandostelle, besonders im römischen Heer der Republik, bekleidete der Militärtribun (*tribunus militum*). Dieser Stabsoffizier befehligte 1000 Mann einer Legion, zusammen mit einem seiner fünf Amtskollegen in regelmäßiger Rotation auch die gesamte. Er unterstand dem
Oberbefehlshaber der Truppen, zum Beispiel einem Konsul, Prokonsul oder
später einem Legaten. Auch dieses Amt erfolgreich wahrgenommen zu

haben war wichtig, um die Ämterlaufbahn zu beschreiten und seiner Familie Ehre zu machen. Für viele junge Männer war es das Sprungbrett. Die gezwungenermaßen kriegserfahrenen Funktionäre, die dem Stand der Senatoren oder Ritter angehörten, wurden vom Volk oder auch von einem der beiden Konsuln gewählt oder ernannt.

Andere militärische Tribunen kommandierten unter anderem eine Kohorte der Legion (ca. 500 Mann), der Hilfstruppen, unter dem Oberbefehl des Prätorianerpräfekten eine der Leibwache der Kaiser, eine der Stadtkohorten oder der *vigiles*.

Vgl. auch das politische Amt des *tribunus militum consulari potestate*.

> Da beide Befehlshaber von über 1000 Mann waren, entspricht der Militärtribun in etwa dem hellenistischen **Chiliarch(os)** (vgl. Leibwächter). Dieser Titel wurde durch den Asienfeldzug Alexanders des Großen in den Heeren seiner Nachfolgereiche bekannt, doch meinte er zunächst das Amt des „Vizekönigs". Alexander, der selbst ernannte „König von Asien", ehrte damit seinen „Busenfreund" Hephaistion, doch starb dieser wenige Monate nach der Ernennung aus genauso umstrittenen Gründen wie Alexander kurz darauf.

Die *magistri militum* – Feldherren inmitten des Zerfalls

Zum engsten Beraterstab des spätantiken Kaisers gehörten, was militärische Dinge anging, seit Mitte des 4. Jahrhunderts n. Chr. die *magistri militum*. Dies ging auf Kosten des Prätorianerpräfekten, der auch an den *magister officiorum* Kompetenzen abtreten musste. Es handelte sich bei den *magistri militum* um den Führer der Fußtruppen – den *magister peditum praesentalis* –, jenen der Reiterei – *magister equitum praesentalis* – und drei weitere, die für eine bestimmte Region, nämlich den „Orient", Thrakien, Illyrien und Gallien, zuständig waren. Mit *magistri militum praesentales* konnten im Osten bald aber auch zwei Oberbefehlshaber gemeint sein, die jeweils beide Waffengattungen kommandierten. Sie hatten dort aber lange Zeit weniger politischen Einfluss als in Westrom, das bald von Germanenverbänden dominiert wurde, von denen einige adelige Größen sogar das Amt des „Heermeisters" besetzten.

Berühmte *magistri militum/magistri utriusque militiae*

Flavius Sallustius Bonosus: Konsul 344 n. Chr., früher Beleg für das Amt

Flavius Stilicho: vandalischer Abstammung, Regent im Westen 395–408 n. Chr., Konsul 400 und 405, 408 hingerichtet

Flavius Aetius: einer der „letzten Römer"; 425–429 n. Chr. *magister utriusque militiae Galliarum*, dann *magister utriusque militiae praesentalis*, Konsul 432, 437, 446 und 454; 451 mithilfe der Westgoten Sieger in der Schlacht auf den Katalaunischen Feldern gegen die Hunnen unter Attila, 454 ermordet

Flavius Rikimer: der „Kaisermacher", setzte zwischen 456 und 472 n. Chr. drei Kaiser ein und ab, Konsul 459

Orestes: magister militum praesentalis, erhob seinen unmündigen Sohn Romulus „Augustulus" 475 n. Chr. zum Kaiser, 476 Ermordung des Orestes, Absetzung des Romulus durch Odoaker (*rex* in Italien bis 493), offizielles Ende des Weströmischen Reichs

Flavius Zenon: aus Isaurien stammend, ca. 466 n. Chr. *magister militum*, 469 *magister militum per Orientem*, 474/75 und 476–491 Kaiser Ostroms

Theoderich der Große: König der Ostgoten 473–526, unter Zenon *magister militum*

Alarich: Westgotenkönig um 391–410 n. Chr., ließ Rom 410 plündern; wurde um 393 vorübergehend *magister militum per Illyricum*, 405 durch Stilicho erneut, 408 durch „seinen" Gegenkaiser zum *magister utriusque militiae praesentalis*

Agrarisches

In der agrarisch geprägten antiken Welt bildeten freie Bauern das Gros der Bürgerschaft. Vielfach romantisiert, bot die Landwirtschaft vielen in Wahrheit lediglich ein ärmliches Dasein hart an der Grenze zum Verhungern. Besonders die Sklavenarbeit auf dem Land, vor allem auf den an Zahl zunehmenden profitorientierten Großgütern, galt neben der Arbeit in den Bergwerken und Steinbrüchen als die entbehrungsreichste. Kamen Restriktionen von Seiten des Staates hinzu, wurde der Besitz von Grund und Boden schnell zum Politikum.

Der Bauer – gelobt und geknechtet

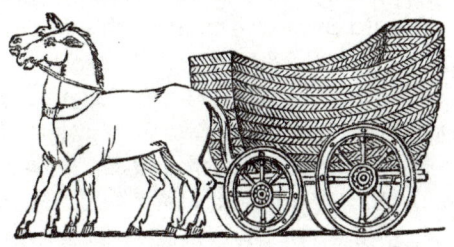

Benna: einfacher Bauernkarren ohne Ausstattung.

Bauern – *agroikoi* oder *rustici* sind die gängigsten Begriffe – bildeten sowohl im alten Griechenland als auch im Römischen Reich die Hauptmasse der Bürgerschaft. Um 400 v. Chr. gehörten ca. 75 Prozent aller Bürger Attikas zu dieser insgesamt sehr heterogenen Schicht, im Imperium Romanum mindestens genauso viele. Aus ihrer Mitte rekrutierten sich lange Zeit die meisten Soldaten der Milizheere (vgl. Hoplit, Legionär). In romantisch-verklärter Weise schwärmten (Agrar-)Schriftsteller wie Hesiod, Xenophon, Cato d. Ä., Varro, Cicero, Vergil oder Columella vom Leben auf dem Land. Das Ideal des tüchtigen, sich selbst versorgenden römischen Kleinbauern – im Gegensatz zu Dienstleistern wie Handwerkern oder Händlern – im Stil des heroisierten Diktators Cincinnatus, der das außerordentliche Amt von der Ackerarbeit schwitzend übernommen haben soll, überdauerte Jahrhunderte. Immerhin sahen die frühen Römer und spätere konservative Kreise ihr Volk als eines der Hirten und Bauern an. Andererseits lästerten viele Städter bereits dazumal über ihre Zeitgenossen vom Land, die seltener mit Literatur und anderem Geistigen in Berührung kamen – und auch nicht kommen konnten – und für derbe Umgangsformen und Sprache bekannt waren.

Zudem war seit Langem klar, dass vor allem das kleinbäuerliche, sich sehr langsam verändernde Landleben von großer Mühsal, harten Rückschlägen und Hungersnöten, von Verarmung, Stadtflucht oder gar dem Verlust der eigenen Freiheit gekennzeichnet war. Viele *autourgoi* („Selbstarbeiter" ohne Sklaven) oder *agricolae* („Ackerbauern") mussten ohne Zugvieh auskommen, doch war vor allem das Pflügen auch mit einem Ochsen, Maultier oder Esel Knochenarbeit. Heu und Getreide wurden meist mit Sicheln geerntet; in Gallien gab es spezielle Mähmaschinen. Viele Farmer lebten in Einraumhütten und setzten alles daran, von den Früchten ihres Nutzgartens zu leben. In günstigen Fällen konnten sie Überschüsse erwirtschaften und auf einem nahen Markt verkaufen. Bereits in archaischer Zeit mussten sich etliche Theten – attische Kleinstbauern der untersten Steuerklasse – aufgrund ihrer Armut verschulden und gerieten in sklavenähnliche Knechtschaft, wogegen bereits Solon mit einem allgemeinen Schuldenerlass vorgehen musste, um Aufständen und der Gefahr einer Tyrannis entgegenzuwirken. Immerhin konnte sich die Mehrheit der Grundbesitzer – nach Solon die dritte Zensusklasse, die Zeugiten, in Athen, die mehr als 200 Scheffel Getreide erwirtschafteten – anscheinend auch in anderen Poleis zumindest bis zum verheerenden Peloponnesischen Krieg eine Ausrüstung leisten, um als Hoplit zu dienen. Dies gilt in besonderer Weise für die Spartiaten, die die Heloten für sich arbeiten ließen.

Griechische sowie römische wohlhabendere Bauern und Großgrundbesitzer kamen oft nur zur Erholung oder zur Kontrolle auf ihr Gut, da sie in der Stadt lebten, um am politischen Geschehen teilhaben zu können und möglichst Ruhm zu erlangen. Senatoren waren lediglich Einnahmen aus der Landwirtschaft gestattet. Die Großgrundbesitzer griffen verstärkt auf Sklaven zurück, die während der gewaltigen römischen Expansion vom 3. bis 1. Jahrhundert v. Chr. die Märkte überschwemmten und billig waren. Viele wie der mustergültig gewordene Cato d. Ä. behandelten die *servi* zwar „human", doch weniger aus Nächstenliebe als vielmehr, um höhere Arbeitsleistungen zu erzielen; andere misshandelten sie gnadenlos. Zur Feldarbeit gezwungene Unfreie dürften neben den Bergwerkssklaven und denen in den Steinbrüchen das härteste Los unter allen *servi* gezogen haben. Die Herren ließen sich von einer ebenfalls unfreien, aber privilegierten Person ihres Vertrauens vertreten, die als *vilicus* (bei den Griechen *epitropos*) die Geschäfte auf dem *latifundium* – großes Landgut seit spätrepublikanischer Zeit – oder der *villa rustica* tätigte, die anderen Sklaven beaufsichtigte und eine vor allem dem *dominus* geeignet erscheinende *vilica* heiraten durfte. Hatte ein *dominus* mehrere Güter, setzte er oft einen *procurator* ein, der die *vilici* und damit die einzelnen Höfe kontrollierte.

In der Erntezeit vor allem von Heu, Weizen, Gerste, Oliven, Weintrauben und Feigen nutzten Großgrundbesitzer die Dienste von freien Tagelöhnern, die man getrost die riskanteren Arbeiten verrichten lassen konnte, da sie nicht wie die Sklaven zum wertvollen „Inventar" gehörten. Bei diesen meist bettelarmen *operarii*, *merce(n)narii* handelte es sich nicht selten um Kleinbauern, die sich einige Asse dazuverdienen mussten. Sie organisierten sich oft in Trupps, oft arrangiert von speziellen Unternehmern (*mancipes/redemptores*), um besser an günstigstenfalls regelmäßige saisonale Aufträge zu kommen. Andere Bürger vermieteten ihre Sklaven. Überschüsse wurden wenn möglich in eine Metropole exportiert. Schifftransport war riskant, aber schneller und bei Erfolg sehr lukrativ.

Der Winzer

Einer der begehrtesten Weine der Antike, der Falerner, stammte aus der Gegend um Neapel. Die auch in den Westen exportierenden Römer importierten Wein später aus ihren Provinzen Afrika, Gallien, Spanien, Griechenland oder Syrien. Die Weinbauern sorgten sich das ganze Jahr um die Pflege des Bodens, die Erziehung, den Schnitt oder die Verjüngung der Reben und um die Entlaubung der Weinstöcke. Im September bis Oktober ließen sie die reifen Trauben von *vindemiatores* (Sklaven oder Tagelöhnern, *merce(n)narii*, die mit sichelartigen Rebmessern arbeiteten) ernten. Wie bereits Odysseus und seine Männer in der Höhle des Kyklopen Polyphem zertraten und kelterten *calcatores* – ebenfalls oft die eigenen Sklaven – die Früchte; oft wurden sie zusätzlich gepresst. Gewürzt oder geräuchert, lagerte der Saft in großen

Gefäßen. Der Export, den ein Weinhändler *(oinemporos/mercator vinarius)* übernahm, erfolgte in Amphoren oder in von Küfern (*cuparii*) hergestellten Holzfässern, wie das Neumagener Weinschiff – das Grabmal eines Weinhändlers aus dem 3. Jahrhundert n. Chr., dessen Nachbau man zu einer Tour auf der Mosel buchen kann – veranschaulicht. Weinanbau in Italien brachte dem Winzer durchschnittlich 20 *cullei* (ein *culleus* entspricht 520 Liter) pro Hektar (zwei *iugera*) ein.

Die Erst- oder Neuverteilung von Grund und Boden war einer der zentralen Aspekte schon der antiken Gesetzgebung und politischen Agitation. Die Gracchen scheiterten mit ihrem Ziel, die durch langen Kriegsdienst ruinierten Kleinbauern, deren oft veröderter Grund und Boden von *nobiles* billig aufgekauft und mit Sklaven bewirtschaftet wurde, wieder zu stärken, und das mit noch nicht einmal drastisch erscheinenden Ausmaßen: Tiberius Gracchus (vgl. Volkstribun) hatte Familien 500, bei mindestens zwei Söhnen sogar 1000 Morgen Land zugestanden – ein solches Grundstück maß gut 250 Hektar! Der Sage nach soll Stadtgründer Romulus seinen Bürgern je ein zum Überleben winziges Feld von zwei *iugera* zugeteilt haben, um 400 v. Chr. sollen immerhin schon sieben gängig gewesen sein. Ein Grundstück ab ca. 120 Hektar zählte bereits zur Kategorie *latifundium* (Großgrundstück), bei den Griechen der klassischen Zeit bereits eines von mehr als ca. 20 Hektar.

Staaten und viele Privatleute verpachteten ihr Land, üblicherweise für fünf Jahre. Die Pächter waren zu festgelegten Geld- oder Naturalabgaben und Arbeitseinsätzen verpflichtet; im alten Rom kontrollierte sie ein *procurator* oder *conductor*. Ihre Zahl nahm im Lauf der Kaiserzeit zu. Die Bedingungen waren oft hart, und viele dieser *coloni* gerieten wie zuvor die Theten in große Abhängigkeit. Im 4. Jahrhundert n. Chr. wurde die Pacht per Gesetz lebenslänglich und aufgrund häufiger Verschuldung oft auch erblich. Damit umgingen Staat und Eigentümer das Risiko nachlässiger Bewirtschaftung durch die *coloni*, die nun wie Sklaven an den jeweiligen Grundherrn gebunden waren.

Ausgestorben? Das Wundermittel Silphion

Die Könige von Kyrene im heutigen Libyen hatten ein Handels-
monopol auf das wild wachsende, aber auch angebaute Silphion
(lat. laserpicium), eine als unscheinbar beschriebene Pflanze. Sie
starb wohl noch in der Antike wegen extensiver Viehzucht oder infolge von Klimaveränderungen aus. Stengel und Saft wurden von
Griechen und Römern als Gewürz, als Abführ-, Heil-, aber auch Ver-
hütungs- oder Abtreibungsmittel genutzt. Kontrollierter Anbau schei-
terte zumindest in anderen Regionen, doch wurde seit der Kaiserzeit
eine in weiten Teilen Asiens verbreitete Pflanze als Ersatz gehandelt,
wahrscheinlich das dort noch heute beliebte (Stink-)Asant (Ferula
assa-foetida). – Die sogenannte Arkesilas-Schale aus der Mitte des
6. Jahrhunderts v. Chr. zeigt den sitzenden König Arkesilaos II., der
das Wiegen und Verpacken wahrscheinlich von Silphion überwacht.

Der Imker – Sammler des flüssigen Goldes

Die Honigbiene (griech. *melissa/melitta*, lat. *apis*) galt in der Antike als besonders tugendhaft. Im Schwarm hingegen war sie gefürchtet und wurde
mitunter als Waffe eingesetzt. Des Honigs wegen hatten die Griechen die Im-
kerei spätestens in archaischer Zeit aus dem alten Orient übernommen: Er
war der Süßstoff der Antike, Heil- und Einbalsamierungsmittel (Alexanders
des Großen Leichnam); er wurde vielfach kultisch verwendet, war daher
überall gefragt und für den Verkäufer gewinnbringend – im besten Falle bis
zu einigen Tausend Sesterzen. Als am hochwertigsten galt sizilischer und at-
tischer Honig.

Die Bienenzucht war aufwendig und kostete Zeit. Sie forderte kundige
Sklaven, bei Haltung mehrerer Völker sogar spezialisierte *melissourgoi/apia-*
rii oder *mellarii*, die laut Aussage von Agrarschriftstellern wie Columella genaue Richtlinien zu befolgen hatten. Der Bienenstock, möglichst aus tempe-
raturbeständiger Korkeichenrinde oder Weide gefertigt, sollte nahe dem Hof
und geeigneten Pflanzen stehen, weitab vom Vieh und möglichst windge-
schützt. Der Imker musste die Stöcke häufig kontrollieren und vor Gerü-
chen, Lärm, unnötiger Hitze, vor Kälte und mit mäßigem Rauch vor Schäd-
lingen schützen. Viele Imker waren auch als Gärtner tätig und als solche für
entsprechende Pflanzungen – zum Beispiel Melissen – zuständig. Viele Bau-

Ein „hartes" Leben
Während der Honigerntezeit im Frühling, Sommer und Spätherbst hatte der Imker strenge Hygienevorschriften einzuhalten. Er durfte sich nur gründlich gewaschen den Bienenstöcken nähern – mehr noch, es galt sich zuvor auch deftiger Speisen, des Alkohols und des Geschlechtsverkehrs zu enthalten.

ern verkauften auch Rosen, Veilchen, Hyazinthen und andere Blumen, aus denen die allseits beliebten Blumenkränze geflochten wurden oder Parfüms hergestellt wurden.

Das noch heute praktizierte Räuchern sollte den Imker selbst während der Entnahme der Wabenrahmen von seinen dadurch abgelenkten Bienen abschirmen. Nach dem Entdeckeln des Wachses mithilfe eines Messers tropfte der Honig in ein Gefäß. Der minderwertige Rest wurde ausgepresst, das zurückbleibende Wachs gewaschen.

Der Hirt – idyllisch-kriminelles Nomadendasein

Die Domestizierung von Schaf, Ziege, Rind und Schwein – um das für den Europäer wichtigste Nutzvieh zu nennen – und damit die Arbeit des Hirten begann bereits vor rund 10 000 Jahren in weiten Teilen Asiens und später im alten Ägypten und in Europa. Besonders der Stierkult der Minoer, der ältesten europäischen Hochkultur, ist als Nachweis früher Viehhaltung in vorgriechischer Zeit zu erwähnen. Einen wichtigen literarischen Beleg liefert die „Odyssee": In diesem Epos zeichnet sich einer der berühmtesten Hirten, der Schweinehirt Eumaios, durch Treue zu seinem Herrn, dem Titelhelden, aus.

Schweine wurden ausschließlich wegen ihres Fleisches gezüchtet, Rinder vorrangig als Arbeitstiere, aber auch zur Lederproduktion, und Schafe besonders der Wolle wegen; beide jedoch auch als Milch- und Fleischproduzent. Die begehrteste Wolle stammte aus Milet, Attika und Apulien. Schweine wurden massenweise aus Gallien ins Römische Reich importiert. Thessalien war vielleicht bereits in mykenischer, spätestens jedoch in homerischer Zeit berühmt für seine Pferde, verschiedene griechische Regionen für ihre Rinder. Kleinere Nutztiere, so vor allem Geflügel in römischer Zeit, wurden zumeist direkt am Gutshof gehalten. Die Römer bevorzugten Wacholderdrosseln, die mit Netzen und Leimruten gefangen wurden. Im 1. Jahrhundert v. Chr. entstanden professionelle Geflügelzuchtanlagen, auch für Tauben, Gänse, Enten,

Pfauen. Haushühner waren die urtümlichste domestizierte Geflügelart, wurden aber anscheinend erst bei den Römern in verstärktem Maße gehalten. Bei damaliger Massentierhaltung – ab etwa 200 Tieren – empfahl es sich, einen speziellen „Hüter des Hühnerstalls" (*gallinarium*), den *gallinarius*, einzusetzen.

„Saureicher" Odysseus
Neben Eisenspießen war das Vieh (lat. *pecus*, vgl. *pecunia*, Geld) der wichtigste Wertgegenstand und gängiges Tauschmittel in der Zeit vor Einführung des Geldes. Der Hirt Eumaios rühmt den Reichtum seines Herrn Odysseus, indem er aufzählt, dass dieser jeweils zwölf Herden Schafe, Schweine, Rinder und 23 Ziegenherden sein Eigen nennt, die fremde und eigene Hüter bewachen. Eumaios selbst hütet knapp tausend Schweine.

Schweine wurden tagsüber im Freien – am besten in Eichenwäldern – gehalten und bewacht und am Abend in die Kofen oder Ställe zurückgetrieben. Vor allem Schafe ließen viele Eigentümer mit angeheuerten oder unfreien Hirten monatelang auf die Sommerweide, oft in gebirgiger Umgebung. Während dieser sogenannten Transhumanz (Wanderung der Herden) schoren die Schäfer die Tiere mit großen Scheren, behandelten die Rohwolle, die später oft an spezielle Werkstätten verkauft wurde, kontrollierten den Bestand, wenn nötig durch Kastration, leisteten Geburtshilfe, melkten und produzierten auch Käse. Sie waren zum Schutz der Tiere und der eigenen Person mit Knüppeln, Messern oder Schwertern bewaffnet, in römischer Zeit oft auch beritten – und meist auf sich allein gestellt. Oft gingen Hirten im Auftrag ihres Herrn

Federviehverliebt
Hähne wurden nicht nur zum Fleischverzehr gezüchtet. In der gesamten Antike wurden Hahnenkämpfe organisiert; in römischer Zeit soll es sogar spezielle Trainer (*lanistae*) gegeben haben. Gockel waren zudem wie Pfauen Symbole der Erotik und zierten prächtige Gartenanlagen. Kaiser Honorius wird nachgesagt, er sei im Jahr 410 n. Chr., als die Westgoten Rom plünderten, erleichtert gewesen, dass es „nur" die Stadt „Roma" war, die „dahingegangen war". Er hatte erst geglaubt, der Melder habe seinen gleichnamigen Lieblingshahn gemeint. – Zu dieser Zeit residierten die Kaiser bereits in Ravenna, doch blieb Rom symbolisches Zentrum des Weströmischen Reiches.

oder eigenmächtig auf die Jagd, die auf öffentlichem Grund jedem frei stand und der ansonsten oft nur Tierjäger für die Arenen nachgingen und die Aristokratie als Sportvergnügen frönte, wurden des Öfteren straffällig und waren zudem maßgebend für die beiden großen Sklavenaufstände auf Sizilien im 2. Jahrhundert v. Chr., wo Schafzucht intensiv betrieben wurde, verantwortlich. Selbst Romulus und Remus sollen dem Geschichtsschreiber Livius zufolge als jugendliche Hirten Räuber gewesen sein, auch wenn ihre Opfer angeblich Banditen waren. So hatten die Hirten ein schlechtes Image. Wenn sie dann noch aus einer unwirtlichen, abgelegenen Gegend stammten, wurden sie von vornherein als Verbrecher und als lüstern wie ihr wilder, (ziegen-) bockartiger Gott Pan/Faun gebrandmarkt. In der Spätantike war Hirten das Reiten untersagt. Die Arbeit als Schafhirt (*opilio*) war allgegenwärtig, und trotz aller Skepsis dieser Berufssparte gegenüber wurde die Bezeichnung in dieser Zeit sogar zu einem Cognomen (Beinamen).

Der Fischer – der antike Mann und das Meer

An nahezu allen Küsten – vom Atlantik bis zum Schwarzen Meer – und Binnengewässern der antiken Welt wurde Fischfang mit Angel oder Angelschnur und Haken, Wurf- und Schleppnetzen, Reusen, Spießen oder Dreizack, manchmal sogar mit Giften betrieben. Ob Sardinen, Thunfische, Störe, Aale oder diverse Meeresfrüchte – so gern viele Griechen und Römer neben Fleisch auch Fisch als alltägliche Beilage oder sündhaft teures Hauptgericht aßen, Fischfang demnach allgegenwärtig und unabkömmlich war und Städte wie Byzantion (später Konstantinopel, heute Istanbul) dadurch zu Wohlstand und Macht kamen, so besaßen die Fischer selbst wie viele andere Dienstleister, als die sie in den Augen der Aristokratie galten, geringes Ansehen.

Viele Meeresfischer (lat. *piscatores*) gingen im Verbund auf die Jagd. An mehreren Küstenorten des Mittelmeers gab es Thunfischwarten, welche die Ankunft der Thunfischschwärme meldeten. Der Geograf Strabo, der auf Polybios aufbaut, berichtet von den Gefahren des Schwertfischfangs in der Straße von Messina zwischen der italienischen Stiefelspitze und Sizilien, wo bereits das Monster Skylla, das die Männer des Odysseus dezimiert hatte, gejagt haben soll: Ein den anderen Fischerbooten vorgelagerter Späher informierte die mit jeweils zwei Mann besetzten Boote, wenn sich ein Fisch näherte. Der am Vorderteil des Bootes stehende „Harpunier" durchstach das Tier; dabei blieb die locker angebrachte eiserne Hakenspitze stecken, an der ein Seil hing, mit dem das Tier müde gezogen wurde, um dann an Land oder ins Boot geholt zu werden. Die oft leicht gebauten Boote konnten Fischern laut Strabo zum Verhängnis werden, denn die Schwertfische waren durchaus in der Lage, es zu durchbohren.

Viele Meeresfische, zum Beispiel Muränen, wurden lebend gefangen, um ihre stolzen Besitzer in den künstlichen Teichen ihrer Villen zu erfreuen und ähnlich den Pfauen als Statussymbol zu dienen. Die Freude an der Zucht ging angeblich so weit, dass harmlosere Zierfische handzahm wurden und sogar Schmuck trugen.

> **Stinkig-aromatische Würzsoße**
> An der spanischen Küste, aber auch andernorts wurde die allseits beliebte Fischsoße, *garum* oder *liquamen* genannt, produziert. Makrelen, Sardinen und andere Meeresfische wurden in Salz und Gewürzen wochenlang der Sonne ausgesetzt. Der dabei entstehende Sud (Ferment) wurde durch Tücher gepresst und in Amphoren gefüllt, die auf großen Handelsschiffen zu Tausenden transportiert wurden.

Der Purpurschneckenfischer – auf der Jagd nach dem kostbaren Rot

Vor allem aus dem syrischen Raum stammt der hochwertige Farbstoff Purpur, der aus einigen Meeresschneckenarten gewonnen wird. Das alte Tyros, die mächtige Handelsstadt, deren Seefahrer Karchedon/Karthago gründeten und die Alexander der Große monatelang belagert hatte, war eine Hochburg der Purpurfärberei und aufgrund dieses Geschäftes zu Wohlstand und Einfluss gekommen. In Kauf nehmen mussten die Einwohner von Stadt und Umland dafür den Gestank des Schneckenkadaversuds, der im Frühling und Sommer gewonnen wurde.

Phönikische Fischer fingen die Tiere entweder mit Reusen oder sammelten sie behutsam an Felsen ein. Abhängig von der Größe wurden die Schnecken in Färber-Werkstätten zerquetscht, oder man entnahm ihnen die entsprechende Drüse. Durch tagelanges Salzen, Wässern und Erwärmen wurde

der Farbstoff gewonnen. Indem er die Sekrete verschiedener Schnecken-
arten mischte, erhielt der Färber den gewünschten Rotton – am beliebtesten
war Tiefrot.

Purpur zierte im alten Rom zum Beispiel senatorische Togen, vor allem
aber die Kleider der Imperatoren. Der noch heute teuerste Farbstoff war in
der Kaiserzeit bereits so rar, dass windige Färber ihn mit anderen Stoffen
„streckten". Purpur ist heute noch begrenzt in Gebrauch, und zwar für religiöse und restauratorische Zwecke. Ein Gramm wird derzeit mit etwa 2500
Euro gehandelt. Dafür sind acht- bis zehntausend Tiere vonnöten.

Teurer Namenspatron

Die von den Griechen Phönikier genannte Seefahrerkultur aus dem
syrischen Raum soll die Gewinnung von Purpur – griech. *porphyra*,
lat. *purpur* – entwickelt haben. Sie wurde möglicherweise indirekt danach benannt, denn *phoinix* bedeutet „tief-/blutrot". Wahrscheinlich
waren aber bereits bronzezeitliche Fischer im Auftrag der minoischen
oder mykenischen Eliten hinter dem Farbstoff her.

Gewerbliches

Viele Großgrundbesitzer konnten von den eigenen Erträgen gut leben, den Überschuss verkaufen, die Organisation ihrem Verwalter überlassen und sich selbst dem hohen Ziel, der Politik, einem ihrer Meinung nach wirklichen Beruf, zuwenden. Die Mehrheit der Bürger war dazu seltener in der Lage und sah sich oft zu Zusatzdiensten gezwungen. Freie Einwohner ohne Grundstück gingen anderen Gewerben nach, die von der griechischen wie auch der römischen Elite zumeist gering schätzt wurden, da Handwerker oder andere Berufstätige – banausoi – vom Geld anderer abhängig waren, angeblich ungesund und isoliert lebten. Dass die „oberen Hundert" selbst diverse Dienstleister benötigten und darüber hinaus oft eine eigene Werkstatt (ergasterion, taberna) erbten oder eröffneten, stand auf einem anderen Papyrus. Viele Gewerbetreibende kamen zu Wohlstand, gründeten erfolgreiche Familienbetriebe, traten selbstbewusst auf und organisierten sich besonders im Römischen Reich in Zünften – collegia –, von denen es in Rom weit über hundert gab.

Der Händler – Reichtum oder Ruin

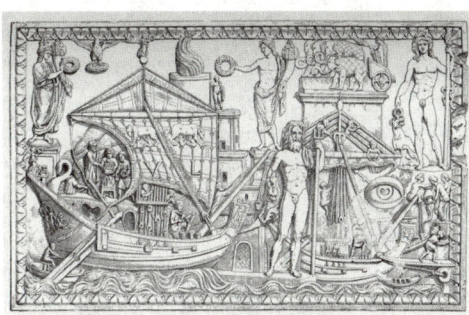

Der Hafen von Ostia.
Aus dem sogenannten
Portus-Relief.

Viele Bauern und Handwerker konnten ihre Produkte selbst auf lokale Märkte transportieren und zum Verkauf anbieten. Überregionalen Handel übernahmen spezialisierte Händler (kapeloi, lat. mercatores, negotiatores), die einen ähnlich schlechten Ruf hatten wie Handwerker. Bereits in der „Odyssee" werden Kaufleute aus Phönikien, die als die tüchtigsten galten, als gerissene Gauner beschrieben. Viele Metöken und Freigelassene, doch auch Bürger – meist ohne eigenes Land – waren im Handel beschäftigt. Auf größeren Marktplätzen priesen sie ihre Waren wohlsortiert an. Athen war für seinen Fischmarkt berühmt, und in Rom gab es zahlreiche Foren etwa für Textilien, Brot, Fisch, Fleisch und Gemüse sowie die berühmten, riesigen Trajansmärkte. Die Staaten profitierten enorm aus Handelsaktivitäten – in Form von Zöllen und Steuern.

Dem Seehandel kam in der mediterran geprägten antiken Welt größte Bedeutung zu – in weiten Teilen des Mittelmeers bereits in mykenischer Zeit. Die Phokaier galten als die ersten Griechen, die weite Seefahrten unternahmen. Sie führten bis nach Tartessos an der iberischen Westküste – wichtig für den Import von Zinn aus Nordiberien und Britannien – und gründeten im Zuge der sogenannten großen Kolonisation in archaischer Zeit, die entscheidenden Einfluss auf die Ausweitung des Handels hatte, unter anderem um 600 v. Chr. Massalia, das heutige Marseille. Neben den zahlreichen Kolonien dienten *emporia*, Handelsstützpunkte, als Umschlagplätze. Der berühmteste war Naukratis in Ägypten. Hier verkaufte bereits der Bruder der Lyrikerin Sappho Wein aus Lesbos. Frühzeitig gelangten zahlreiche Händler zu Reichtum, allen voran angeblich Sostratos aus Aigina (6. Jahrhundert v. Chr.), der wahrscheinlich beim Keramikhandel mit den Etruskern großen Erfolg hatte. Innerhalb Seehandel treibender Staaten zogen meist regelrechte Handelsdynastien die Fäden. Das galt lange Zeit besonders für die Phönikier, später die Rhodier.

> **„Auge um Auge, Zahn um Zahn"**
> Händler waren nie weit von antiken Heeren entfernt, um Kriegsgefangene als Sklaven zu verkaufen; sie verhandelten mit Piraten oder mit lokalen Eliten, um deren Feinde zu erwerben. Besonders aus dem östlichen Mittelmeerraum und Skythien bezogen Griechen und Römer unzählige Sklaven. Sklavenhändler wurden gebraucht, aber verachtet und sind deshalb kaum namentlich bekannt. Berüchtigte Ausnahme: Panionios von Chios, der Knaben kastrierte und sie an die Perser verkaufte – für Herodot das schändlichste Gewerbe. 481 v. Chr. nahm ein gewisser Hermotimos Rache: Als er seinen Peiniger wieder traf, lockte er ihn und seine Familie in eine Falle, zwang ihn, seine vier Söhne zu kastrieren, und diese daraufhin ihn selbst.

Das Reisen und der Handel per Schiff waren riskant, doch wesentlich schneller als auf dem unwegsamen Land. Zum Beispiel benötigte ein Schiff vom Piräus nach Byzantion – gute Wetterbedingungen vorausgesetzt – fünf Tage. Neben der täglichen Versorgung des Hinterlandes mit Waren auf von Maultieren, Ochsen oder Eseln, seltener von Pferden gezogenen Karren oder in Körben war besonders in den hellenistischen Reichen und mehr noch im Römischen Reich, als die Nachfrage nach Luxusartikeln gestiegen war, Fernhandel zu Land unabkömmlich. Pfeffer aus Indien, Elfenbein aus Afrika, Weihrauch aus Arabien, Glas aus Sidon, Leinen aus Tarsos, Perlen aus dem Indischen Ozean, Seide aus China, Bernstein aus dem Norden, Marmor und Großwild aus etlichen weit entfernten, zum Teil völlig unbekannten Ländern wurden importiert und in Handelszentren wie Alexandria, Palmyra, Berenike, Petra oder Marakanda weiterverkauft und gelangten so vor allem in die anderen Großstädte.

In den Häfen der Poleis oder Handelsposten (*emporia*) erwarben Zwischenhändler wie die *sitopolai* die Ware, welche die Seehandels-Kaufleute (*emporoi*, lat. *navicularii, negotiatores*) anboten. Es handelte sich in griechischer Zeit oft um Kompositladungen, das heißt vermischte Handelswaren. Die gab es in römischer Zeit natürlich auch, doch bestanden die Schiffsladungen nun in zunehmendem Maße aus gleichartigen Artikeln – man denke an Wein, Öl oder *garum* in bis zu 2000 Amphoren. Verschiedene Händler hatten sich auf wenige oder auch nur eine Ware spezialisiert, oft puren Luxus: so die *negotiatores artis purpurariae* auf Purpur, die *negotiatores sericarii* auf Seide, die *margaritarii* auf Perlen, die *turarii* auf Gewürze oder die *eborarii* auf Elfenbein.

Ein guter „Fang" für Philipp II.

Die sehr vom Getreideimport abhängigen Athener traf es bitter, als die Makedonier 340/39 v. Chr. rund 200 voll beladene Schiffe – mindestens 20 000 Tonnen und wenigstens die Hälfte des jährlichen Gesamtimports – bei Hieron (in der Propontis) kaperten. Der Ernährungsbedarf für schätzungsweise 100 000 Einwohner für ein Jahr! Spätestens zu diesem Zeitpunkt war der lang verzögerte Krieg zwischen beiden Mächten nicht mehr abzuwenden. Er wurde 338 v. Chr. zugunsten Philipps II. von Makedonien in der Schlacht von Chaironeia entschieden. – Der jährliche Getreideimport für das kaiserzeitliche Rom betrug wahrscheinlich mindestens das Zehnfache.

Unter Androhung der Todesstrafe durften die athenischen *sitopolai* nur eine bestimmte Getreidemenge erwerben: fünfzig Säcke oder Körbe; ihr späterer Verkaufspreis durfte nur begrenzt höher sein als der Einkaufspreis, und sie durften untereinander keine Preisabsprachen treffen. In Notzeiten konnten sie und die Kleinhändler (*kapeloi*) auch Opfer der aufgebrachten Menge werden, deren Überleben von erschwinglichem Korn abhing.

Die bessere Alternative?
Zenon von Kition/Zypern (ca. 334/33–262 v.Chr.) verdiente sein Geld in jungen Jahren im Seehandel. Als er eines Tages vielleicht in Athen erfuhr, dass sein einziges Schiff in einem Sturm gesunken war, entschied er – angeblich frohlockend –, fortan als Philosoph (Sophist) zu leben. In die Geschichte ging er als der Gründer der stoischen Schule ein, der noch Kaiser Marcus Aurelius (161–180 n.Chr.) anhing und die sich erst im 3. Jahrhundert n.Chr. auflöste. Skurril: Hochbetagt beendete er sein Leben durch Luftanhalten, da es ihm nach dem Bruch eines Fingers zeitlich angebracht erschien.

Doch auch die *emporoi* hatten ein hartes Leben: Sie waren meist abhängig von einem Vertrag, den sie mit einem Kreditgeber eingegangen waren. Da sie keine Spediteure im heutigen Sinn waren, sondern oft völlig frei agierten, liefen sie Gefahr, auf ihrer Ware sitzenzubleiben, wenn ein Konkurrent den Bedarf kurz zuvor gedeckt hatte. Als Kreditnehmer waren sie oft an festgelegte Routen und Zeiten gebunden, konnten also schwerlich Alternativmärkte ansteuern. Finanzieller Ruin stellte sich daher schnell ein, zum Beispiel beim Import von hochwertigem Purpurfarbstoff aus dem syrischen Raum. Geringer Trost: Im Fall eines Schiffsunglücks musste der *emporos*, falls er es überhaupt überlebt hatte, zumindest die Ware oft nicht zurückzahlen.

Emporoi mit eigenem Schiff scheinen die Ausnahme gewesen zu sein; wahrscheinlich arbeiteten viele von ihnen darauf hin, später selbst als Kreditgeber oder Schiffeigner – also als Gläubiger – von Land aus Geld aus den Zinserträgen anzuhäufen. So ist der stinkreiche Trimalchio, der dekadente Gastgeber des nach ihm benannten Gelages im Schelmenroman „Satyricon" des Petronius (vgl. *arbiter elegantiae*), trotz einiger Rückschläge durch Seehandel zu Reichtum gekommen und hat in die Landwirtschaft investiert, die ihm ein luxuriöses Leben ermöglicht.

Bis dahin war es ein weiter, gefährlicher Weg, und das Gros der Händler musste Verträge mit Schiffeignern – *naukleroi* (auch: Verpachter von Gebäuden) – eingehen, standen diese nun selbst als Kapitän an Bord oder ließen sie einen erfahrenen Seemann für sich arbeiten. Die erhaltenen Reden aus *emporikai dikai* – Seehandelsprozessen –, über welche die Thesmotheten entschieden, belegen, dass den *emporoi* oft Betrug vorgeworfen wurde – ein häufig aus der Not heraus eingeschlagener Weg.

Das klassische Athen war so machtambitioniert, dass es seinen eigenen Bürgern und Metöken gesetzlich verbot, Fremden Kredite zu gewähren, die mit Handelswaren in Zusammenhang standen, die nicht für ihre Stadt bestimmt waren. Kurzum: Attische Geldgeber, private Bankiers bzw. Händler durften nur Athenern die wichtigsten Lebensmittel verkaufen. Das galt auch für die *obolostatai*, spezialisierte Kleinkreditgeber, deren Kreditlaufzeit kurz war und die hohe Zinssätze verlangten. Zur Überwachung existierte nicht nur in den Städten des Seebundes ein dichtes Netz privater oder öffentlicher Kollaborateure: Spitzel, Gerichte, *sitophylakes*, Epimeleten. Ging ein beladenes Getreideschiff im Piräus vor Anker, war der Händler zudem gezwungen, mindestens zwei Drittel davon auf der sieben Kilometer entfernten Agora der kornhungrigen Metropole zu verkaufen.

> **Beispiel für einen Seehandelsprozess**
> In einer erhaltenen Rede aus klassischer Zeit berichtet ein Anonymus, dass der Kapitän eines aus dem Schwarzmeergebiet abfahrenden Schiffes einen schweren Fehler beging: Abgesehen wohl von Sklaven, entschied er, zusätzlich 1000 Rinderfelle als Ladung aufzunehmen. Das nun hoffnungslos überladene Schiff sei kurz nach dem Auslaufen gesunken, und zahlreiche Menschen seien ertrunken.

Der Bankier – das Geschäft mit dem Geld

Die Bankiers des klassischen Altertums waren meist Privatleute – in den griechischen Städten Metöken, in Rom oft Freigelassene – oder Tempelverwalter; oft ließen sie sich durch einen oder mehrere ihrer Sklaven oder Freigelassenen vertreten. Auch römische Ritter waren oft an Geldgeschäften beteiligt, das heißt aber nicht, dass sie deshalb als „Banker" betitelt werden können. Professionelle Bankiers traten bald nach Einführung des Geldverkehrs – in Griechenland im 6., in Rom im 4./3. Jahrhundert v. Chr. – in Erscheinung. Vor allem in den hellenistischen Reichen existierten auch staatliche Banken.

Die Geldverleiher zielten darauf ab, ihr Kapital durch vertraglich festgelegte

Zinssätze gewinnbringend zu investieren, oder waren als notarielle Vermittler Geldgebern und *emporoi* (Seekaufleute/Fern-Händler), denen sie selbst meist nichts liehen, zwischengeschaltet. Sie waren in der Nähe der Agora, den Foren oder den Häfen einer Stadt oder eines *emporions* angesiedelt, unterhielten ferner Pfandhäuser, wirkten als Münzprüfer (*dokimastai*, lat. *nummularii*) oder bürgten für Klienten ihres Vertrauens. Cicero lieh sich 3,5 Millionen Sesterzen von professionellen Geldverleihern, um Crassus ein riesiges Haus abzukaufen; von Caesar, der selbst in jungen Jahren hoch verschuldet war, lieh er sich 800 000. Während der Kredit im ersten Fall mit sechs Prozent verzinst wurde, verzichtete Caesar wahrscheinlich darauf.

Besonders häufig fungierten Geldverleiher als Geldwechsler. Dem Tisch (*trapeza*), an dem diese Geschäftsleute Kunden bedienten, verdankten sie ihre Berufsbezeichnung als Trapeziten (*trapezitai*). Ihren schlechten Ruf belegen ihre römischen „Kollegen": *F(a)enerator*, Geldverleiher, leitet sich von *f(a)enus* für Gewinn, Zins ab, bedeutet aber auch Wucher. Es verwundert nicht, dass die nicht selten horrenden Zinsbeträge zeitweise zu Unruhen führten, sodass zum Beispiel Kaiser Tiberius zinslose Fonds locker machte, um die aufgebrachte Menge zu beruhigen.

Das Bankenwesen war bereits in der Antike ein riskantes Geschäft. Da sie mit Fremdeinlagen arbeiteten, konnten Bankiers durch den Ansturm in Panik geratener Bürger in den zahllosen kriegerischen Auseinandersetzungen vor allem der Griechen ruiniert werden. Das Paradebeispiel für einen Gewinner im Bankengeschäft ist der ehemalige Sklave Pasion (4. Jahrhundert v. Chr.), der athenischer Bürger wurde, mehrere „Filialen" und darüber hinaus eine erfolgreiche Schildwerkstatt besaß.

> Ein anderer, neutraler Begriff für einen professionellen Geldverleiher oder -wechsler ist **argentarius** (von *argentum*, Geld). Zunächst vor allem auf den Umgang mit Geldeinlagen bezogen, vermengte sich der Begriff zunehmend mit dem des *nummularius*. *Argentarii* und *negotiatores*, die auf dem Forum Boarium, dem Rindermarkt Roms, tätig waren, stifteten 203/04 n. Chr. Kaiser Septimius Severus und dessen Familie den noch heute erhaltenen Argentarierbogen, den Bogen der Geldwechsler. Es handelt sich um ein sieben Meter hohes ehemaliges Eingangsportal zum Forum.

Der Minenbetreiber – Unternehmer mit (zu häufig) wechselnden „Mi(e)tarbeitern"

Bergwerke waren in der Antike meistens Eigentum des Staates, der über spezielle Beamte – in Athen die *poletai*, in der Kaiserzeit Prokuratoren – Schürfkonzessionen an wohlhabende *conductores*, die sich auch mit Geschäftspartnern zu Gesellschaften zusammenschließen konnten, ausgab und die Gebühren einzog. Der Pächter konnte sich entscheiden, ob er selbst das Risiko einging, auf eine taube Ader zu stoßen, oder ob er unterverpachtete.

Oft ließen die Betreiber Straffällige und Sklaven, aber auch Kinder unter lebensfeindlichen Bedingungen – zum Beispiel bei Schwefel oder Quecksilber, aber auch Erzen – die engen Schächte, die oft nur einen Meter hoch waren und mitunter bis zu hundert Meter unter Tage lagen, bei spärlichem Öllampenlicht, mit Hammer und Schlägel mühselig vorantreiben, die Bodenschätze fördern und in den meist angegliederten Aufbereitungsanlagen verhütten. Eine *damnatio ad* oder *in metallum* – eine Verurteilung zu Bergwerksarbeit – kam oft einem Todesurteil gleich. Alexander der Große verurteilte die nach der Schlacht am Granikos 334 v. Chr. gefangen genommenen griechischen Söldner zu dieser Art Zwangsarbeit, wahrscheinlich im Pangaion-Gebirge. Sklavenhalter wie der Feldherr und Staatsmann Nikias (ca. 470–413 v. Chr.), der Pächter einer Silbermine war, rund 1000 Unfreie besaß und für je eine Obole am Tag vermietete, hatten dadurch ein nicht zu verachtendes Zusatzeinkommen.

Bedeutende Bergbauregionen

Spanien: Eisen, Kupfer, Zinn, Gold, Silber u. a.

Britannien: Zinn, Blei

Laureion (Attika): Silber, Ausbeutung seit mykenischer und bis in die frühe Kaiserzeit

Pangaion (Thrakien): Gold, Silber

Dalmatien, Nubien: Gold

Siphnos: Gold, Silber (berühmt ist das Siphnier-Schatzhaus in Delphi)

Sizilien: Silber

Zypern: Eisen, Kupfer (leitet sich von Kypros ab)

Delos: Kupfer

Melos: Schwefel
Syrakus: Kalkstein
Paros, Naxos, Pentelikon u. a.: Marmor
Kappadokien: Quecksilber
Sardinien, Gallien, Armenien, Noricum: Eisen
Noricum (Hallstatt): Salz

Der Ziegelbrenner – „verdecktes" Arbeiten

Eigentümer großer Gutshöfe, die fernab einer größeren Stadt lagen, versuchten durch den Kauf spezialisierter Sklaven die geplanten und die anfallenden landwirtschaftlichen und handwerklichen Arbeiten weitgehend selbst zu erledigen. Ansonsten blieb ihnen wie den Städtern nur der Gang zum Markt oder das Warten auf wandernde Händler. Besonders im Fall relativ schwerer Ware wie von Ziegeln versuchte man, weite Transportwege zu vermeiden. Daher waren Ziegeleien dort weit verbreitet, wo Lehmabbau möglich war. Oftmals produzierten auch Legionäre Dachziegel oder Ziegelsteine, vorwiegend für die Gebäude ihrer festen Lager.

Der angefeuchtete Rohstoff wurde schon im alten Orient und in mykenischer Zeit geknetet, zur Stabilisierung mit Stroh und/oder Sand vermengt, geformt und mindestens zwei Jahre lang luftgetrocknet. Im Verlauf des 4. Jahrhunderts v. Chr. übernahmen die Griechen und Römer den der Keramikbrennerei ähnlichen Vorgang des Ziegelbrennens in großen Brennöfen aus dem alten Orient. Die Ziegel wurden hin und wieder auch glasiert, das heißt mit einer zusätzlich eingebrannten Farbschicht versiegelt.

Die Ware wurde oft gestempelt als Nachweis von Qualität – oder Ausschuss. Großen Erfolg hatten die Brüder Gnaeus Domitius Lucanus – ein Urgroßvater Kaiser Marc Aurels – und Gnaeus Domitius Tullus Mitte des 1. Jahrhunderts n. Chr. Sie waren die Erben des vermögenden Senators Gnaeus Domitius Afer, Suffektkonsul 39 n. Chr. und Inhaber einer großen *figlina* (Ziegelei). Die Lage des wertvollen Lehmgrundstücks und der Werkstatt nahe Rom und dem Tiber, auf dem sie ihre Ware in die Metropole verschiffen ließen, war optimal. Die Brüder waren demnach *officinatores* – Leiter der *figlina* – und Herren der Tongrube zugleich, was nicht immer so war; sie produzierten Backsteine, Dachziegel, verschiedene Großgefäße, vielleicht auch Hohlziegel für die Hypokausten in den Thermen. Die Domitii markierten ihre Produkte unter anderem mit ihrem Logo, einem Halbmond. Zahlreiche Artefakte ihrer Fabrikate belegen, dass ihre Ziegelsteine lange Zeit und vielerorts Verwendung fanden: im Flavischen Theater, im Pantheon, in den Trajansmärkten, den Caracallathermen und darüber hinaus in verschiedenen Provinzen. Das bedeutete große Ehre und Wohlstand für die Familie, selbst wenn Ziegel vielen Römern schäbig erschienen und die Nobilität die Mauern ihrer Häuser oft verkleiden ließ – wenn möglich mit Marmor. Die Herstellung von Ziegeln war nichtsdestotrotz ein durchaus geschätztes Gewerbe, da es zur Landwirtschaft gezählt wurde.

> „Er durfte sich zu Recht rühmen, die Stadt Rom, die er aus Ziegeln bestehend übernommen hatte, in Marmor hinterlassen zu haben." Der Kaiserbiograf Sueton ehrfurchtsvoll über **Augustus** ... und abschätzig gegenüber Ziegeln.

Der Tuchwalker – Urin für den Adel

Römische Tuchwalker bei der Arbeit.

Um ihre Togen, aber auch andere Kleidungsstücke zu reinigen, brachten die Römer sie in eine Walkerei. Letzteres erfolgte mit einer in den Städten unbegrenzt vorhandenen Chemikalie, die auch beim Gerben von Leder zum Einsatz kam – menschlichem und tierischem Urin. An den zahlreichen Sammelstellen bedienten sich neben Gerbern (*coriarii*) auch Walker (*knapheis*, *fullones*), die als Beruf seit dem 3. Jahrhundert v. Chr. nachgewiesen sind, bzw. deren Sklaven von den „freiwilligen Abgaben". Sie transportierten die Flüssigkeit in ihr Geschäft (*taberna*) und schütteten sie in einen Zuber. Darin walkten die Arbeiter die zu reinigenden Stoffe, das heißt sie traten sie nackten Fußes, wohl stundenlang. Danach wurde die Kleidung ausgewaschen, weiße Wolle nochmals mit Schwefelqualm gebleicht oder mit der tonhaltigen, Fett aufsaugenden Walk(er)erde nachbehandelt.

Walken war auch wesentlicher Teil der Produktion von Tüchern, da die zuvor gekämmte und gewebte Wolle oder das Leinen in dem Sud aus Urin, Soda und Wasser verfilzte, bevor sie aufgeraut, geschwefelt, gebürstet, geschoren und zuletzt gepresst wurde. Das Spinnen des Vorgarns mit Rocken und Spindel und das Weben am Hochwebstuhl waren häufig, wenn auch nicht immer Aufgaben der Herrin, oft aber der Sklavinnen. Darüber hinaus gab es natürlich unzählige Betriebe und Webhochburgen wie Attika, Milet oder Alexandria. Vielfach waren diese zugleich Walkereien. Die verschiedenen Chemikalien, die darin zum Einsatz kamen, müssen die Haut der Arbeiter verätzt haben. Im Jahr 220 v. Chr. wurde ein Gesetz erlassen, das den Walkern zum Schutz der Kundschaft den Gebrauch weniger aggressiver Reinigungsmittel vorschrieb.

Weben aus Leidenschaft

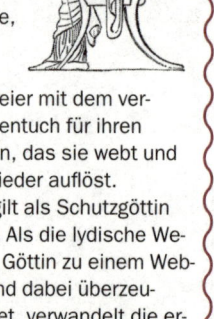

Die Mythologie liefert Beispiele für das jahrtausendealte Handwerk des Webens: Penelope, die schier endlos um Odysseus bangt, hält ihre Freier mit dem vermeintlichen Leichentuch für ihren Schwiegervater hin, das sie webt und heimlich immer wieder auflöst. Athena/Minerva gilt als Schutzgöttin der Weber(innen). Als die lydische Weberin Arachne die Göttin zu einem Webduell auffordert und dabei überzeugende Arbeit leistet, verwandelt die erzürnte Göttin sie in eine fortwährend webende Spinne, die von ihr in einigen Sprachen den Namen hat. Besucht man in Rom das Nervaforum, kann man den Mythos an einem Fries der Außenmauer noch betrachten.

Eine Tuchpresse ist in Herculaneum erhalten geblieben und in Pompeji, wo mehrere Wäschereien nachgewiesen sind, das Ladenschild des *fullo* Marcus Vecilius Verecundus: Es zeigt ihn und seine Sklaven beim Kämmen und Färben von Wolle und beim Anpreisen des fertigen Tuchs. „Besudelt" wurde es durch eine aufgemalte Wahlwerbung sogenannter *quactiliarii* („Filzproduzenten"). Tuchwalker war auch der heilige Anastasius von Salona, nahe dem heutigen Solin in Kroatien. Der Märtyrer und Patron der Stadt Split wurde angeblich mit einer Stange aus seiner Walkerei erschlagen.

Betuchte Germanen

Tuchproduzenten sind auch im römischen Germanien nachgewiesen: Die Säule der Secundinii in Igel bei Trier, die nach dem Adler (*aquila*) auf der Spitze des 23 Meter hohen Pfeilergrabmals benannt ist, ehrt diese Tuchmacherfamilie aus Augusta Treverorum (Trier). Sie stammt aus der Mitte des 3. Jahrhunderts n. Chr. und zeigt neben anderen Reliefs durchaus werbewirksam eine Tuchprobe und eine Transportszene auf der Mosel.

Eine Gerberei mit Sklaven erbte und betrieb der Athener Kleon. Der „Banause" konnte jedoch – vielleicht als einer der ersten – gleichzeitig in der Politik Fuß fassen und wurde als aggressiver Demagoge („Volks(ver-)führer") bekannt. Kleon setzte die Erhöhung der Dikasten-Diäten von zwei auf drei Obolen, die drastische Erhöhung der Tribute von Athens Bundesgenossen sowie die Hinrichtung der Einwohner der abgefallenen Stadt Skione durch. 422 v. Chr. fiel er als Stratege in einer Schlacht bei

„Geld stinkt nicht"

Das allseits bekannte geflügelte Wort *(pecunia) non olet* bezieht sich auf eher ungewöhnliche bis „unsaubere" Möglichkeiten, an Geld zu kommen. Es geht auf Kaiser Vespasian (69–79 n. Chr.) zurück, der eine Steuer auf Urinale erhoben hatte, die Walker und Gerber betrieben. Seinem kritischen Sohn Titus (79–81) gegenüber rechtfertigte er dies mit dem ersten daraus eingezogenen Geld, das er ihm fragend unter die Nase hielt: „Und, stinkt es?" „Nein." „Und doch stammt es vom Urin."

Amphipolis gegen Sparta unter dem berühmten Feldherrn Brasidas, der dort ebenfalls sein Leben ließ. Daraufhin unterbrach der Nikiasfriede den Peloponnesischen Krieg.

Der Schuhmacher – Pantoffel oder Stiefel?

Das Schuhmacherhandwerk entfaltete sich bereits in archaischer Zeit, wobei viele einfache Schuhe wie zuvor und auch später im eigenen Heim angefertigt, vor allem aber repariert wurden. Die verschiedenen Bezeichnungen in Epigrafik und Literatur für den Schuster – *skytotomos*, *sutor* sind die geläufigsten – weisen wie in anderen Branchen auf eine früh einsetzende Professionalisierung und Spezialisierung in Hinsicht auf die Schuhformen – vom Pantoffel bis zum Stiefel – und verschiedene Qualitäten hin, die sich im Imperium Romanum fortsetzten. In Rom soll es in der Kaiserzeit jedenfalls bis zu 300 *sandalarii* gegeben haben.

> **„Schuster, bleib bei deinen Leisten"**
> Ein Schuster begutachtete die ausgestellten Bilder des berühmten Malers Apelles. Der Handwerker entpuppte sich als „Korinthenkacker", weil er fortwährend und lauthals Details kritisierte. Da rief der andere *banausos* – denn als nichts anderes galten Künstler in der Antike – aus seinem Versteck heraus, Schuster könnten oder sollten nicht über Dinge urteilen, die nicht zu ihrem Handwerk gehören. Aus dieser selbstbewussten Aussage entstand die noch heute geläufige Redewendung.

In den meist kleinen Werkstätten arbeitete der Meister mit einem Gehilfen oder Lehrling, mit dem ein Vertrag bestehen konnte, oder auch einem oder wenigen Sklaven. Sie schnitten das mitunter gefärbte Leder zurecht, lochten es und führten Schnüre (Sehnen) ein, bevor die Holz- oder Korksohle angenäht oder angenagelt wurde. Aus Holz geschnitzte Schuhe waren oft für Sklaven vorgesehen. Schuster arbeiteten meist auf Bestellung, hatten aber oft auch Schuhe vorrätig oder belieferten Händler.

Der Schmied – Vulcanus' Schüler

Der Beruf des Schmieds mag einer der ältesten sein; er geht bis auf die Kupferzeit (ab ca. 7000 v. Chr.) zurück, als die Bearbeitung des ersten der sieben in der Antike genutzten Metalle begann. Dass sein Handwerk von den Eliten trotzdem belächelt wurde, zeigt ein weiterer Hinweis auf die Mythen, die mehr oder weniger verschlüsselte, in ihrem Kern zutreffende Aussagen zum realen Leben machen: Der Gott Hephaistos, Sohn der Hera und mitunter des Zeus, der findungsreiche Schmied (röm. Vulcanus), wurde zwar kultisch verehrt, wie besonders das beeindruckende Hephaisteion in Athen zeigt, wird

im Mythos jedoch wegen Hässlichkeit von seiner Mutter vom Olymp geworfen und ist daher körperlich behindert. Seine Frau, die Liebesgöttin Aphrodite, betrügt ihn mit dem Kriegsgott Ares, und auch die anderen Olympier ver-
spotten ihn. Sie brechen in der „Ilias" seinetwegen in regelrechtes
„homerisches Gelächter" aus.

Die oft mit Spitzhut dargestellten Schmiede waren zu allen Zeiten seit
Entwicklung der Metallurgie unentbehrlich, im zivilen wie militärischen
Leben. Zahlreiche Handwerker spezialisierten sich seit der Bronzezeit auf die
Produktion von Waffen – Schwerter, Speer- und Pfeilspitzen, Schleuderblei –
oder sie schmiedeten Alltagsgegenstände wie Klingen, Scharniere und Be-
schläge aller Art, Scheren und andere Werkzeuge, Nägel, Klammern, Schlös-
ser, Rohre, Kessel und andere Gefäße, seit Erfindung des Hohlgussverfahrens
im 6. Jahrhundert v. Chr. Bronzestatuen (vgl. Bildhauer), zeitgleich Münzen
und nicht zuletzt aufwendigen Gold- und Silberschmuck. Schmiede fertigten
schon vor mehreren Tausend Jahren erste Schmuckstücke an, die seit der
Bronzezeit durch Fertigkeiten wie das Ziselieren, Gravieren, Granulieren,
Tauschieren oder die Filigrantechnik zu wahren Kunstwerken wurden. Berühmt sind Heinrich Schliemanns Funde: der „Schatz des Priamos" und die
„Goldmaske des Agamemnon".

Schmuckstücke für Artemis I
Der Grieche Mentor war ein berühmter Silberschmied. Der Artemis-
tempel von Ephesos, ein Weltwunder, soll einige Gefäße des Toreuten
(Metallbildhauer) beherbergt haben. In römischer Zeit waren seine
Schalen und Vasen Raritäten und sollen mit zigtausend Sesterzen
pro Stück gehandelt worden sein.

Einige der Berufsbezeichnungen für Schmiede aus römischer Zeit sind:
(*faber*) *ferrarius* (für [Roh-]Eisen), *aerarius* (für Kupfer, auch Bronzegießer),
aurarius (für Gold), *monetarius* (Münzpräger in einer der öffentlichen Präge-
stätten). Viele waren ansässig – jede Siedlung und jedes Landgut brauchte
Schmiede – oder zogen wie andere Handwerker durchs Land, um durch Ge-
legenheitsarbeiten zu überleben. Auf ihren Herden oder in Schmelzöfen ver-
arbeiteten sie Rohlinge oder Barren, die sie von den Bergwerken (Minenbe-

Schmuckstücke für Artemis II
Laut Apostelgeschichte gerieten Paulus und seine Begleiter in Ephesos mit Anhängern des Artemis-/Dianakultes aneinander. Deren Anführer war ein Gold- und Silberschmied namens Demetrius, der um seine Einnahmen aus Auftragsarbeiten für verschiedene Tempel der Göttin fürchtete, da die „neue Lehre" die alten Götter ablehnte. Er hetzte daher besonders die anderen Schmiede gegen Paulus auf.

treiber) oder Händlern ankauften, oder sie schmolzen gebrauchte Metallwaren ein. Die von ihren Hammerschlägen ausgehende Geräuschkulisse wurde in Rom als störend empfunden, so der Dichter Martial. Typische Arbeitsgeräte des Schmieds waren Hammer, Zange, Amboss, Stichel, Punze, Blasebalg.

Weitere antike Prominente mit „Banausenherkunft"

Euripides: Dramatiker, Sohn eines Kabarettisten und einer Gemüsehändlerin

Sophokles: Dramatiker, Vater führte eine Schmiede oder eine Zimmererwerkstatt

Sokrates: Philosoph, Sohn eines Steinmetzes und einer Hebamme, selbst ursprünglich Steinmetz, schätzte das Handwerk, riet einem Zeitgenossen aus der Politik hingegen, seinen Sohn nicht als Gerber arbeiten zu lassen

Lysias: Redner, Sohn eines syrakusanischen Schildproduzenten in Athen/Piräus mit 120 Sklaven

Iphikrates: Feldherr, Sohn eines Schusters

Isokrates: Redner, Vater war Inhaber eines *ergasterions* (Werkstatt) für Flöten

Demosthenes: Erbe einer Schwert- und Klingenwerkstatt, kritisierte aber seinen Rivalen Aischines, dessen Vater sei ein Töpfer gewesen

C. Terentius Varro: Konsul 216 v. Chr., überlebte die Schlacht von Cannae gegen Hannibal (sein Amtskollege nicht), Sohn eines Metzgers

C. Octavius/Octavian/Augustus: Sein Rivale Marcus Antonius propagierte gegen ihn, indem er auf dessen Urgroßvater, einen freigelassenen Seiler, verwies.

Der Glasmacher – für klare (oder getrübte) Sicht

Bereits im 2. Jahrtausend v. Chr. stellten altorientalische Handwerker Glasbarren und kleine Utensilien wie zum Beispiel Anhänger aus Sand, Asche, Kalk und gegebenenfalls färbenden Metalloxiden her – entfärbende Stoffe waren seit dem 1. Jahrtausend v. Chr. bekannt. Zentren der Glasherstellung und des Glasfernhandels waren und blieben Phönizien, wo das revolutionäre Glasblasen mit der Pfeife im 1. Jahrhundert v. Chr. erfunden wurde, und Alexandria mit seinem bedeutenden Natronvorkommen.

Viele römische Glashütten und Glashersteller (*vitrearii*) waren auf die tagelange Befeuerung zur Herstellung von Barren oder auf deren Weiterverarbeitung zu mitunter kunstvollen oder ausgefallenen Gefäßen, Mosaikglas, Schmuck oder seit dem 1. Jahrhundert v. Chr. zu gegossenem oder gezogenem Fensterglas spezialisiert. Bei den nicht-romanisierten Germanen spielte Glas keine große Rolle, doch hatten bereits in der Bronzezeit Glasperlen nördlich der Alpen großen Wert und sind als fürstliche Grabbeigaben nachgewiesen.

Redensart aus der Seilerei
Seile aus Weiden, Binsen oder Stroh stellte bereits der steinzeitliche Mensch her; in Ägypten waren sie beim Bau der Pyramiden und dem Errichten von Obelisken unentbehrlich. Die Seile oder Taue bestanden meist aus unterschiedlich vielen Hanf- oder Flachsfasern, die auf dem Seilerrad gedreht wurden. – In der Mythologie ist Oknos einer der Leidgeplagten im Tartaros, dem antiken „Fegefeuer". Hier muss er auf ewig ein Binsenseil drehen, das fortwährend von einer Eselin – sinnbildlich für seine verschwenderische Ehefrau – gefressen wird. Pausanias berichtet, „die Schnur des Oknos fertigen" sei eine in Ionien bekannte Redensart im Sinne von „sich an etwas Nutzlosem abmühen" gewesen.

Töpfer und Vasenmaler – „Exekias hat es gemacht"

*Prügelstrafe in einer
Töpferwerkstatt.*

Bereits vor einigen Jahrtausenden produzierten Töpfer im Orient auf der
Töpferscheibe Alltagsware, das heißt Grobkeramik wie zum Beispiel Amphoren in Massen, aber auch hochwertige Kunstwerke, figürlich oder ornamen-
tal bemalt, für besondere Anlässe und vermögende Kunden, sogenannte
Feinkeramik. Bei den Griechen der klassischen Zeit sprechen die Archäolo-
gen von rund dreißig kanonischen Gefäßformen: Amphoren, Kratere, Phiale,
Kantharos, Rhyton und Lekythos sind einige von ihnen.

In vorklassischer Zeit waren Töpfer und Maler meistens ein und dieselbe
Person, so Exekias, der besonders für seine Amphore, die die Helden Achilleus und Aias beim Brettspiel zeigt (ca. 530 v. Chr.) – Mythen waren das zentrale Thema –, „Unsterblichkeit" erlangte. Viele Signaturen, die aus Stolz
und Konkurrenzkampf beigefügt wurden, belegen aber auch, dass noch im
6. Jahrhundert v. Chr. oft Töpfer einen oder mehrere Maler für sich arbeiten
ließen und den unter Handwerkern sehr seltenen Ruhm ernteten. Die Produktion vollzog sich innerhalb der oft kleinen Werkstätten und mithilfe des
einen oder anderen Gehilfen in zwei oder drei Hauptschritten: dem Model-
lieren und Töpfern auf der Töpferscheibe, dem Bemalen oder Ritzen und
schließlich dem Brennen. Der Töpfer (griech.: *kerameus*, lat.: *figulus*)
schlämmte zunächst den Ton in Becken, um den metallhaltigen Arbeitston
für das eigentliche Gefäß zu erhalten. Feinere Masse wurde abgeschöpft, und
die darin abgesunkenen Teile wurden als Glanzton oder Malschlicker verwendet. Das Gefäß formte er mit der Hand oder mit einigen Feinwerkzeugen
aus wenigen Teilen; Henkel wurden angedrückt.

Beabsichtigte der Töpfer oder Maler eine einheitliche Färbung, konnte er das Gefäß, wenn es nicht zu groß war, einfach in den Glanzton tauchen, ansonsten bemalte er es mit einem Pinsel (Silhouetten und Umrisse). Die Maler arbeiteten mit wenigen Farben, die sie vor oder auch nach dem Brand auftrugen. Die oft sehr detaillierten Vasenmalereien rührten vom Kontrast zwischen dem helleren Grundton und dem dunkleren Malschlicker her, der jedoch erst beim Brennen entstand. Bei der Technik der schwarzfigurigen Vasenmalerei, die von korinthischen Künstlern im 7. Jahrhundert v. Chr. entwickelt und danach von Athenern perfektioniert und bestimmt wurde, bestand das Motiv aus schwarzem Malschlicker auf rotem Hintergrund. Details kamen durch Ritzungen zustande. Um 530 v. Chr. entstand die in klassischer Zeit dominierende rotfigurige Vasenmalerei als Umkehrung der schwarzfigurigen Vasenmalerei, da bei ihr die oft prächtigen Figuren vorrangig als Aussparungen geschaffen wurden – also dem roten Grundton entsprachen.

Der Brand erfolgte in Brennöfen, die an einen Bienenkorb erinnern. Der Ton wurde im Brennraum bei Temperaturen von bis zu 1000 Grad Celsius gehärtet. Der ausgeklügelte Vorgang, der schon in mykenischer Zeit bekannt war, und seine Bedienung am Schürloch, an den Kontrollen, Reglern und am Abzug waren mit großem Risiko für den Töpfer und seine Gehilfen verbunden. Er bestand ebenfalls aus drei Arbeitsgängen: dem stark belüfteten Aufheizen, dass das Eisen oxidierte und alles rot färbte; der Reduzierung des Sauerstoffs, während der Glanzton „schmolz", sodass das entstehende Kohlenmonoxid alles schwarz färbte; dem Reoxidieren zur erneuten Rotfärbung des Arbeitstons im Hintergrund. Der aufgebrachte Malschlicker blieb wegen der im zweiten Gang versiegelnden Schmelze schwarz.

Im Hellenismus und Römischen Reich dominierten Metallgefäße und reliefierte, bildarme oder bildlose Keramikware – Schwarzfirnis, dann Terra sigillata (hochwertiges Tafelgeschirr mit rot glänzendem Überzug) und die Arretinische Reliefkeramik (zunächst aus Italien, später massenweise zum Beispiel in Gallien in Öfen mit einem Fassungsvermögen von zigtausend Gefäßen produziert), die oft mithilfe von Vorlagen oder Matrizen hergestellt wurden.

Der Bildhauer – den Moment auf ewig „festhalten"

Eins der sieben Weltwunder:
die Zeusstatue von Olympia.

Phidias aus Elis (ca. 490–432 v. Chr.) gilt als der berühmteste Bildhauer, Maler und Architekt der Antike. Er verlieh zusammen mit seinen Gehilfen Skulpturen am Parthenon erstaunliche Formen und schuf drei berühmte, teils mit Gold und Elfenbein verkleidete gigantische Statuen: die Athena Promachos und die Athena Parthenos – beide auf der Athener Akropolis – sowie in Olympia den Zeus im Tempel des Göttervaters, der später zu den Weltwundern gezählt wurde. Und dennoch schrieb der Biograf Plutarch (1./2. Jahrhundert n. Chr.) in einer seiner Viten, ein anständiger Mann würde niemals mit ihm, anderen Handwerkern oder auch Dichtern tauschen wollen.

Polyklet mag für die idealen Körpermaße und Körperhaltungen seiner Schöpfungen berühmt geworden sein, und Praxiteles die skandalöse Aphrodite von Knidos (vgl. Hetäre und die Reportage), an der sich ein lüsterner Betrachter sogar vergangen haben soll, geschaffen haben; mögen die erfolgreichsten Bildhauer enorme Honorare bezogen haben – besonders im Umfeld der Herrscherhöfe, wo man die Verbildlichung zu Propagandazwecken besonders schätzte – und ihre Werke in hellenistischer und römischer Zeit vielfach kopiert worden sein: Ihrer aller Arbeit blieb ein mit den eigenen Händen erwirtschafteter Dienst, auf die sich die Eliten nicht herablassen würden. Das Ansehen dieser Künst-

> In der nachgewiesenen Werkstatt des **Phidias** in Olympia fanden Archäologen neben verschiedenen Abfällen – darunter Elfenbeinstückchen – ein **Trinkgefäß**, in das der Name des berühmten Künstlers geritzt war. Phidias wurde später wegen Veruntreuung von Elfenbein angeklagt und starb möglicherweise in Haft.

ler war in römischer Zeit gleichwohl höher als in klassischer; in der Spätantike waren sie von *munera* (öffentliche Belastungen und Auflagen; in Griechenland die Leiturgie) befreit.

Die frühen bronzezeitlichen Bildhauer schnitzten und modellierten Statuetten und Statuen aus Holz, Ton, Marmor oder gossen Vollstatuetten und kleinere Statuen aus Bronze. Revolutionär war die Weiterentwicklung des Hohlgusses mit Ton und ausfließendem Wachs, der in Ägypten bekannt gewesen war: im 6. Jahrhundert v. Chr., zunächst mit verlorener Form, dann mit wiederverwendbaren Teilen. Feintrieb und Ritzungen erfolgten nach dem Guss. Einige *chalkourgoi/ aerarii/ statuarii* (Bronzearbeiter) blieben dem Bronzehandwerk treu. Andere wendeten sich auch dem zunehmend begehrten Marmor zu – Abbaugebiete waren neben anderen Naxos, Paros, Pentelikon, Kleinasien, Norditalien und Numidien –, bei dessen schwierigem Transport vor allem die Römer großen Aufwand betrieben, oder gaben die Bronzegießerei vollends auf (*lithurgoi/ sculptores/ marmorarii*). Viele Bildhauer arbeiteten mit Malern zusammen, so Praxiteles und Nikias.

Stand und Lohn von Bildhauern und Steinmetzen waren heterogen – sie hingen vom Wert des zu bearbeitenden Objekts und damit vom Auftraggeber ab: Ausschlagen von Rohlingen noch im Steinbruch, Meißeln von Inschriften, Kannelieren von Säulen, Feinarbeit an Friesen sakraler oder profaner Gebäude, Statuen oder anderen Reliefs, das schwierige Schleifen mit zum Beispiel Bimsstein.

Viele erhaltene Statuen sind Kopien aus hellenistischer oder römischer Zeit, deren Urbild meist verloren ist, das wie der allseits bekannte Diskobolos des Bildhauers Myron – der Diskuswerfer, das Sinnbild für die Olympischen Spiele – oft aus mehreren Bronzeteilen zusammengelötet war.

Alles für die jungfräuliche Göttin – die Athena Parthenos
Die Statue im Parthenon-Tempel auf der Athener Akropolis schuf Phidias zwischen 447 und 438 v. Chr. Sie war zwölf Meter hoch und in chryselephantiner Technik gearbeitet, das heißt, ihr hölzerner Kern war mit Bronzeplatten, Elfenbein und angeblich einer Tonne Goldblech verkleidet. (Der Mantel der Zeusstatue wog zwei Tonnen.) Auf ihrer rechten Handfläche präsentierte sie eine Nike-Statue, ihre linke stützte einen Rundschild und die Erechthonios-Schlange, ein mythischer König Athens. Das Wasser in dem Becken vor ihr reflektierte das einfallende Licht. Die Statue verblieb bis zur Spätantike im Parthenon, wenn auch unter frühzeitigem Verlust der Metalle, und wurde möglicherweise nach Konstantinopel gebracht.

Der Maler – brachte (eigens gewonnene) Farbe ins Spiel

Tafel- und Wandmalerei waren im Allgemeinen angesehener als Bildhauerei, Dichtung oder Musik. Wie andere Künste konnten sie in über die griechische Welt verteilten, miteinander rivalisierenden Schulen erlernt werden, darunter Korinth und Sikyon. Doch waren nur einige Maler angesehen und wohlhabend, diese aber schillernde Figuren.

Die *pictores* entwarfen und vererbten verschiedenste Techniken wie die Tempera- und die Wachsmalerei (Enkaustik), malten Fresken, auf Elfenbein und nutzten wie die Bildhauer verschiedene Materialien wie etwa Schlamm, Weinhefe, Bleiweiß, Safran, Milch, Kohle oder Trester, um besondere Farben oder Farbnuancen zu gewinnen. Sie bemalten für Privatpersonen, Städte oder Regenten Fassaden, Wände, Tontafeln an Tempeln (Metopen), Reliefs und Statuen, Holztafeln, spätestens seit der Kaiserzeit Leinwand, des Weiteren Gefäße oder Schiffe. Ihre Werke sind größtenteils verloren; einige oft sehr beeindruckende Reste sind vor allem aus Pompeji und Herculaneum oder Mumienporträts aus der Oase Fajum südwestlich von Kairo erhalten. Sie zeugen von einer enormen Fähigkeit, diverse Motive perspektivisch, realistisch und detailliert darzustellen.

Malerische Anekdoten aus klassischer Zeit

Die Genies **Parrhasios** aus Ephesos und **Zeuxis** aus Herakleia wetteiferten miteinander: Letzterer malte ein Bild mit Trauben, die so echt wirkten, dass Tauben danach pickten. Dennoch siegte Parrhasios, denn Zeuxis hielt einen Vorhang, den sein Rivale gezeichnet hatte, für echt; das vermeintliche Bild wähnte er dahinter. Der Sieger war auch dafür bekannt, in sündhaft teuren Gewändern mit Purpur und Gold und einem Kranz umherzulaufen; Zeuxis, der für die Schattenmalerei berühmt war, stand ihm darin kaum nach.

Das pompejanische **Alexandermosaik** ist weltberühmt. Es geht wahrscheinlich auf ein griechisches Gemälde zurück, das der Maler Philoxenos von Eretria oder die Malerin Helene, die wahrscheinlich in Alexandria wirkte, geschaffen haben könnte.

Der *grapheus* Aëtion präsentierte bei den Olympischen Spielen eines seiner Gemälde. Es zeigte die Hochzeit Alexanders und Roxanes und überwältigte dermaßen, dass der vorsitzende Hellanodik seine Tochter dem Künstler zur Frau gab.

Ptolemaios I. soll dem thebanischen Maler **Aristeides** sage und schreibe 100 Talente für ein Bild geboten haben. Für einen anderen Herrscher zeichnete der Künstler eine Schlacht mit etwa 100 Kombattanten und erhielt für jeden einzelnen zehn Minen. Der Maler **Nikias** hingegen lehnte den Verkauf eines Werks an Ptolemaios ab, sondern schenkte es der Stadt Athen.

Diese Künstler hatten bei Alexander dem Großen angeblich das Porträtmonopol

Apelles: Malerei

Lysippos: Bronzegießen

Pyrgoteles: (Edel-)Steinschneidekunst

Der Zimmermann – Vielseitigkeit gefragt

Der Zimmermann oder Holzarbeiter (griech. *tekton(os)*, *ksilourgos*, lat. *materiarius*, *faber tignarius* oder *lignarius*) gehörte neben dem Töpfer und dem Schmied zu den wichtigsten antiken Handwerksberufen. Xenophon betont, dass in kleinen Siedlungen oder Städten oft dieselbe Person Möbel herstellte, die auch für den Häuserbau – Balken, Türen und anderes – zu Hilfe gerufen wurde. Dagegen boten in großen Städten besonders in römischer Zeit spezialisierte Handwerker ihre Dienste an. Es gibt eine Vielzahl von Berufsbezeichnungen, die sich entweder auf das Produkt oder das Bearbeitungsmaterial beziehen. Extravagante Beispiele hierfür sind die *citrarii* und die *eborarii*, die Bearbeiter von schier unerschwinglichem Zitrusholz aus Nordafrika bzw. Elfenbein.

Holz war allgegenwärtig: Es war für Dachstühle, Fachwerkbauten, Brücken, den Schiff-, aber auch den Instrumentenbau, für frühe Statuen und monumentale Bildhauerarbeiten als Stütze sowie für das Militär – ob als Speer, Schild, Belagerungsturm oder Katapult – unentbehrlich. Über Wälder zu verfügen oder den Feind an deren Nutzung zu hindern war manchmal kriegsentscheidend.

Zimmerleute und Holzarbeiter hatten oft eine eigene Werkstatt, handelten mit auf Holz spezialisierten Händlern (*negotiatores lignarii*), zogen aber auch von Stadt zu Stadt oder unterstanden bei Großprojekten – Tempelbauten, Amtsgebäuden, Theatern, Grabmalen, Brücken, Wasserleitungen, Schiffen oder auch Prunkfahrzeugen – wie die Bildhauer oder Maler einem leitenden Architekten, Ingenieur bzw. Baumeister. Für derartige Aufträge setzten die alten Griechen und Römer neben freien Kleinhandwerkern oft auch private oder öffentliche Sklaven ein.

Besonders Grabreliefs zeigen Handwerker bei der Arbeit und zeugen vom Selbstbewusstsein und Stolz des Verstorbenen und der Hinterbliebenen. Einige der dabei dargestellten Werkzeuge des Zimmermanns oder Schreiners (auch: *arcularius*) waren: Feile, Axt, Lineal, Zirkel, Hammer, Hobel, Schmiege, Säge, Bohrer, Setzwaage. Ein Chorobat kam bei größeren Bauvorhaben zum Einsatz.

Einfach, aber interessant

Das Adjektiv „lapidar" meint einfach, kurz und bündig; meist beschreibt man damit eine dementsprechend formulierte Aussage. Das Wort geht zurück auf die lateinische Berufsbezeichnung für den Steinmetz, den *lapidarius*, der vorrangig aus Platzgründen knappe, prägnante Inschriften in den Stein meißelte.

Die Architekten – oft unterbezahlte Genies

Ein *architekton/ architectus* war ein freier Bürger oder ein Fremder, der im Auftrag einer Privatperson, Institution oder Regierung die Errichtung eines Gebäudes – Wohnhauses, Amtsgebäudes, Theaters, Tempels –, Tunnels, einer Brücke oder Wasserleitung leitete, mitunter parallel an verschiedenen Projekten und Orten. Er kontrollierte die Baupläne, koordinierte die von ihm angeworbenen Schmiede, Erz- und Bronzegießer (Bildhauer), Zimmerleute oder Steinmetze, die freie Tagelöhner (*merce(n)narii*) oder Sklaven waren, an den Baukränen, Gerüsten, Säulen oder Werkbänken oder griff bei der Gestaltung von Skulpturen selbst zum Meißel, wenn er beispielsweise zugleich Bildhauer war. Darüber hinaus prüfte er die Lieferungen der Spediteure, die mit dem Auftraggeber vereinbart worden waren – bei einem öffentlichen Auftrag oft mit einer speziellen Kommission wie den *epistatai*. Er benötigte also auch kalkulatorische Fähigkeiten.

Architekten konnten, besonders wenn sie im Dienst von Tyrannen, Königen oder den Kaisern standen, zu Ruhm und Wohlstand gelangen. Bei den Griechen jedoch hatten viele lediglich „Banausenstatus" und wurden nur geringfügig höher bezahlt als die Arbeiter, so vielseitig Architekten in den Augen einiger antiker Autoren auch sein sollten.

Bedeutende Baumeister und ihre „größten" Werke

Rhoikos von Samos (6. Jahrhundert v. Chr.): Vorreiter in Sachen Bronzeguss, plante den später fertiggestellten Neubau des größten Herodot bekannten Tempels, des Heraions von Samos mit einer Grundfläche von 6700 m².

Mandrokles aus Samos: erbaute im Dienst des Perserkönigs Dareios I. um 513/12 v. Chr. eine ca. 1 km lange Pontonbrücke über den Bosporos für dessen Feldzug gegen die Skythen; von einem Teil seines üppigen Honorars stiftete er ein Tafelgemälde für das Heraion, das den Bau seiner Schiffbrücke zeigte.

Phidias (5. Jahrhundert v. Chr.): Koordinator der Neugestaltung von Athens Akropolis, insbesondere Aufsicht über die Arbeiten am Parthenon-Tempel; Schöpfer unter anderem der Statue der Athena Parthenos und der Zeusstatue von Olympia; Phidias' Ende ist ungeklärt: er starb möglicherweise in Athen infolge von Anklagen wegen Unterschlagung und Gotteslästerung oder konnte nach Elis/Olympia zurückkehren (vgl. Bildhauer).

Kallikrates und Iktinos: die eigentlichen Architekten des Parthenon (ca. 447–438 v. Chr.); Ersterer war vielleicht nur für den „Vorparthenon" engagiert gewesen und ist Namenspatron der umfassenden, heftig umstrittenen Verwaltungsreform der Jahre 2010/11 in Griechenland.

Chares von Lindos (4./3. Jahrhundert v. Chr.): schuf ca. 304–292 v. Chr. im Auftrag der Rhodier zur Erinnerung an die erfolglose Belagerung der Stadt durch Demetrios Poliorketes 305/04 v. Chr. den Koloss von Rhodos, unter anderem aus 15 Tonnen gegossener Bronze, angeblich mehr als 30 m hoch, wahrscheinlich 226 v. Chr. bei einem Erdbeben zerstört. Chares beging vor der Fertigstellung Selbstmord, da sein Werk die geplanten Kosten um ein Vielfaches übertraf.

Sostratos von Knidos: Erbauer des Leuchtturms von Alexandria, Bauzeit ca. 300–280 v. Chr., ein Auftrag Ptolemaios' I., unter Ptolemaios II. fertiggestellt, mindestens 120 m hoch, auf einer Basis von knapp 40 000 qm; Leuchtfeuer war später evtl. mithilfe eines Hohlspiegels, mit dem der Erfinder Archimedes in Verbindung gebracht wird, mehr als 50 km sichtbar, im

14. Jahrhundert durch Erdbeben zerstört; das Gebäude war Ptolemaios I. und dessen Frau Berenike gewidmet; Sostratos ließ evtl. auch seinen Namen einmeißeln und verputzen; die geheime, da untersagte Inschrift zu seinen Ehren kam – wie geplant – erst nach einiger Zeit zum Vorschein (nach anderer Überlieferung war ihm eine eigene Inschrift gestattet worden).

Severus und Celer: die von Tacitus genannten Baumeister von Neros letztlich unvollendeter Domus Aurea („Goldenes Haus"), dem Nachfolgebau der *domus transitoria* nach dem verheerenden Brand Roms 64 n. Chr.; repräsentativer Gebäude- und Landschaftskomplex mit etlichen Luxusausstattungen, darunter Thermen mit Süß- wie auch Salzwasserzulauf; auf dem riesigen Areal stand der Colossus Neronis, eine 40 m hohe Statue des Kaisers, ein Werk des Bronzegießers Zenodoros, das nach der *damnatio memoriae* Neros in eine Statue des Sol (des Sonnengottes) umgearbeitet wurde und unter Hadrian vor das „Große Theater" gebracht wurde; die für ihren Hang zu Sündhaft-Spektakulärem berüchtigten Severus und Celer planten sogar einen doppelt befahrbaren Kanal vom Averner See bei Cumae zur Tibermündung (ca. 250 km), dessen utopischer Bau sollte mithilfe „aller" Gefangenen des Imperiums erfolgen und war zum Scheitern verurteilt.

Gaius Iulius Lacer: Bogenbrücke von Alcántara (Westspanien), frühes 2. Jahrhundert n. Chr., knapp 200 m lang und ca. 70 m hoch, über dem Tagus (Tajo), zur Verbesserung des Eisenhandels; auf der östlichen Seite befindet sich ein kleiner Tempel mit dem Grab des Erbauers.

Apollodoros von Damaskos (ca. 65–130 n. Chr.): leitender Baumeister unter Kaiser Trajan (98–117 n. Chr.); schuf das riesige Trajansforum in Rom und die ca. 1130 m lange Trajansbrücke über die Donau (Rumänien/Serbien), 275 n. Chr. von den Römern als Schutzmaßnahme vor den Goten zerstört; wurde von Kaiser Hadrian verbannt und später hingerichtet.

Alexander der Große entwarf den Grundplan seiner markantesten Hinterlassenschaft: Alexandria in Ägypten. Die Details wurden von dem Griechen oder Makedonier Deinokrates geplant, der auch für das riesige Grabmal Hephaistions in Zikkuratform zuständig war und darüber hinaus mit dem Neu-

bau des 356 v. Chr. abgebrannten Artemisions in Ephesos, eines der Weltwunder – etwa viermal so groß wie der Parthenon –, in Verbindung gebracht
wird. Zu den Anekdoten rund um Alexanders Leben gehört auch der Vor-
schlag des Baumeisters, den Athos auf der Chalkidike in eine Statue des Königs umzuformen.

Der Bäcker – „Zerstampfen" für Millionen

Gerste bildete den Grundstock der Ernährung der Griechen. *Maza* hieß das
Grundnahrungsmittel und war ein Fladen aus getrocknetem Gerstenmehl
und Wasser, Milch oder Wein. Sie wurde oft geröstet, um leicht das Korn he-
rausschälen zu können, und als Fladen oder Brei verzehrt. Beliebter war jedoch Weizen, den wohlhabendere Griechen frühzeitig in Brotform aßen.
Der Bedarf der antiken Großstädte an dieser Getreideart war immens. Sie
wurde in Unmengen importiert, vor allem aus den skythischen Weiten nördlich des Schwarzen Meeres, aus Ägypten oder Sizilien. Athen konnte wiederholt zur Kapitulation gezwungen werden, indem seine Kornzufuhr unter-
bunden wurde; es erklärte Philipp II. von Makedonien den Krieg, nachdem
er 340 v. Chr. 200 Transportschiffe gekapert hatte (vgl. Händler).

Vor dem 3. Jahrhundert v. Chr. sollen die alten Römer *puls*, einen Brei aus
geröstetem Spelzweizen, gegessen haben. Dann ging man allmählich dazu
über, Brot zu backen. Zuerst waren die Frauen bzw. Sklavinnen für das Backen zuständig gewesen. Während wohl bereits im archaischen Griechenland viele Bäckereien existierten, kamen sie in Rom erst im 2. Jahrhundert
v. Chr. auf, als das Backen zuhause wohl auch dort zu aufwendig und riskant
wurde. Das lateinische Wort *pistor* für Bäcker bedeutet ursprünglich „(Zer-)
Stampfer"; das heißt, er übte vor allem in der römischen Welt auch die Arbeit des Müllers aus. In Pompeji und Ostia kann man noch Mühlen sehen,
die im hinteren Teil der einstigen Bäckerei stehen.

Pistores (griech. *artopoioi* u. a.) ließen sich von Bauern oder Kaufleuten
– in Rom auch von den *caudicarii/codicarii*, angesehenen Zwischenhänd-
lern, die es vom Hafen in Ostia mit ihren flachen Schiffen den Tiber hinauf
beförderten – mit Korn beliefern, mahlten und siebten es, buken noch in der
Nacht den Teig und verkauften in ihrer Bäckerei oder in Rom auch auf dem
forum pistorium nahe dem Tiber verschiedene Brotsorten, deren Beschaffen-

heit insbesondere von der des Mehls und von der Gärung abhängig waren und sind. Abnehmer waren nicht nur Privatleute oder Tempelpersonal, sondern wie heute auch Einzelhändler, etwa die *artopolai*, die beispielsweise athenischen Brotverkäufer. Über das aufdringliche Geschrei der Kaufleute klagte der Philosoph Seneca (1. Jahrhundert n. Chr.).

Zur Brotherstellung: Als Erstes wurde das Korn auf der sogenannten Tenne, einem festen Boden aus Lehm oder Holz, mithilfe von Vieh, einem Dreschflegel oder anderen Gerätschaften gedroschen. Bereits Homer besingt die „heiligen Tennen" und die „worfelnden Männer", die „die Spreu vom Weizen trennten", indem sie das Getreide in die Höhe warfen und so den Luftzug nutzten. Mörser oder spezielle Schüsseln dienten als Gefäß zum Zerstampfen. Erstere erwähnt bereits das alttestamentliche Buch Mose, genauso wie die (Reibe-)Mühle, neben die später Hand- und Hebelmühlen traten, die mit Drehbewegung arbeiteten, vor allem aber frühestens seit dem 1. Jahrhundert v. Chr. die Wassermühle, die sich im Laufe der Kaiserzeit allmählich über das Imperium ausbreitete. Gleichermaßen sicher und schleichend erfolgte die Arbeitsteilung von Bäcker und *molendinarius* (Müller). Die Wassermühlen an den größeren Wasserläufen lagen entfernt vom städtischen Treiben, sodass Bäcker und Müller sich langfristig zu Handelspartnern entwickelten.

Die Bäcker vermengten Weizenmehl mit Sauerteig, der aus Hirse, Weizenkleie und Most gewonnen wurde und relativ lange haltbar war, oder mit gerösteter, aber sauer gewordener Gerste. Unter Zugabe von Salz und Gewürzen kam der Teig in einen Trog, wo er zunächst von Hand oder von einer Maschine geknetet wurde. Dann formte man ihn nach Belieben, meist in Form eines heutigen Kuchens, und buk ihn im Ofen, auf Asche oder Stein oder in einer Pfanne.

Der tyrannische Kaiser **Caligula** (37–41 n. Chr.) sorgte für einen Skandal, als er wegen eines ungeheuren Gütertransfers auch die Zugtiere der Mühlen beschlagnahmte und somit die Brotversorgung Roms weitgehend lahmlegte.

Bäcker konnten auch durch Zusatz von Milch, Sesam, Mohn oder Honig verschiedenes Backwerk anbieten. Suchten die Römer ausgefalleneres Feingebäck, begaben sie sich allerdings zum *clibanarius*, dem Konditor. Diese waren prädestiniert, für besondere Abendgesellschaften und *cenae* – möglichst opulente Abendessen, für die wie für andere Zeichen von Dekadenz

die *cena* des stinkreichen Trimalchio Pate steht – ausgefallene Backkunst-
werke, gern in obszöner Gestalt, zu kreieren.

Zur Zeit der Republik unterstanden die Bäcker den Ädilen, seit der Kaiserzeit
dem *praefectus annonae*, der für das schwierige Unterfangen zuständig war,
die Getreideversorgung und die Getreidespenden in Rom – neben „Spielen"
das größte Anliegen der Kaiser, wie der Dichter Juvenal meinte – zu organisieren. Daher kontrollierten diese wie bereits die Athener in klassischer Zeit
den Brotpreis. Der „Präfekt für Getreideversorgung" entstammte dem Ritterstand und konnte in Hinsicht auf Nahrungsmittel auch als Richter fungieren.
   Im späteren 4. Jahrhundert n. Chr. gab es allein in Rom ca. 250 Bäcker,
von denen viele *collegiati* waren, also Mitglied eines Berufsverbandes, der
nicht selten in Konflikt mit dem Kaiser geriet. *Pistores* waren seit 270 n. Chr.
auch für die öffentliche Brotverteilung zuständig, die vom Kaiser und von Senatoren finanziert wurde.

> Der Freigelassene M. Vergilius **Eurysaces** schwang sich im 1. Jahr-
> hundert v. Chr. zum erfolgreichen Großbäcker auf. Er ließ sich und
> seiner Frau in Rom ein riesiges Grabmal in Form eines Backofens er-
> richten – mit Urne in Brotkorbform o. ä. –, das noch heute an der
> Porta Maggiore zu bestaunen ist.

Der Koch – Gerstenbrei oder
Siebenschläfer am Spieß gefällig?

Wie der Metzger war auch der (Gar-)Koch (griech. *mageiros*; lat. *coquus/po-
pinarius*) zunächst mit kultischen Aufgaben betraut – er bereitete das Fleisch
des Opfertieres bei öffentlichen Festen zu. Köche arbeiteten darüber hinaus
im Prytaneion, wo „Parasiten" („Mitesser") wie einige Staatsleute, hohe
Gäste oder Olympioniken (Sportler) zu einem einfachen Mahl berechtigt
waren, des Weiteren in Herbergen und Gaststätten, die seit klassischer Zeit
deutlich zunahmen, in Rast- und Wechselstationen an den Hauptstraßen, die
vor allem in römischer Zeit von Postboten (*tabellarii*) genutzt wurden, und
natürlich als Bedienstete bei wohlhabenden Familien. Es handelte sich entweder um Freie, die angestellt oder auch für kurze Zeit angeheuert werden

*Fleischverzehr war nicht all-
täglich und oft mit Opferriten
verbunden. – Stieropfer durch
Victoria.*

konnten, oder um einen oder mehrere eigene Sklaven. In Sparta waren Köche
unbeliebt, doch andernorts schätzte man besonders Spezialisten aus Groß-
griechenland (Italien), zum Beispiel aus Syrakus, von deren Kochkunst die
Griechen „im Osten" stark beeinflusst waren und von denen einige bereits im
5./4. Jahrhundert v. Chr. Rezepte sammelten, um sie angehenden Kollegen
zugänglich zu machen. Dies waren die Vorläufer von römischen Werken,
allen voran der erhalten gebliebenen Kochrezepte-Kompilation des Caelius
Apicius. Der Bedarf an erfindungsreichen Köchen stieg in hellenistischer und
römischer Zeit, nicht umsonst ist aus der Luxusleidenschaft des Staatsmanns
Lucius Licinius Lucullus (ca. 114–57 v. Chr.) die Bezeichnung „lukullisch"
(üppig) hervorgegangen. Und nichts eignet sich besser, um Einblick – wenn
auch auf satirische Art und Weise – in die oft übertriebenen Tafelfreuden der
Nobilität zu erhalten, als die viel zitierte *cena Trimalchionis.*

Schankwirtin und Heilige

Wie vielen anderen Priestern war auch christlichen Geistlichen der
Besuch von Schenken, die als unmoralisch galten, untersagt; sie
sollten in kirchlichen Herbergen nächtigen. Allerdings ehrten die
Christen Helena, die Mutter Kaiser Konstantins, des Förderers ihres
Glaubens: Sie war die Tochter eines Gastwirts und hatte zunächst
selbst in dieser Branche gearbeitet, bevor sie die Geliebte des späteren Kaisers Constantius Chlorus wurde. Als spätere *Augusta* (Mitkai-
serin) soll Helena sowohl die Gebeine der „drei weisen Magier" als
auch das wahrhaftige Kreuz Christi gefunden haben. Sie ist daher Pa-
tronin u. a. der Nagelschmiede (wegen des Kreuzes), aber auch der
Bergleute und Färber.

Der Wirt – die eine Klatschbase

*Heiter-erotische
Gelageszene.*

Gasthäuser haben seit jeher einen eher zweifelhaften Ruf: Sie sind meist bis
in die Nacht hinein geöffnet und Treffpunkt für Matrosen (vgl. *epibatai*),
Henker, Diebe und andere Kriminelle (vgl. Räuber). Und der Wirt (lat. *caupo*
oder *copo*), der sich selbst für den täglichen Umgang mit zwielichtigem Volk
entschieden hat, ist nicht weniger Vorurteilen ausgesetzt und wird mit
„schwarzen Schafen" wie dem aus dem Grimmschen „Tischlein deck dich"
in einen Topf geworfen. Dies war bereits in der Antike die Meinung zumindest der gehobenen Schicht, die zu Hause zu speisen pflegte oder sich zu
einem „Gelage" – einem *symposion* oder einer *cena* –, dem kulinarischen
Höhepunkt des Tages, einladen ließ, oder auch zu einer Übernachtungsmög-
lichkeit bei einem Gönner, statt eine öffentliche Herberge (griech.: *katagogi-
on*) aufzusuchen. Bereits in klassischer Zeit verfügten üppigere Häuser über
ein oder mehrere Fremdenzimmer.

   Im Hinterzimmer der Wirtshäuser bzw. Schenken (lat. *cauponae, taber-
nae*), Gaststätten (*popinae*) oder Imbisse, in denen nicht auf Klinen, sondern
sitzend auf Stühlen gegessen wurde, gab es Glücksspiel, das zwar auch Kaiser liebten, das aber offiziell verboten war. Wirte streckten den Wein über
das vorgegebene Maß hinaus, schenkten also gewissermaßen „keinen reinen
Wein ein", boten Hehlerware an, wussten den neuesten Klatsch und
Tratsch, warben aufdringlich vor ihrem Lokal – und von den Tänzerinnen,
der Kellnerin oder der *copa* persönlich hieß es, sie böten auch andere Dienste an. Bordelle waren in den Städten oft in der Nähe von Wirtshäusern angesiedelt. Daher übten Kneipen und Gaststätten auf viele Bürger eine magische
Anziehungskraft aus, um so mehr, als Sex mit einer Prostituierten nicht als

Ehebruch galt. So mancher Kaiser schickte seine Spitzel unters Volk oder mischte sich selbst darunter, um die allgemeine Stimmung zu erkunden. Radikale Verkaufsverbote vor allem von Fleisch, mit denen einige frühe Imperatoren gegen die Kneipenwirtschaft vorgehen wollten, gehörten wie die Luxus- und Moralgesetze zu den großen Pleiten staatlicher Gesetzgebung.

Ein echtes Problem war das Ungeziefer in der Küche und hinter der Theke – gerade bei subtropischem Klima und ohne Hygienekontrollen –, das manchen Gast verekelt haben dürfte. Nicht nur Reisende, auch viele Einheimische waren dennoch auf die Gasthäuser angewiesen, waren doch eigene Kochstellen in den engen Mietshäusern – oft nicht mehr als Baracken – viel zu riskant. Immerhin boten zahlreiche Lokale ihrer Kundschaft an, eigens mitgebrachte Speisen gegen ein Entgelt zuzubereiten.

Der Barbier – die andere Klatschbase

Das Vorurteil, seine Arbeitsstätte sei der perfekte Ort für Klatsch und Tratsch, haftet seit dem Altertum auch dem Barbier an. Der Spottdichter Martial wies darauf hin, dass nur der Ziegenbock vernünftig sei, denn er würde seinen Bart behalten und nicht wie alle anderen zum Barbier gehen. Und Plutarch meint in seinen „Moralia", Barbiere seien neugierig und geschwätzig.

Eher redefreudige Personen dürften diese Dienstleistung seit jeher gern in Anspruch genommen haben. Mehr als heute war es früher bei verschiedenen Bevölkerungsschichten üblich, sich Haar und Bart zumindest grob im eigenen Heim schneiden zu lassen – sei es vom Ehepartner, von Verwandten oder von Sklaven. Insbesondere Frauen, die sich nicht allzu sehr von Trends abhängig machten, ließen ihr Haar einfach wachsen oder waren doch in der Lage, sich eine Frisur nach ihrem Geschmack selbst zu gestalten, denn besonders Griechinnen waren gezwungen, ihr Dasein am eigenen Herd zu fristen, während

> **Zustände (fast) wie beim „Kleinen Muck"**
>
> In Ovids „Metamorphosen" zaubert Apollon dem phrygischen König Midas Eselsohren an, der sie unter einer Mütze verbirgt. Nur sein Diener, der für das Haareschneiden zuständig ist, weiß von der Entstellung. Er kann das Geheimnis jedoch einfach nicht für sich behalten, sondern flüstert es in ein Erdloch, das er zuschüttet. Das dort wachsende Schilf wispert es aber in die Welt hinaus.

ihr Ehemann, wenn er es sich leisten konnte, auf der Agora seine Beziehungen pflegte, an der Volksversammlung teilnahm oder eben das Neueste in der Barbierstube kundtat oder aufschnappte. Anders viele Philosophen (Sophisten): Sie ließen ihren Bart bewusst wuchern, da der Gang zum Barbier in ihren Augen Ausdruck von Luxus und Dekadenz war.

Dennoch war der Beruf des Barbiers nicht aus dem antiken Alltag wegzudenken. Wann der erste professionelle *kureus* im alten Griechenland Kunden „zurechtstutzte", ist unklar. Die Nachfrage scheint zunächst auch begrenzt gewesen zu sein: Erstens symbolisierte langes Haar Ansehen und Macht, auch wenn sich die Unterschicht allein aus hygienischen Gründen für eine kürzere Haartracht entschieden haben wird. Zweitens stellten die bildenden Künstler auf den zahlreichen erhaltenen Vasenmalereien oder Porträts – Originale oder Kopien – viele Persönlichkeiten im gereiften Mannesalter, also vollbärtig dar: Themistokles, Perikles, Thukydides, Herodot, die vielen berühmten Philosophen und andere, ganz zu schweigen von den meisten griechischen Heroen – dagegen aber nur einige, „ältere" Götter. Daher wird wohl die Mehrheit der Männer einen Bart getragen haben, natürlich mit Ausnahmen: In archaischer Zeit war es beispielsweise üblich, sich den Oberlippenbart zu rasieren.

Philipp II. von Makedonien stellt man sich vollbärtig vor. Ganz anders sein Sohn Alexander „der Große": Er behielt den jugendlichen Typ bei, beschränkte sich auf einen Backenbart und ist für seinen Energie versprühenden Haarwirbel über der Stirn (Anastolé) berühmt. Er hatte großen Einfluss darauf, dass sich die Rasur in den hellenistischen Reichen und im alten Rom durchsetzte. „Größen" wie Pompeius Magnus und Kaiser Nero imitierten den „König von Asien" nicht nur in seinen Taten, sondern auch in seinem Äußerem. Bereits um 300 v. Chr. waren die ersten Barbierstuben (*tonstrinae*) in der expandierenden Republik aufgetaucht. Waren die frühen Römer ebenfalls Bartträger gewesen, so wurde die Rasur oder zumindest regelmäßige Bartpflege im Verlauf des 2. Jahrhunderts v. Chr. gang und gäbe. Wer einen langen, ungepflegten Bart trug, galt entweder als verwahrlost, war Philosoph oder in Trauer: Obwohl sich Kaiser Augustus wie sein Großonkel Caesar rasierte, ließ er sich hochbetagt aus Protest und Verzweiflung lange Zeit Haare und Bart wachsen, weil die drei Legionen seines Statthalters Varus 9 n. Chr. in Germanien vernichtet worden waren. Ob Feldherren auf

den langen Feldzügen eine tägliche Rasur praktizieren konnten? Der Groß-
teil ihrer Legionäre wohl kaum.

Nicht nur die ärmere Bevölkerung, auch die männlichen *honestiores* und
sogar die meisten Kaiser bevorzugten einen schlichteren, kürzeren Haarschnitt. So hatte der Barbier (*tonsor*), der häufig ein Freigelassener oder ein
freier Nichtbürger und Mitglied eines *collegiums* war, mit seinen zeitlosen
Utensilien – Schere, Rasiermesser, Kamm, Pinzette, Spiegel und Tuch – bei
Männern sehr viel leichteres Spiel als bei den aufwendigen Frauenfrisuren,
die vor allem in der Kaiserzeit ausgefallen-kompliziert ausfielen, großes Ge-
schick und von beiden Seiten Geduld erforderten. So wie Anfang des
20. Jahrhunderts viele Anhänger den Zwirbelbart Wilhelms II. imitierten, orientierten sich viele Römer an der Mode ihrer Zeit, die vor allen das Kaiser-
ehepaar vorgab und sich schlagartig ändern konnte.

Viele Patrizierinnen ließen sich im eigenen Heim teilweise stundenlang
von mehreren speziellen Sklavinnen (*ornatrices*) schminken und frisieren,
die oft unter Wutausbrüchen der *domina* gelitten haben werden, wenn die
Frisur trotz einfallsreicher Hilfsmittel wie heißen Eisenstäben, dem Färben
oder Bleichen mit heute teilweise abartig erscheinenden Ingredienzien miss-
glückt war. Sie konnten aber auch die Geschäfte professioneller Frisörinnen
(*tonstriculae*) aufsuchen, obwohl diese nicht so zahlreich wie die ihrer
männlichen Kollegen waren.

Mag der männliche Haarschnitt relativ schlicht gewesen sein – angesichts
der recht groben, oft stumpfen Instrumente, die der *tonsor* ständig nachzu-
schleifen hatte, müssen etliche Kunden das Lokal mit ungewollten Stufen im
Haar verlassen haben. Noch das im Jahr 1806 entstandene Gedicht „Der
rechte Barbier" (1806) von Adelbert von Chamisso vermittelt sehr schön die
Verletzungsgefahr, welcher der Kunde beim Einsatz der einfachen Scheren
und Rasierklingen, kaum wirkungsvoller Lotionen und bei der nach heutigen
Maßstäben mangelhaften Hygiene ausgeliefert war.

Ein erneuter Wandel in Hinsicht auf die Bartmode setzte im 2. Jahrhundert n. Chr. ein: Kaiser Trajan hatte
sich noch sehr militärisch gegeben
und kurzes Haar getragen. Sein
Nachfolger Hadrian, stark griechisch
beeinflusst und ständig auf Reisen,

Frisch benetzt
Als Mittel gegen Blutungen sollen
Barbiere sauer eingelegte Spinnen-
netze benutzt haben.

trug als erster Kaiser einen Vollbart, möglicherweise aber auch aus Eitelkeit. Bart zu tragen blieb „in", nicht nur bei Marcus Aurelius (dem „Philosophenkaiser") oder Septimius Severus, der für seine markanten Bartspitzen bekannt ist, sogar die Soldatenkaiser des 3. Jahrhunderts n. Chr. wurden meist mit kurzem Vollbart abgebildet. Erst Konstantin kehrte in Anknüpfung an Trajan und Augustus zur regelmäßigen Vollrasur zurück.

Barbiere boten auch andere Dienste an: Sie machten Hausbesuche, schnitten Nägel, zupften unerwünschte Haare und zogen sogar Zähne, wenn kein *medicus* (Arzt) in der Nähe oder gewünscht war. Viele *tonsores* handelten zweifellos auch mit Perücken, die sie entweder von einem Spezialisten erworben oder die sie selbst, ihre Sklaven oder Subunternehmer angefertigt hatten. Viele Römerinnen begehrten teures, da rötlich-blondes Echthaar aus Germanien oder Gallien, das entweder mit Gewalt in die Hände der Händler gefallen war oder das so mancher oder manche Einheimische vielleicht aus finanzieller Not für wohl wenig Gegenwert verkauft hat.

Der Bestatter – ein todsicheres Gewerbe

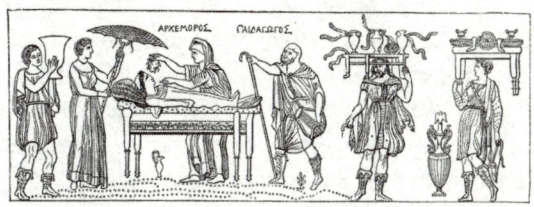

Begräbnisszene aus dem alten Griechenland.

Für das Begräbnis waren üblicherweise die Angehörigen des Verstorbenen verantwortlich. Die Organisation der Feuer- oder Erdbestattung und damit verbundene Rituale konnten wohlhabende stadtrömische Familien oder deren Familienoberhaupt, der *pater familias*, aber auch professionellen Bestattern (*libitinarii*, auch *funerarii*) überlassen. Diese Unternehmer hatten ihren Sitz im Hain der Totengöttin Libitina, die die Einhaltung der mit einem Begräbnis verbundenen Pflichten überwachte, und führten dort gegen eine Gebühr das Sterberegister. Auf Wunsch von Familien oder auch des Staates ließen sie den Leichnam von einem *pollinctor* (Salber) waschen und einbalsamieren, stellten den Sarg oder die Urne, die meist unfreien Träger, bereiteten eventuell den Scheiterhaufen, das Grab und das vor Ort gehaltene erste Totenmahl vor. Sie konnten auch einen Trauerzugsordner (*dissignator*), Künstler, Totenmaskenbildner, Bildhauer für das vorgesehene Grabmal oder den Sarkophag, spezielle Leichenverbrenner (*ustores*), vielleicht auch einen Ausbilder (*lanista*) für später stattfindende Leichenspiele kontaktieren. Je nach Finanzlage und Ansehen begleiteten professionelle Klagefrauen oder Musiker die Trauerprozession (lat. *pompa funeris*). Viele dieser Möglichkeiten boten sich offenbar in etlichen italischen Städten.

Die meist freigelassenen *libitinarii* waren oft recht wohlhabend, aufgrund ihres verachteten Berufs jedoch von politischen Ämtern ausgeschlossen. Es existierten auch regelrechte *collegia* für Bestattungen, die den Mitgliedern nach deren Ableben eine auffällige Grabstätte in der Gemeinschaft garantierten.

Der Fremdenführer – Fakten und Fantasie sind gefragt

Einen dem heutigen vergleichbaren Massentourismus gab es in der Antike nicht. Doch suchten bereits die alten Griechen und Römer berühmte Heiligtümer, profane Bauten, sehenswürdige Landschaften oder Naturphänomene auf und nahmen dabei weite Strecken in Kauf. Zu diesen Touristenmagneten zählten etwa die Ruinen von Troja – das Dorf Ilion –, verschiedene Heroengräber – die oft doppelt oder mehrfach existierten –, Orakelstätten, die Sieben Weltwunder, die einen mystischen Ton erzeugenden Memnonkolosse, die Aphrodite von Knidos und viele andere.

An solchen oft frequentierten Stätten verdienten sogenannte Exegeten – in Athen unter anderem auch Ratgeber, die Auskünfte über Kultvorschriften erteilten – oder Periegeten (Fremdenführer) ihr Geld. In Heiligtümern übernahmen oft Priester diese Aufgabe und bereicherten so den dortigen Schatz oder füllten den eigenen Beutel. Wie heute auch sollen die Vorträge nicht selten monoton gewesen sein; viele Führer bereicherten die vielleicht nüchterne Wahrheit um lokale Geschichten und Episoden. Strabo berichtet von einem Priester namens Chäremon, der den mit ihm befreundeten *praefectus Aegypti* Aelius Gallus ca. 25 v. Chr. in seiner Gegenwart nilaufwärts begleitete. Er gab sich zwar außerordentlich kundig, wurde jedoch allgemein als unwissender Angeber verlacht.

In hellenistischer Zeit entstand die literarische Gattung der Reiseliteratur. Das bekannteste, da erhaltene Werk ist Pausanias' „Beschreibung Griechenlands". Der recht sachliche und durchaus kritische Perieget, hier als Autor eines Reiseführers gemeint, greift sowohl kulturelle Fakten, etwa über den Zeustempel von Olympia und die dortigen Spiele, als auch fantastische Anekdoten auf, die lokale Informanten – ob professionelle Fremdenführer, Priester oder Laien – ihm vermittelt hatten.

Sex im Namen der Götter
Im Gilgamesch-Epos, der vielleicht ältesten Dichtung überhaupt, erhält die Tempeldienerin Schamkat („sehr schöner, üppiger Körper") den Auftrag, Enkidu, den Freund des Gilgamesch, zu verführen. Ob unabhängig davon alle Babylonierinnen wirklich gezwungen waren, sich einmalig im Mylitta-/Aphrodite-Heiligtum einem Fremden hinzugeben, wie Herodot berichtet, wird bezweifelt. – Das Ausmaß an sogenannter Tempelprostitution ist umstritten, auch im Fall des Heiligtums von Korinth, auch wenn Strabo davon spricht.

Die Prostituierte – „die vorn auf der Straße steht"

Ob sie das Geldangebot angenommen hat?

Bereits im alten Orient war das vermeintlich „älteste Gewerbe der Welt" ein gängiges, lukratives Geschäft, dem viele Sklavenbesitzer oder Zuhälter profitbewusst-rigoros nachgingen. Prostituierte wurden begehrt, da sie oft attraktiv waren und Freier mit ihnen das machen konnten, was als verpönt galt. Zugleich verdammte man sie, stieß sie aus und verletzte sie psychisch und physisch.

Bei den Griechen war das nicht anders. Eine Freigelassene namens Nikarete etwa nahm im 4. Jahrhundert v. Chr. die alte Gewohnheit auf, kleine Mädchen zu adoptieren, um sie zu prostituieren. Später verkaufte sie sie zusammen wieder. Prostituierte in Athen zahlten eine spezielle Steuer. Waren sie freie Männer, minimierte die Gesellschaft ihre bürgerlichen Rechte, ohne auf ihre Dienste zu verzichten. Sich als freier Athener jedoch zu prostituieren, war unter Androhung der Todesstrafe verboten. In der androzentrischen Welt der Griechen waren Prostituierte und Hetären neben Unterhaltungskünstlerinnen (vgl. Schauspieler), die genauso wie Wirtinnen und Kellnerinnen oft mehrere Gewerbe kombinierten, die einzigen Frauen, die zum Vergnügen der Männer an Symposien (Gelagen) teilnehmen durften.

Vor allem für die alten Römer galt, dass sie Bürger ahndeten, von denen es hieß, sie übernähmen beim Sex den passiven Part. Diese waren in diesem Fall gesetzlich minderberechtigt – verloren zum Beispiel ihr aktives Wahlrecht. Hadrian hingegen konnte es sich erlauben, seinen Liebling Antinous nach dessen mysteriösem Tod im Nil vergöttern zu lassen. Entscheidend war hier weniger, dass er der Kaiser war, sondern dass es selbst verheirateten Männern gestattet war, Verkehr mit einem Menschen von niedrigerem Stand wie Sklaven oder eben Prostituierten zu haben.

> Eine **Wölfin** soll die Knaben Romulus und Remus, die späteren Gründer Roms, gesäugt haben. Da das Wort *lupa* jedoch nicht nur „Wölfin", sondern auch „Dirne" bedeutet, hat so mancher weniger patriotische Römer die eigentliche Entstehungssage zumindest hinterfragt …

Als skandalös indessen galt, wenn der Mann aktiven Oralsex praktizierte. Der Gang zum Bordell war wie bei den Griechen akzeptiert; der sonst sittenstrenge Cato d. Ä. fand dies „in gesundem Maße" angeblich sogar lobenswert.

Freie Dirnen wurden bei den Ädilen amtlich erfasst. Sie durften seit Augustus keine Bürger ehelichen, waren nur zum Teil erbberechtigt und zahlten seit Kaiser Caligula eine spezielle Steuer, und zwar noch im „Ruhestand". Sie entsprach dem Preis, den sie für einen Beischlaf verlangten und wird wohl einmal pro Monat erhoben worden sein. Schwierig dürfte die Situation besonders dann gewesen sein, wenn Dirnen unregelmäßig Freier empfingen. Steuerhinterziehung muss in dieser Branche genauso häufig gewesen sein wie unberechtigtes Vorgehen der Steuereintreiber.

Einige Edeldirnen und Lustknaben (*pueri meritorii*) dürften zu recht großem Vermögen gekommen sein – die Einnahmen der anschaffenden Frauen dagegen waren wohl meist äußerst gering. Es bedurfte mehrerer „Quickies" – um mehr als das wird es sich bei zwei Assen, dem Standardpreis in Pompeji, nicht gehandelt haben – pro Schicht, dann war ein Einkommen möglich, welches das eines freien Arbeiters und mehr noch das einer freien Frau überstieg. Allerdings muss der Anteil des Zuhälters oder Bordellbesitzers (*leno*), oft ein Freigelassener, erheblich ins Gewicht gefallen sein. Den meisten dürften auch wegen der starken Konkurrenz in den Großstädten – Rom hatte mindestens fünfzig Bordelle, Pompeji mehr als zwanzig – nur wenige Asse pro Tag geblieben sein. Dennoch wurden unzählige freie Frauen von der eigenen Familie genötigt, für dieses „Zubrot" zu sorgen.

Meretrices trugen oft Künstlernamen wie „die Schöne" oder „die Jungfräuliche" und hatten eigene Feiertage. Während ihrer Arbeitszeit posierten und warben sie nackt oder leicht bekleidet vor den Thermen, den Theatern, in Gasthäusern, sogar vor Bäckereien oder auf Gräberfeldern, meist aber natürlich vor einem Freudenhaus (Lupanar). Wie das in Pompeji erhaltene Bordell scheinen die meisten dieser „Bretterbuden" – so die eigentliche Bedeutung – und ihre Kammern (*cellae*) trotz der stimulierenden erotischen Wandmalereien, markanten Symbole oder Phallusskulpturen schlicht und eng gewesen zu sein, für schnellen Sex gemacht. Ein Geschäft, das bis zum Ende der Antike legal blieb.

Der reichste Bordellbesitzer war Caligula höchstpersönlich. Er richtete auf dem Palatin ein Luxusbordell ein. Die angeblich berühmteste, da „kaiserliche Hure" im alten Rom war Messalina, die Gattin von Caligulas Nachfolger Claudius (41–54 n. Chr.).

Kaiserin und Prostituierte
Ohne Wissen ihres Ehemanns, des Kaisers Claudius, soll Messalina als Dirne Lycisca in einem billigen Bordell nahe dem Circus Maximus „gearbeitet" haben – mit vergoldeten Brustwarzen –, einmal sogar mit 25 Freiern hintereinander.

Ihr ging es nicht um Geld, obschon sie es annahm. Sie soll nymphoman gewesen sein, sicher auch zum Leidwesen vieler Bediensteter im Palast, wenn die ihr nachgesagten Orgien wirklich stattgefunden haben.

Die Hetäre – die geeignete Begleiterin
für Sex und Konversation

Im alten Griechenland gelangten einige Frauen zu Berühmtheit, die als sogenannte *hetairai* („Gefährtinnen") arbeiteten. Der Begriff ist nicht zu verwechseln mit *hetairoi*, den Kriegsgefährten von Königen, besonders in Makedonien. Bei einer *hetaira* handelte es sich um eine Edeldirne, die oftmals
gebildet war oder bestrebt, ihr Wissen zu erweitern, um Männergesellschaf-
ten, denen sie gelegentlich beiwohnen durfte, zu bereichern in der Hoff-
nung, dadurch noch begehrenswerter und somit teurer zu werden.

Hetären hatten oftmals großen Einfluss auf ihre Freier, sodass nicht selten
Verhältnisse von längerer Dauer entstanden, die sich vom unpersönlichen
Sex mit Prostituierten abhoben. Die Nachkommen, die aus diesen Beziehungen oft hervorgingen, waren jedoch minderberechtigt, so etwa Perikles d. J.
Allein aus der beschönigenden Bedeutung „Gefährtin" lässt sich ableiten,
dass es der Männerwelt wichtig war, zwischen *hetaira* und *porne* (Dirne) zu
unterscheiden.

Die Hetären waren entweder Sklavinnen – deren Herren sie als Kuppler
(*mastropoi*) an Freier vermieteten oder die einen entsprechenden „Begleit-
agenten" damit beauftragten –, Frei-
gelassene oder Metökinnen, ansässi-
ge Freie auswärtiger Abstammung.
Die erfolgreichen unter ihnen waren
intelligent, tänzerisch oder musikalisch begabt oder sogar ausgebildet
und verfügten über einen Salon mit
eigener Dienerschaft, in dem sie ihre
jeweiligen Partner empfingen. Sie
galten als wahre Statussymbole, welche die Familie so manchen Gönners
zerrütten konnten, zumal Letztere
oft mit Geschenken – hochwertiger
Kleidung, Schmuck und anderem –

Nachhilfe für einen „Spätzünder"
Die besorgte Olympias, Mutter Alexanders des Großen, soll während dessen
Jugend die Hetäre Kallixeina engagiert
haben, damit sie endlich sein Interesse
an Frauen weckte. Alexander sah sich
quasi genötigt, seine ersten Erfahrungen mit der Thessalierin zu machen.
Andere meinten, dass er erstmals mit
der Hetäre Pankaste Geschlechtsverkehr gehabt und sie später dem Maler
Apelles überlassen habe. Jene thessa-
lische Schönheit stand Modell für dessen berühmtes Gemälde der schaum-
geborenen Aphrodite.

aufwarteten, um sich selbst bei öffentlichen Veranstaltungen zu präsentieren.
Doch nicht immer waren die Freier „König Kunde": Die Hetären konnten
horrende Preise verlangen – angeblich bis zu mehreren Tausend Drachmen –

oder ein Verhältnis ablehnen. Auf der anderen Seite hatten sie auch das Nachsehen, wenn sich ihre Liebhaber für eine politisch oder finanziell motivierte Ehe entschieden.

Die berühmteste „Gefährtin" ist Phryne, deren Skandal eingangs beschrieben wurde. Der Bildhauer Praxiteles hatte nach ihrem Abbild die Aphrodite von Knidos geschaffen. Die Göttin war dabei zum ersten Mal völlig nackt porträtiert worden. Natürlich gab es auch in Rom hoch bezahlte Kurtisanen wie zum Beispiel die Schauspielerin Cytheris oder Glaphyra, die Hetäre des Vasallenkönigs von Kappadokien, neben anderen die Geliebte des Marcus Antonius. Zahlreiche Liebeslyriker schwärmten von ihnen. Sie galten ihnen als *amicae*, als „Freundinnen".

Besonders namhafte Kolleginnen Phrynes aus dem 6. bis 4. Jahrhundert v. Chr.

Rhodopis: eine Thrakierin, gehörte laut Herodot wie auch der berühmte Fabeldichter Äsop einem Samier, kam als Dirne nach Ägypten, wurde dort Geliebte des Charaxos, Bruder der Dichterin Sappho, und befreit, kam zu großem Reichtum und stiftete Delphi, berühmt für sein Apollon-Orakel, zahlreiche eiserne Bratspieße (das typische premonetäre Zahlungsmittel).

Aspasia: Kurtisane des Staatsmanns Perikles, der ihretwegen politische Schwierigkeiten bekam, zumal sie beschuldigt wurde, einen Aufstand angezettelt zu haben; sie ehelichte später einen Anhänger des Perikles, der Schafhändler war und durch sie bekannt wurde.

Lais: 5./4. Jahrhundert v. Chr., Sizilianerin, Tochter einer Hetäre des athenischen Staatsmannes Alkibiades, nach Korinth verschleppt, Geliebte des kynischen Schulgründers Diogenes – jenem in der Tonne –, von dem sie kein Geld nahm; in Thessalien in einem Aphroditetempel von Frauen erschlagen; ihr Grab wurde verehrt. Möglicherweise handelt es sich bei der Geliebten des Diogenes um eine gleichnamige andere Hetäre.

Thais: soll einem Überlieferungsstrang zufolge Alexander den Großen angestiftet haben, den Palast von Persepolis anzuzünden; wurde die Geliebte seines Generals Ptolemaios, der später die Ptolemäerdynastie in Ägypten begründete.

Glykera: Hetäre von Alexanders untreuem Schatzmeister Harpalos in Babylon, der mit ihr, 5000 Talenten und etlichen Söldnern floh; sie bewog ihren Geliebten dazu, die Athener mit Weizen zu bestechen; er wurde später allerdings aus der Stadt gewiesen und ermordet.

Lamia: Flötenspielerin und Geliebte des Makedonierkönigs Demetrios Poliorketes mit zahlreichen Bediensteten; er schenkte ihr ca. 200 Talente, die er vor allem in Athen hatte eintreiben lassen.

Thermenbetreiber und Bademeister – von unterschiedlichem Stand

Bereits die Griechen des klassischen Zeitalters kannten Badeanlagen mit beheizten Sitzwannen und Schwimmbecken, doch sind diese mit den von den Römern entwickelten Thermen – seit dem 1. Jahrhundert v. Chr. mit der Hypokaustenheizung ausgestattet – nicht zu vergleichen. Letztere dienten der Gesundheit, der Bildung – darin ähnelten sie den griechischen Gymnasien – und dem Vergnügen. Die vor allem in der Kaiserzeit riesigen Anlagen wurden entweder vom Imperator, andere von Städten oder Einzelpersonen gestiftet. Nahezu jede römische Ortschaft sowie die Legionslager verfügten über mindestens eine Badeanstalt. Rom selbst hatte am Ende der Republik über 170, im 4. Jahrhundert n. Chr. angeblich an die tausend Einrichtungen. Die Konkurrenz war also groß, der Eintrittspreis (*balneaticum*) zumindest in den öffentlichen Anlagen gering, manchmal war der Eintritt sogar umsonst.

Die öffentlichen Bäder (*balnea*) unterstanden oft einem Verwalter (*conductor*, teilweise auch einem *gymnasiarchos*), andere einem weniger angesehenen *balneator*. Dieser Bademeister konnte ein Sklave oder ein Unfreier sein. Oft pachtete er die Anlage, entweder im Alleingang oder mit Teilhabern. Er konnte seine oft unbefriedigenden Einnahmen durch Vermietungen – auch an Bordellbetreiber – erhöhen. Vertraglich bestand die Verpflichtung, mithilfe der zur Verfügung stehenden öffentlichen oder privaten Sklaven oder Freigelassenen wie Betreiber anderer Einrichtungen auch für

die notwendigen Dienste zu sorgen: Sauberkeit in den Bädern, in den Um-
kleide-, Erholungsräumen und Latrinen, für den richtigen Wasserstand, die
Beheizung und regelmäßige Wartung der Anlagen, Aufsicht und direkten
Service – An- und Entkleiden, Bedienung, Massage, Körperpflege wie etwa
Haarzupfen, Frisieren, Schminken, Einölen und anderes – sowie die allge-
meine Verwaltung. Sollte es am Ende der Laufzeit zu selbst verschuldeten
Schäden gekommen sein, kamen im Kontrakt klar geregelte Bußgelder auf
den Pächter zu.

Einige Berufe oder Tätigkeiten in den Thermen

alipilus/depilator: (Achsel-)Haarausrupfer
capsarius: Garderobenaufseher, auch: Sanitäter beim Militär
captuarius: Kassierer
fornacarius/fornacator: Heizer
iatraliptes: Masseur, Badearzt
perfusor: Badegehilfe/(Wasser-)Aufgießer
tonsor: Frisör
unctor: Einsalber

Alltag eines Medicus

Rom im Sommer des elften Regierungsjahres des Kaisers Commodus: Publius Valerius Demetrios öffnet seine Praxis, die er als freigelassener Arzt betreibt. Noch vor Kurzem war er Sklave des wohlhabenden Publius Valerius Flacchus. Sein Vater war ein griechischer Arzt und Anhänger des berühmten Hippokrates von Kos; er stammte aus dem kleinasiatischen Smyrna, hatte aber aufgrund einer Revolte, in die er verwickelt war, seine Freiheit verloren. Bei ihm erhielt Demetrios, der als Unfreier geboren worden war, seine Ausbildung. Später kümmerte er sich als *servus medicus* um die Gesundheit im Haus der Valerii. Als Arzt genoss er im Gegensatz zu den anderen Haussklaven oder gar jenen in den Bergwerken, Arenen oder auf den Galeeren hohes Ansehen.

Vor einem Jahr hat er sich freikaufen und Primitivus – nun sein eigener Sklave – dank des angesparten Vermögens miterwerben können. Er ist seinem jetzigen *patronus* Flacchus weiterhin zu Diensten verpflichtet, steht unter dessen Schutz und erhält eine Rente. Obwohl er fast alle Rechte eines römischen Bürgers hat, pflegt er die griechische Lebensweise, haben doch die Römer den Griechen auch in der Medizin großartige Erkenntnisse zu verdanken.

Heute ist Demetrios zunächst mit Hausbesuchen beschäftigt. Seine Patienten leben großenteils in der Subura, der Unterstadt. Sein Haus befindet sich am Südrand, nahe dem großen Amphitheater. Seit Commodus Kaiser ist, finden dort wieder etliche Spektakel statt. Nicht nur deren Lärm nervt Demetrios. Er weiß genau, was ihn in Kürze erwartet: enge Gassen, Gedränge, Düfte und Gestank, Händler, Handwerker, Musiker, Prostituierte. Er nimmt seinen Arztkoffer und verlässt das Haus. Prompt eilt ein Römer herbei und bittet ihn, zu seiner Frau zu kommen, die sich die Schulter ausgerenkt habe. Es sei nicht weit. Demetrios ruft Primitivus hinzu.

In dem beengenden Haus angekommen, weist er die Frau an, sich hinzulegen. Ein Lederball wird in die Achselhöhle gelegt und mit einem Band, das Primitivus zusammen mit den Schultern festhält, fixiert. Demetrios setzt sich neben die Frau und zieht an ihrem Arm, während er seinen Fuß in die Achselhöhle drückt. Schweigend akzeptiert er Naturalien als Honorar. „Besser, als wenn sich die Leute selbst anbieten", denkt er.

Während sein Sklave in die Praxis zurückkehrt, setzt der 32-jährige seinen Weg fort. Großenteils steht die Behandlung von Wunden, Karies, Haut- und Gelenkbeschwerden von Stammpatienten an. Als er den Stand des Händlers und angeblichen *medicus* Quintus passiert, trifft ihn dessen grinsender Blick. Er ist Demetrios nicht geheuer, da er mit Magie arbeitet. Der Grieche schimpft oft über Quacksalber und Scharlatane wie Quintus, die mit billigen Preisen locken und ihre Opfer zu Tode pflegen. Eine staatlich kontrollierte Ausbildung und Ausübung des Arztberufes gibt es nicht. Demetrios fühlt sich jedoch dem hippokratischen Eid verpflichtet, weshalb ihm viel an seinen Patienten liegt, auch wenn sie bettelarm sind.

Wenig später kommt die Praxis eines Kollegen in Sicht, der aber nicht wie Demetrios Allgemeinmediziner, *medicus clinicus*, und Pharmakologe ist, sondern *chirurgus*. Skalpelle, Pinzetten, Nadeln oder Zangen, die auch Demetrios manchmal benutzt, bekommt er hier zum Freundschaftspreis. Chirurgen haben sich oft spezialisiert, kennen etliche Operationsverfahren wie die Behandlung von Knochenbrüchen, Abszess- und Tumorentfernungen, Blasenstein- und Luftröhrenschnitte, Gefäßunterbindungen, Schädelbohrungen und Amputationen, stehen jedoch vielen organischen Erkrankungen oder Infektionskrankheiten machtlos gegenüber. Sie verdanken ihre Kenntnisse hellenistischen Schriften, Kriegsverletzungen und Tiersektionen. Die *chirurgi* bedienen sich eines umfangreichen Instrumentariums, wissen aber meist nur wenig über Desinfektion, Narkose und Betäubungsmittel wie Opium. Da viele Patienten an den Folgen der Operation sterben, werden chirurgische Eingriffe nur bei Aussicht auf Erfolg und Wirkungslosigkeit von Medikamenten vorgenommen.

Soeben wird ein Mann an der Wade operiert. Er will nicht sagen, was passiert ist. Kopfschüttelnd versucht der Arzt, eine Pfeilspitze in Einschussrichtung zu entfernen. Er macht dafür auf der anderen Seite einen Einschnitt, weitet ihn mit einer Klammer und zieht mit einer Zange den Pfeil heraus. Der Mann brüllt vor Schmerz. Die stark blutende Wunde wird geklammert und der Patient kann nur hoffen, dass sie sich nicht entzündet. Ein Fall für Demetrios.

Die Hausbesuche sind erledigt. Demetrios hat soeben den Heimweg angetreten, als die Stimmung um ihn herum aufbraust. Gerüchte wie jenes, Commodus wolle Rom in Commodiana umtaufen, verbreiten sich in der Metropole wie ein Lauffeuer. Dieses Mal heißt es, auf der Tiber-insel wüte eine Seuche.

Er eilt die Kaiserforen entlang, streift den Kapitolinischen Hügel und nähert sich dem Tiber. Dabei flucht er über das staatliche Gesundheits-system. Die wenigen öffentlichen Ärzte in Rom sind nicht Herr der Lage, und viele der freien Ärzte – ob freigeborener Römer, freigelassen, fremd oder eingebürgert – kümmert das Elend der Armen nicht. Abgesehen von Militärlazaretten und Gladiatorenstationen gibt es keine größeren Be-handlungsstätten für Kranke. Auf den Landgütern werden wandernde freie Ärzte angestellt oder die *servi medici* pflegen in speziellen Räumen die anderen Sklaven. Obwohl die Herren meist nur an deren Arbeitskraft denken, geht es Unfreien oft besser als vielen Freien, die sich einen Arzt nicht leisten können.

Demetrios erreicht die Tiberinsel mit gemischten Gefühlen, nicht nur der Seuche wegen. Es geht ihm um das Heiligtum des Heilgottes Äsku-lap, das vor allem erkrankten, ausgesetzten Sklaven Asyl gewährt. Er grollt der Tempelmedizin, da er deren teilweisen Erfolg nicht leugnen kann. Wo die Medizin versagt, bewirkt der Glaube Wunder – hin und wie-der. Demetrios kann nicht begreifen, dass Pilger in den Tempel strömen, dort nächtigen und während der Inkubation durch den Gott geheilt wer-den – unter Mitwirkung der medizinisch durchaus bewanderten Priester. Der Grieche ignoriert dabei, dass „seine Landsleute" diesen Kult vor fünfhundert Jahren nach Rom gebracht haben.

Mit verhülltem Gesicht versorgt er die Kranken mit seinen Medika-menten und schlägt danach den Heimweg über das Forum ein. Ob die Pest, was immer sie auch genau sein mag, aufgehalten werden kann, weiß er ebenfalls nicht. Er murrt, der Herr Leibarzt solle sich damit aus-einandersetzen anstatt nur mit Gladiatoren, Schriften und Vorführungen seiner chirurgischen Künste. Demetrios neidet Galenos von Pergamon, dem nach Hippokrates berühmtesten Arzt und Commodus' Leibarzt, den Erfolg. Sein Sammelwerk wird wohl noch lange die Mediziner fehlleiten, lästert er.

Als er seine Praxis erreicht, eilt ihm bereits ein bekannter, choleri-scher Tuchhändler entgegen. Demetrios beeilt sich, an dessen Kniekeh-le und Knöchel den gewünschten Aderlass vorzunehmen. Dieser Eingriff soll den Säftehaushalt des Menschen, an den vor allem die Hippokrateer glauben, regulieren. Leider erleidet der Patient einen Schwächeanfall und muss unter Beobachtung bleiben. Doch weitaus größere Probleme stehen ins Haus: Primitivus berichtet, der ägyptische Händler Harpocras habe einige Zutaten für den Theriak, das in weiten Kreisen begehrte universelle Gegengift, nicht mehr gehabt. Ausverkauft. An Quintus.

Demetrios flucht über diesen „Hexer" und seinen Sud, den er zweifellos verkaufen wird, nehmen es die Menschen doch ihrer „Gesundheit" zuliebe sogar in Kauf, Exkremente zu schlucken. Was soll nun aus dem Theriak werden? Besonders sein Geheimrezept ist so beliebt, da es weniger Opium enthält als die seiner Konkurrenten und anscheinend doch zuverlässig schützt. Sogar Mitglieder des kaiserlichen Haushalts bestellen den Trank regelmäßig bei ihm! Wenn er nicht liefern kann, ist sein guter Ruf in Gefahr! Drei Sklaven ermahnt er, zumindest Kümmel, Anis und Myrrhe aufzutreiben. Er weiß, dass es mit Schwefelkies, Siegelerde oder Vipernfleisch schwieriger werden wird. Aber wenigstens könnten viele andere Salben und Medikamente zubereitet und verkauft werden.

Demetrios ist nicht nur deshalb nervös: Gleich soll er einem Verwandten seines *patronus* den Star stechen. Diese alte Methode, Sehstörungen bestenfalls zu lindern, ist riskant – man kann erblinden oder sogar sterben. Trotz intensiver Ausbildung hätte Demetrios den Stich einem *medicus ocularius*, einem Augenarzt, übergeben, bestünde sein Patient nicht darauf, von ihm operiert zu werden.

Auch hier spiegelt sich sein großes Verantwortungsbewusstsein wider, das ganz und gar der in konservativen Kreisen immer noch gegenwärtigen Einstellung des alten Cato widerspricht: Dieser hielt doch seinerzeit nichtrömische Ärzte für Hochverräter und nahm die medizinische Versorgung seines Haushalts selbst in die Hand – mit Hausmittelchen wie Kohl und mit Magie, worüber Demetrios lacht.

Quintus Gavius Strabo, der Star-Patient, lässt sich in einer Sänfte herbeitragen. Demetrios führt ihn in den Behandlungsraum, öffnet ruhig, aber bestimmt die Lider des kranken Auges, und sein Assistent verbindet das gesunde. Mit der stumpfen Nadelseite wird die Einstichstelle markiert. Strabo zuckt. Der Sklave steckt ihm ein stoffumwickeltes Holz zwischen die Zähne und hält seinen Kopf fest. Der Atem des Patienten stockt, er verkrampft und schnaubt. Die Nadel dringt unter die durchsichtige Hornhaut und die Pupille, drückt den Star, die getrübte Linse, nach unten und wird nach kurzer Zeit wieder herausgedreht. Primitivus benetzt das Auge mit einer Salzlösung und verbindet es. Der fast ohnmächtige Strabo muss nun einige Tage im Dunkeln verweilen. Ob sein Auge die Dunkelheit besiegt, bleibt vorerst ungewiss.

Nach diesem Eingriff ist Feierabend. Demetrios informiert Primitivus, er komme erst um die zweite Nachtstunde, und macht sich allein auf den Weg zu den Trajansthermen. Er liebt die dortigen Annehmlichkeiten und schätzt sie wie viele Römer als bedeutenden Beitrag zu Hygiene und Gesundheit. Der Arzt freut sich auf die wohltuenden Massagen und Wasserkuren des Badersklaven Flavus nach Art des Asklepiades von Prusa.

Welche bekannten Gesichter er auch sehen mag, es wird wie stets Dispute der zahlreichen Ärzteschulen – der Hippokrateer, Erasistrateer, Empiriker, Dogmatiker, Methodiker, Pneumatiker und anderer – geben. Was verursacht Krankheiten: ein Ungleichgewicht des Säftehaushalts, einzelne Organe, in ihrer Bewegung eingeschränkte Atome oder irgendwelche „kleinen Geschöpfe"? Wie sollte man Patienten behandeln: individuell, streng nach Anweisung oder ausschließlich nach den eigenen Erfahrungen? Wie lang muss eine Ausbildung zum Arzt dauern: einige Monate oder mehrere Jahre?

Vielleicht wird Demetrios auch etwas über das geheimnisvolle Ärztetreffen heute Nacht erfahren, zu dem er eingeladen worden ist. Ein gewisser Dionysius will Versuche an Verbrechern vorführen. Es werden vielleicht Tests mit neuen Medikamenten sein, wohl kaum Sektionen an lebenden Menschen, denn die sind nach wie vor verboten. Demetrios ist gespannt. Forscherdrang und Ethik widerstreiten einander, nicht zum ersten und nicht zum letzten Mal. Dessen ist er sich sicher.

Medizinisches

Bereits die frühen Griechen waren in der Lage, einfache, nicht infizierte Wunden chirurgisch und „pharmakologisch", das heißt mit Heilmitteln, erfolgreich zu behandeln. Dies ging oft mit Ritualen einher, da Krankheiten als Ausdruck göttlichen Willens galten, den Heiler (iatroi) *mit Magie milde zu stimmen suchten. Diese frühen Mediziner waren entweder Mitglied eines führenden* genos *(Sippe) und ansässig, oder sie zogen von Ort zu Ort, wiederkehrend oder nicht, um ihre Dienste anzubieten. Erfolgreiche Ärzte bewarben sich als Hofarzt, als* archiatros, *worauf die Bezeichnung „Arzt" zurückgeht, da in der Spätantike jeder Mediziner so tituliert wurde. Die Perser nutzten die Fähigkeiten anderer Völker; verschiedene ihrer Könige favorisierten zunächst ägyptische, seit ca. 400 v. Chr. griechische Ärzte. In solch hoher Position gelangten diverse Gelehrte zu Ruhm, andere gingen als Allgemeinmediziner oder Spezialisten diesem – hier gesondert behandelten – Gewerbe nach, um für ihr Auskommen zu sorgen. Auch die Römer schätzten griechische* medici, *die dennoch meist geringen Standes waren.*

Der Arzt – Griechen sind besonders gefragt

Hygieia, Göttin der Gesundheit, Tochter des Heilgottes Asklepios / Aesculap.

Viele Kenntnisse und Sitten übernahmen nicht nur die Perser, sondern auch die Griechen von den altorientalischen Reichen, und so verwundert es nicht, dass gerade die ionischen Städte in Kleinasien in verschiedenen Lebensberei-

Die erstaunliche Karriere eines Arztes
Demokedes (um 500 v. Chr.) gründete die Medizinschule in Kroton (Süditalien). Wenn Herodot Recht hat, wirkte jener als der vielleicht erste öffentliche Arzt – zunächst in Aigina, dann in Athen. Er ging in die Dienste des samischen Tyrannen Polykrates, da dieser am meisten zahlte, nämlich zwei Talente. Nach Persien verschleppt, avancierte er zum Leibarzt Dareios' I., da er im Gegensatz zu dessen ägyptischen Ärzten in der Lage war, dessen Fuß wieder einzurenken. Er heilte auch ein Brustgeschwür der Königin. Wenig später gelang ihm die Heimkehr. Er ehelichte die Tochter des berühmten Olympioniken Milon. Zusammen mit anderen Anhängern des Philosophen Pythagoras starb er bei innenpolitischen Unruhen.

chen besondere Fortschritte machten. Eine frühe Medizinerschule befand sich in der ägyptisch geprägten Kolonie Kyrene, besonders berühmte entstanden in Kos und Knidos.

Seit Hippokrates von Kos, der im 5. Jahrhundert v. Chr. wirkte und als Begründer der wissenschaftlichen Medizin gilt, versuchten die auf seinen Erkenntnissen aufbauenden Mediziner verstärkt, Erkrankungen und Vorgänge im Körper natürlich zu erklären. Berühmt wurde die auf Hippokrates zurückgehende sogenannte Vier-Säfte-Lehre. Die Hippokratiker waren jedoch lange Zeit in der Minderheit und gingen eher selten gegen die während der ganzen Antike existierenden Heilkulte, Exorzisten, „Hexen" oder Seher vor. In klassischer Zeit erlebte vor allem der Kult des Heilgottes Asklepios (röm. Aesculap) einen immensen Aufschwung.

So wie die Hippokratiker entwickelten sich in hellenistischer und römischer Zeit auch andere Schulen und Lehren: Pneumatiker, Dogmatiker, Empiriker oder Methodiker.

Spirituelle Placebos im „Schlaflabor"
Unter Inkubation verstehen wir die Zeit von der Infektion bis zum Krankheitsausbruch. Der Begriff bedeutete ursprünglich jedoch „Tempelschlaf". Gläubige Heilsuchende begaben sich dafür in ein Asklepieion. Ein Tempeldiener kleidete sie an und wies ihnen eine Ruhestätte zu. Im Traum, so hieß es, werde ihnen der Gott erscheinen, Ratschläge erteilen oder sie heilen. Profanere Formen der Heilung, die aber ebenfalls auf Psychosomatik setzen, existieren noch heute und sind erstaunlich erfolgreich. – Wunderheilungen kennt auch das Christentum: Papst Johannes Paul II. (1978–2005) wurde aufgrund zweier solcher unerklärbarer Fälle 2014 heiliggesprochen.

Im alten Rom oblag es besonders im ländlichen Bereich oft dem Familienvater, dem *pater familias*, mit Hausmitteln, wie Cato d. Ä. riet, bei kranken Familienangehörigen und auch Sklaven heilend einzugreifen. Das schon damals alte Vorurteil des geldgierigen Scharlatans oder Quacksalbers beruhte darauf, dass es keine institutionelle Kontrolle darüber gab, welche Qualifikationen der einzelne Arzt wirklich hatte. Um sich zu profilieren, rühmten sich einige, bereits seit ihrer Kindheit medizinisch tätig gewesen zu sein und eine viele Jahre währende Ausbildung an einer Schule oder bei einem Arzt absolviert zu haben.

Während die Athener möglicherweise bereits in archaischer Zeit öffentliche Ärzte engagierten, gab es sie in Rom wahrscheinlich seit etwa 200 v. Chr. Sie waren für verschiedene Institutionen tätig. Spätestens seit Mitte des 4. Jahrhunderts n. Chr. waren *archiatri* – in dem Fall als offizielle Stadtärzte, die höher angesehen waren und kontrolliert wurden – über die Stadt verteilt. Wie in Athen wurden sie vom Staat bezahlt, sodass die Behandlungen für die Patienten kostenfrei waren. Die meisten Ärzte waren griechischer Herkunft und entweder Sklaven oder Freigelassene. Dies spricht für den bestenfalls umstrittenen Ruf der *medici*, mögen sie in hellenistischer und römischer Zeit vielerorts auch steuerbefreit gewesen sein, oder mag Caesar ihnen in Rom sogar das Bürgerrecht verliehen haben.

Ärzte standen in großer Konkurrenz, denn es gab in den Städten zahlreiche Allgemeinmediziner und auch Spezialisten: Chirurgen, Augen-, Ohren-, Frauen- und Kinderärzte – bei letzteren beiden auch Ärztinnen (*medicae*). Publius Decimius Eros Merula, ein *libertus* (Freigelassener) aus Assisi (1./2 Jahrhundert n. Chr.), ließ in seiner Grabinschrift verewigen, er habe als klinischer Arzt – der Patienten auf der Kline, hier dem Krankenbett, aufsucht –, Chirurg, Augenarzt und als *Sevir Augustalis* (als Priester) gewirkt, außerdem für seine Freilassung 50 000, etliche Tausend für öffentliche Zwecke gestiftet und über 500 000 Sesterzen hinterlassen.

Alexander der Große ehrte den ihm viele Jahre hilfreichen **Arzt Philippos**, der ihm in Kilikien mit einem unbekannten Trank das Leben gerettet haben soll. Die Spur des Heilers verliert sich jedoch wenig später. Einen anderen *archiatros* hingegen ließ der „König von Asien" hinrichten. Der Grund: Jener hatte Hephaistion, der wahrscheinlich Typhus hatte, nicht retten können. Angeblich hatte Alexanders Freund die Anordnung des unglücklichen Arztes ignoriert, enthaltsam zu leben.

Berühmte Mediziner

Hippokrates von Kos (5./4. Jahrhundert v. Chr.): von Autoren durch viele Anekdoten verklärt; angeblich Verfasser oder Herausgeber des „Corpus Hippocraticum"; auf ihn gehen der hippokratische Eid der Ärzte, der das Wohl des Patienten allem voranstellt, ferner die Lehre der vier Körpersäfte und wohl auch der darauf bezogene Aderlass zurück.

Ktesias von Knidos (frühes 4. Jahrhundert v. Chr.): kurierte die Kriegsverletzung des Großkönigs Artaxerxes II. und war jahrelang dessen Leibarzt; schrieb eine Geschichte Persiens und ein Werk über Indien, beide fragmentarisch erhalten.

Herophilos aus Chalkedon (4./3. Jahrhundert v. Chr.): Mitbegründer der Medizinschule in Alexandreia, detailliertes Studium der Anatomie des Menschen durch Vivisektionen an Verbrechern.

Erasistratos von Keos (4./3. Jahrhundert v. Chr.): sein Vater war Leibarzt Seleukos' I. in Antiocheia; weilte wohl selbst am seleukidischen und am ptolemäischen Hof; Anti-Hippokratiker, baute auf seinem Kollegen Herophilos auf; weitreichende Verbesserung der anatomischen Kenntnisse; unterschied zwischen motorischen und sensorischen Nerven; sehr fortschrittliches, wenn auch weiterhin fehlerhaftes Wissen besonders zum Blutkreislauf; nahm angeblich Gift, da er die durch ein Fußgeschwür hervorgerufenen Schmerzen nicht mehr ertrug.

Archagathos (spätes 3. Jahrhundert v. Chr.): angeblich der erste griechische Arzt in Rom.

Asklepiades von Prusa, auch *von Bithynien* (2./1. Jahrhundert v. Chr.): begehrter griechischer Arzt bei der römischen Oberschicht; die auf ihn aufbauende, wenn auch abgewandelte Methodik wurde zur führenden Lehre in der Kaiserzeit; zentraler Behandlungsaspekt: Ursachenbekämpfung; kritisierte den zunehmenden Missbrauch von Arzneimitteln, verordnete eher Wasserkuren, Massagen, Bewegung – und Wein.

Antonius Musa (1. Jahrhundert v. Chr.): Anhänger des Asklepiades, Freigelassener des Augustus, der von ihm mit einer Kaltwasserkur geheilt wurde und ihn reich belohnte.

Galenos von Pergamon (129–ca. 216 n. Chr.): letzter bedeutender griechischer Mediziner; langes Medizinstudium; auf Hippokrates, Herophilos und Erasistratos aufbauend;

Ein gottgleicher Arzt?
Der spätklassische Heiler Menekrates aus Syrakus soll in der Lage gewesen sein, schier unmögliche Krankheitsfälle, vor allem Epilepsie, erfolgreich zu behandeln; er kleidete sich prachtvoll und gab sich als Zeus aus. Angeblich nahm er keinen Lohn, doch band er die Geheilten – mehrere davon hochrangig – an sich, die dann ebenfalls als Götter sein Gefolge bildeten.

großer literarischer Nachklang in Medizin und Philosophie; Leibarzt der Kaiser Marcus Aurelius, Commodus und Septimius Severus; zeitweise öffentliche Sektionen.

Die Hebamme – meistens weiblich

Die Amme und die Hebamme (griech. *maia* oder *iatromaia*, röm. *obstetrix*) sind unter den mehr als hundert bekannten antiken Frauenberufen die am häufigsten belegten. Viele freie oder freigelassene Hebammen, die neben gynäkologischem Fachwissen zumindest chirurgische und pharmakologische Grundkenntnisse aufwiesen, wurden demnach als Geburtshelferin hinzugezogen, wenn sie nicht zum eigenen Haushalt gehörten. Ein *medicus* oder eine *medica* konnten zur Unterstützung anwesend sein, oder um in Notfällen einzugreifen. Oft scheint die Hebamme die Geburt regelrecht heraufbeschworen, dann die Nabelschnur durchtrennt, das Neugeborene gesäubert und gewickelt zu haben.

Der Beruf der Hebamme war Frauendomäne; die in vereinzelten Inschriften nachgewiesenen Kollegen bildeten wie heute eine Minderheit. Die Mutter des Sokrates soll Hebamme gewesen sein.

Pädagogisches

Das Schulwesen im Altertum hatte nicht den Stellenwert und war nicht so durchorganisiert wie in späteren Epochen. Dennoch entstanden seit archaischer Zeit vielerorts meist private „Grund-", „Ober-", „Hoch-" oder Spezialschulen und damit die Grundlagen späterer Forschung und Lehre. Das ist das Verdienst verschiedener geistiger Größen, der ansonsten umstrittenen Sophisten wie auch des „einfachen" Lehrers, der damals oft einen schwierigeren Stand hatte als seine späteren Kollegen.

Der Sophist – ein Meister des Wortes

Dass mit Sophist noch heute „gerissener Redner" gemeint ist, hängt mit seinem in der Antike lange Zeit negativen Ruf zusammen. Dabei waren Sophisten –„die Weisen" – ursprünglich umherwandernde Lehrer gewesen, die ihre „pädagogischen" Dienste Schülern in verschiedenen Poleis anzubieten suchten. Ihr oft vielfältiges Lehrprogramm trug wesentlich zur Entwicklung eines höheren Schulwesens im Abendland bei, besonders das des frühen Universalgelehrten Hippias, der im späten 5. Jahrhundert v. Chr. tätig war. Da sich viele Sophisten jedoch in aller Öffentlichkeit präsentierten und dies angeblich in sehr unlauterer und überheblicher Weise, handelte sich diese Berufssparte den Argwohn vieler Einheimischer und den Spott diverser Autoren ein. In klassischer Zeit gingen diese Gelehrten dazu über, junge Männer durch entsprechende Bildung auf ihr politisches Leben vorzubereiten, das heißt dem Staat nützliches Wissen – und zwar oft zu saftigen Preisen – zu vermitteln. Dazu zählten auch die berühmtesten Sophisten Protagoras aus Abdera in Thrakien und der aus dem sizilischen Leontinoi stammende Gorgias. Dies trug den Sophisten die Kritik vieler Intellektueller ein, die sich der Philosophie verschrieben hatten. So kritisierte der 399 v. Chr. zum Tode verurteilte Sokrates die Inanspruchnahme von Honorar, und sein Schüler Platon (427–348 v. Chr.) parodierte Sophisten in einigen seiner Schriften.

Berühmte Redner oder Redenschreiber wie etwa Isokrates (436–338 v. Chr.) waren oft von der sogenannten älteren Sophistik beeinflusst und suchten mit ihren Schriften und Lehren das politische Leben zu beeinflussen.

Ob Sophist oder Philosoph – beide Strömungen waren ohnehin miteinander verwoben und teilweise kaum voneinander zu trennen: Etliche arbeiteten als professionelle *didaskaloi* (Lehrer) und hatten ihre eigene höhere Schule: Isokrates seit 393 v. Chr., Platon seit 387 die „Akademie", benannt nach dem Heros Akademos von Athen. Die Schüler – wohl höchstens zehn an der Zahl – lebten während dieser Zeit eng mit ihrem Lehrmeister zusammen. Isokrates zum Beispiel hatte nach etwa einem halben Jahrhundert rund hundert Schüler unterrichtet.

Für die gehobene, zwei bis vier Jahre währende Ausbildung eines Jünglings an einer höheren Schule zahlten Eltern, wenn der Lehrer bedeutend war, mindestens 500 Drachmen, zeitweise sogar mehrere Tausend. Protagoras (5. Jahrhundert v. Chr.), laut Platon der erste Sophist, soll sogar 10000 verlangt haben. Da das allgemeine Interesse an Literatur und Rhetorik seit dem 4. Jahrhundert v. Chr. zunahm, nahm auch das Angebot zu, sodass sich die Lehrer gegenseitig unterbieten mussten. Isokrates zum Beispiel verlangte 1000 Drachmen, was verglichen mit anderen Rhetoriklehrern noch recht viel war, und dies, obwohl ihr Ansehen immer weiter stieg. Die Sophistik, die Theorie und Praxis griechischer Rhetorik, erhielt besonders unter dem Rhetor und Staatsmann Cicero, der sie von politischen Themen löste, und dem gräkophilen Kaiser Hadrian im 2. Jahrhundert n. Chr. weiteren Aufschwung. Die Trennung von der Philosophie wurde zumindest theoretisch beibehalten; beide Fächer waren und blieben aber Säulen der höheren Bildung. Schon der berühmte Volkstribun Tiberius Sempronius Gracchus hatte als erfolgreicher Redner davon profitiert, Unterricht sowohl in Rhetorik bei Diophanes von Mytilene als auch in Philosophie bei Blossius von Cumae genossen zu haben.

Tödlicher Unterricht

Im Jahr 496 v. Chr. stürzte laut Herodot in Chios das Dach der Schule (*didaskaleion*) ein. 119 Knaben kamen dabei um, nur einer überlebte. – Pausanias berichtet für 491/90, dass der Faustkämpfer Kleomedes, da ihm der olympische Sieg aberkannt worden war, in seiner Heimatstadt Astypalaia im Wahn den Stützpfeiler einer Schule, in der sich sechzig Schüler aufhielten, umstieß. Er verbarrikadierte sich in einem Tempel in einer Kiste und war nach deren Öffnung verschwunden. Dem Orakelspruch der Pythia folgend, verehrten die Astypalaier Kleomedes fortan als Heros. – Thukydides berichtet von der Zerstörung von Mykalessos nordöstlich von Theben im Jahr 413 v. Chr. durch thrakische Söldner, der auch alle Knaben in einer Schule zum Opfer fielen.

Auch Metöken stand der Unterricht in Philosophie oder Rhetorik vielerorts offen. Verlockend für einen *didaskalos* war natürlich die Anstellung in einem Herrscherhaus. Berühmt ist der Unterricht, den der Philosoph Aristoteles – von der Chalkidike stammend – Alexander von Makedonien und anderen hochrangigen makedonischen Jünglingen sowie ab 335 v.Chr in einem Athener Gymnasion, später als Lykeion bekannt, gab. Viele der Philosophenschulen existierten in der Kaiserzeit fort, die letzten athenischen ließ Kaiser Justinian 529 n.Chr. schließen.

Der Elementarlehrer – alles andere als geachtet

Römische Schreiberinnen.

Seit klassischer Zeit nahmen zahlreiche Jungen und teilweise auch Mädchen vielerorts Unterricht im Sport, bei einem Musiklehrer (*kitharistes*) und vor allem dem *grammatistes* – einige Söhne „edler" Abstammung auch bereits in den beiden Jahrhunderten davor. Der Elementarlehrer war zunächst für Lesen und Schreiben zuständig, doch lehrte er bald auch andere Bereiche der Bildung, die die Griechen mit Erziehung – vorrangig der Knaben – gleichsetzten. So elementar dies auch gewesen sein mag: Die meisten Lehrer für Sechs- bis Zehnjährige konnten vom Erfolg eines Isokrates oder Aristoteles nur träumen – ihr Beruf war im Allgemeinen wenig angesehen, selbst wenn sie nicht auf eigene Faust lehrten, sondern für eine bestimmte Zeit von den Bürgern gewählt oder von einem Sponsor eingestellt worden waren. Es gab keine Kontrolle über die Ausbildung der Lehrer – wie etwa bei Ärzten konnte man also durchaus an einen Aufschneider geraten.

Der schlechte Ruf der Lehrerschaft wurde sogar auf der politischen Bühne Gegnern vorgehalten, so dem Redner Aischines, der als *grammatistes* gearbeitet hatte. Dabei war sein Rivale Demosthenes selbst Sohn und Inhaber einer Messerwerkstatt, das heißt ebenfalls ein in konservativen Kreisen verachteter *banausos*, der Dienste anbot, um damit Geld zu verdienen. Oft gaben Lehrer in ihrem eigenen Heim, auf engstem Raum, oder im Freien Unterricht; wenige durften in einer Palästra oder einem Gymnasion lehren. Viele mussten um jede Drachme der oft wenig zahlungsbereiten Eltern kämpfen. Zudem fiel bereits damals der Unterricht während des Sommers für gewöhnlich aus.

In hellenistischer Zeit kamen auch öffentliche Schulen auf, die wohlhabende Bürger oder Vereinigungen finanzierten. Lehrer, die hier angestellt wurden, hatten bessere Aussicht auf ein wenn auch nicht hohes, so doch konstantes Einkommen. Zu dieser Zeit wurde es darüber hinaus Brauch, sein Kind im Alter von etwa zwölf Jahren in die Hände eines *grammatiskos* zu geben, der ihm spezielles Wissen in Sachen Literatur vermittelte. Homer, die großen Dramatiker und andere Koryphäen zu kennen und rezitieren zu können wurde Pflicht.

Schulen unterlagen im Allgemeinen – mit Ausnahme Spartas und der sogenannten Ephebie (vgl. *paidotribes*) – keiner staatlichen Kontrolle. Lehrer – *paideutai* ist ein weiterer Begriff – hatten jedoch verschiedene ungeschriebene Gesetze zu beachten, so zum Beispiel, nur während des Tages zu unterrichten. Martial beschimpft in einem seiner Werke einen Schulmeister wegen dessen frühmorgendlichem Geschrei.

Mit Ausnahme der Schulen kynischer Philosophen wurden auch Mädchen aus den oberen Gesellschaftsschichten vielerorts – in Athen meist nicht – unterrichtet. In der Schule oder dem Internat der lesbischen Lyrikerin Sappho, die so berühmt war, dass noch Iulia Balbilla, die Hofdichterin Hadrians, sie nachahmte, wurden Mädchen Musik, Tanz, Sport und verschiedene Dinge des Gemeinschaftslebens, auch religiöser Natur, vermittelt. Diese Einrichtung war einzigartig, aber auch zu jener Zeit – ca. 600 v. Chr. – nicht die einzige. Gewohnheit wurde die schulische Förderung von Mädchen jedoch erst in hellenistischer Zeit. Wer wollte und konnte, gab seine Tochter in eine Einrichtung, in der sie wie Söhne umfassend geschult wurde. Es gab jedoch auch weiterhin Schulen, die sich auf Fächer spezialisiert hatten, die vornehmlich

Frauen ansprachen, seien es Haushaltsunterricht oder Schönheit und Kosmetik. In Pergamon standen die Schülerinnen unter Aufsicht öffentlicher „Aufseher für das Benehmen der Jungfrauen". Das hatten die Jünglinge natürlich genauso nötig – die „Anstandsdamen" in den Gymnasien zum Beispiel waren die *sophronistai*, ein Kollegium von zehn „Zuchtaufsehern".

Seit hellenistischer Zeit ermöglichten wohlhabende Bürger oder auch die Monarchen als sogenannte Euergeten („Gönner") beispielsweise mit Zinsauszahlungen die Gründung oder den Fortbestand einer Schule oder die Besetzung eines Lehrstuhls. Daher strömten viele Gelehrte in die Metropolen der Reiche. Besondere Privilegien genossen die Gelehrten des Museions in Alexandria: Sie wurden von den Ptolemäern als Forscher und Hochschullehrer in verschiedenen Wissenschaften bezahlt und verköstigt, wohnten im Palast und waren steuerbefreit.

„Russisch Brot" in der Antike
Unterricht im alten Rom zeichnete sich selbstverständlich nicht nur durch Bestrafungen, die vielfach bezeugt sind, sondern auch durch Belohnungen aus. So war es Gewohnheit, dass der *magister ludi*, der Schulmeister, Präsente verteilte – vielleicht auch, um seine „Kunden" zu halten. Dazu gehörte neben Spielsachen oder Unterrichtsutensilien auch Gebäck in Buchstabenform.

Im Römischen Reich gab es allerspätestens seit dem 3. Jahrhundert v. Chr. private Grundschulen. Vom Staat bezahlte Lehrstellen an öffentlichen Hochschulen oder Laufbahnen wie die des Rhetors M. Cornelius Fronto, des Erziehers des späteren Kaisers Marcus Aurelius, blieben auch in der Kaiserzeit die Ausnahme. Der Beruf des *litterators* oder des *primus magister*, des Elementarlehrers, war weiterhin wenig geachtet. Wohlhabende Familien bevorzugten einen eigenen Sklaven – gern einen Griechen – als Lehrer ihrer Söhne und – weitaus öfter als in Griechenland – auch ihrer Töchter, denn im eigenen Heim war der Unterricht angenehmer: In den Schulen saßen die Schüler bereits frühmorgens auf einfachen Hockern ohne Bank rund um den *litterator* und schrieben auf Täfelchen, die auf ihren Knien lagen. Unterbezahlung zwang viele *litteratores*, sich zum Beispiel mit zusätzlicher Schreibertätigkeit über Wasser zu halten. An die Einstellung eines Hilfslehrers war selten zu denken.

Grammatici und rhetores – besser dran

Förderer der „Hochschule":
Kaiser Vespasian (69 bis 79 n. Chr.)

Ebenfalls seit etwa dem 3. Jahrhundert v. Chr., als die Römer die kulturellen
Vorleistungen der Griechen kennenlernten und trotz der Kritik einiger Kon-
servativer wie Cato d. Ä. übernahmen, schloss sich für Kinder der *nobiles/*
honestiores ab dem zwölften Lebensjahr Unterricht bei einem *grammaticus*
an, und zwar mit griechischer und lateinischer Literatur – Letztere lehrte
vielleicht als Erster der Dichter Livius Andronicus – und Sprache. Auf diese
Ausbildung baute im Verlauf des 1. Jahrhunderts v. Chr. und unter Einfluss
Ciceros der mehrjährige Unterricht ab 16 Jahren bei einem Rhetor oder Orator für griechische oder lateinische Sprache oder auch bei einem Rechtsge-
lehrten auf. Dies war in der Realität aber nur für die wenigsten möglich in
führenden Städten wie Athen, Alexandria, Rhodos, Pergamon oder auch
Rom und seit der Spätantike Konstantinopel. Die „Oberstufen-" und „Hochschullehrer" waren insgesamt besser gestellt als die Grundschullehrer. Kaiser
Vespasian garantierte ihnen in Rom sogar Steuerfreiheit und richtete zwei
mit 100 000 Sesterzen im Jahr hoch bezahlte Lehrstellen für Rhetoren ein.
Insbesondere Hadrian und Marcus Aurelius förderten den Rhetorik- und Phi-
losophieunterricht. Obwohl die Zahl öffentlicher Hochschulen stieg und
viele Rhetoren nach ihrer Lehrertätigkeit hohe Staatsämter übernahmen,
kamen nur die wenigsten zu Wohlstand, nicht zuletzt wegen der zahlreichen Konkurrenz. Zwei Ausnahmen gab es: zum einen den Redner, Anwalt
und Dichter M. Fabius Quintilianus, der vielleicht am frühesten vom Staat
bezahlte Rhetor in Rom zur Zeit Vespasians. Kaiser Domitian gab seine Groß-

neffen zur Erziehung in dessen Obhut und ehrte Quintilian mit den Würden eines Konsuls. Zum anderen bekleidete auch der Dichter Decimus Magnus Ausonius im 4. Jahrhundert n. Chr. höchste Ämter, darunter 379 n. Chr. das Konsulat, da er einst den späteren Kaiser Gratian unterrichtet hatte.

Der „Kirchenvater" Augustinus beklagte Ende des 4. Jahrhunderts n. Chr. die Schulzustände in Nordafrika, unter anderem in Karthago, und dabei nicht nur den trockenen, etliche Male wiederholten Unterrichtsstoff, sondern auch die Gewalttätigkeit seitens der Lehrer – die auch verschiedene erhaltene Graffiti gepeinigter Schüler bestätigen – und nicht zuletzt die Zerstörungswut der Schüler. Das antike Schulwesen hielt sich in Karthago noch bis zum 7. Jahrhundert, in Westrom bis zum 6. Jahrhundert.

Andere spezielle Lehrer konnten dem *orator*, was die Bezahlung und den Ruf angeht, keinesfalls „das Wasser reichen". Dazu zählten Architektur-, Musik-, Schönschrift-, Stenografie-, Zeichenlehrer und viele andere.

Der Pädagoge – Sklave mit großer Verantwortung

Der *paidagogos* war im alten Griechenland und auch in Rom meist ein Unfreier, der die wichtige, aber dennoch wenig ehrenvolle Aufgabe hatte, das Kind seines Herren zu erziehen – gegebenenfalls auch mit Nachdruck –, vor allem aber zum *grammatistes*, *grammatiskos* oder *grammatodidaskalos* oder zum *litterator* zu begleiten und wieder nach Hause zu bringen, wobei er dessen Sachen zu tragen hatte. Oft übernahm er aber auch die Erziehung, die Hausaufgabenbetreuung oder unterrichtete selbst.

> **Kindertrainer gesucht**
> In sportlichen und musischen Bereichen ausgebildet zu werden war in archaischer Zeit vorwiegend ein Privileg von Knaben und Jünglingen aristokratischer Herkunft. Die Griechen maßen deren Wettstreit in der Palästra, einem privaten „Ringplatz" aus Sand mit umliegenden Umkleiden, hohe Bedeutung bei: Bereits seit 632 v. Chr. gab es bei den Olympien entsprechende Wettkämpfe, die in Athen auf den Heros Theseus zurückgingen. Seit klassischer Zeit unterrichteten Turnlehrer (*paidotribeis*) aber auch Sprösslinge von Familien aus den unteren Steuerklassen.

Der Paidotribes – „Gymnasiallehrer" im ursprünglichen Sinn

*Ein athenischer Junge
wird Ephebe.*

Der Sport nahm seit archaischer Zeit einen bedeutenden Platz in der Erziehung des Nachwuchses ein – seit Mitte des 4. Jahrhunderts v. Chr. in etlichen Poleis auch der sogenannten Epheben, der 18- bis 20-jährigen. Die Ausbildung der Epheben wurde staatlich organisiert, ihr Unterricht im Gymnasion somit öffentlich. Daher genoss ihr Turnlehrer, der *paidotribes*, der die Leibeskraft und Ausdauer seiner Schützlinge stärken sollte und angeblich oft in einem Purpurmantel unterrichtete, spätestens seit hellenistischer Zeit größeres Ansehen als der *grammatistes* und – besonders im kaiserzeitlichen Athen – als die neben ihm im Gymnasion tätigen militärischen Ausbilder. Er wurde zu dieser Zeit sogar auf Lebenszeit angestellt.

Sein Stellvertreter, der Hypopaidotribe, und er wurden, wenn sie selbstständig waren, von den Eltern bezahlt. Jede größere griechisch geprägte Stadt, ob in Ägypten oder im heutigen Iran, hatte mindestens ein staatlich oder von Gönnern mitfinanziertes Gymnasion, in dem spätestens seit hellenistischer Zeit auch der Geist in Sachen Philosophie und Literatur geschult wurde. Gelehrte, darunter zunehmend angesehene Astronomen, hielten in Gymnasien Vorträge. Öfter wurden auch zwei Turnlehrer pro Ausbildungsstätte eingestellt.

Das Training der Epheben Athens wurde von einem Beamten beaufsichtigt, dem *kosmetes* (Kosmet, „der Ordner"). Dessen Amt ist bis zum 3. Jahrhundert n. Chr. belegt. Ein gleichnamiger Beamter war für andere Aufgaben zuständig, zum Beispiel in der Wortbedeutung „der Schmücker" für die Ausstattung von Götterstatuen.

> **„Ewiger" Turnlehrer**
> Nachdem er erst als *paideutes*, als „Ausbilder", jahrelang in Athen
> unterrichtet hatte, wurde ein gewisser Abaskantos Mitte des 2. Jahr-
> hunderts n. Chr. als *paidotribes* angestellt. Er übte diesen Posten
> mehr als dreißig Jahre lang aus. Das Amt des Sportlehrers ver-
> schwand Ende des 4. Jahrhunderts n. Chr.; die Leibesübungen hatten
> schon im republikanischen Rom geringen Anklang gefunden – noch
> weniger unter christlicher Dominanz.

Der Gymnasiarch – ehrenvoller Sportdirektor

Die Gymnasien wurden nach dem jeweiligen *paidotribes*, dem Ausbilder der
Knaben und Epheben, benannt, doch geleitet wurden sie von einem Gymnasiarchen. Dieses Amt war in Athen eine Leiturgie wie zum Beispiel der Chorege oder der Trierarch, das heißt unbezahlt, jedoch sowohl mit großem Aufwand als auch großer Ehre verbunden. Es ist für über zweihundert Städte
belegt und wird völlig unterschiedlichen Charakters und Umfangs gewesen
sein. Oft stand Gymnasiarchen jedoch ein Stellvertreter, der Hypogymnasi-
arch, zur Seite.

Der *gymnasiarchos* wurde jährlich aus den bedeutendsten Familien gewählt, blieb oft aber auch mehrere Jahre hintereinander im Amt. Aus vorwiegend finanziellem Grund: Er benannte den Turnlehrer und die militärischen
Ausbilder, finanzierte sie mitunter, so auch die Fremddozenten, die vorübergehend in Lehrräumen oder im Freien Vorträge hielten, ferner Lebensmittel
und diverse Utensilien, ganz besonders das überaus geschätzte Öl, das zur
Körperreinigung genutzt wurde. Er war für den Erhalt des oft großen Gebäudes verantwortlich und führte religiöse Handlungen aus. Auch plante er die
Prüfungen und das Training für Fackelläufe bei städtischen Festen, wobei die
Knaben und Jünglinge ihre Fähigkeiten präsentieren konnten.

In Großstädten, in denen mehrere Gymnasien existierten, unterstanden
die Gymnasiarchen einem Haupt- oder Generalgymnasiarchen, der zum Beispiel die Ephebenwettbewerbe organisierte. Das Amt des *gymnasiarchos* ver-
schwand in der zweiten Hälfte des 4. Jahrhunderts n. Chr.

Paidonomos – der Knaben(be-)hüter

In verschiedenen Stadtstaaten war der *paidonomos* ein ehrenamtlicher Aufseher in Schulen, der die Lehrerschaft zusammenstellte und organisierte. In Sparta hingegen hatte er eine noch höhere Position inne: Er war der oberste staatliche Aufseher über die Knaben, die vom siebten bis zum zwanzigsten Lebensjahr in Jugendformationen mit nach Alter organisierten Einheiten (*ilai*) zusammenlebten. Diese gemeinsame Erziehung nannte sich *agogé*. Peitschenträger, die *mastigophoroi*, die in anderen Poleis ähnliche Exekutivaufgaben hatten, unterstützten den *paidonomos*.

Der *bibliothecarius* – zwischen Papyrus oder Pergament

SCHEMA VOLUMINUM IN BIBLIOTHECAM ORDINE OLIM DIGESTORUM.
Noviomagi in loco Castrorum Constantini M: ho ‹
diedum in lapide reperto excisum .

Ordnung muss sein – Schriftrollen in einer römischen Bibliothek.

Verschiedene Tyrannen haben offenbar als Erste Schriftstücke in großem Umfang gesammelt, und zwar in oder neben ihrem Haus oder Palast. Nur ihre Familie und vielleicht einige Staatsmänner hatten Zugang. Seit klassischer Zeit fanden zunehmend Privatleute, meist Gelehrte, daran Gefallen. Alle Herrscher der großen hellenistischen Reiche – des Ptolemäer-, des Seleukidenreichs und Makedoniens – oder auch von Pergamon errichteten aus Prestigegründen riesige, meist nur einer Elite zugängliche Bibliotheken: in Alexandreia, Antiocheia, Pella und Pergamon.

Die berühmteste Bibliothek war jene von Alexandreia. Sie war Teil des Museions, des großen Forschungsinstituts der Ptolemäer, und existierte bis zum Jahr 272 n. Chr., ihr Ableger im Serapeion noch länger. Die Bibliothek umfasste zeitweise 500 000 Papyrusrollen. Aus Rivalität verbot der sammelwütige Ptolemaios II. den Export von Papyrus, weshalb in Pergamon, der

Hauptstadt des gleichnamigen Reiches, deren Bibliothek 200 000 Rollen umfasst haben soll, das Pergament erfunden worden sein soll.

Die Leiter nicht nur der alexandrinischen Bibliothek waren hoch angesehene Gelehrte und oft mit der Erziehung des jungen Hochadels betraut. Am prominentesten ist der Universalforscher Eratosthenes (ca. 285–194 v. Chr.), der aus Kyrene stammte und dem die erstaunlich exakte Errechnung des Erdumfangs gelang. Die Konservatoren verwalteten den Bestand, beauftragten die oft unfreien Kopisten und Restauratoren mit entsprechenden Aufgaben und waren für die Öffentlichkeitsarbeit zuständig. Bibliotheken waren längst zum Aushängeschild von Bildung und damit auch Macht geworden. Und dies setzte sich fort.

In hellenistischer und römischer Zeit hatten etliche Schulen, Gymnasien, Heiligtümer, große Thermen oder selbst Städte eigene, teilweise öffentliche Bibliotheken von unterschiedlichem Umfang. Der erste, der gezielt einen großen Bestand an Schriften aufbaute, war angeblich Aristoteles im Lykeion in Athen.

Auch die Römer – zu Beginn meist Autoren – führten zunächst ausschließlich private Bibliotheken. Doch auch hier wurde der Besitz großer Papyrusrollenbestände zum Prestigeobjekt und Statussymbol, mögen die *nobiles* tatsächlich gebildet gewesen sein oder nicht. Berühmte Feldherren der republikanischen Zeit okkupierten im Verlauf der Eroberung der hellenistischen Reiche dortige Bestände und brachten sie nach Rom.

Der Leiter der ersten öffentlichen Bibliothek Roms, die zwar bereits von Caesar geplant worden war, aber erst seit 39/38 v. Chr. existierte, war der Gelehrte und Autor Marcus Terentius Varro (116–27 v. Chr.). Er ist vor allem dafür bekannt, dass er die Geburtsstunde Roms auf 753 v. Chr. datierte. Verschiedene römische Kaiser, aber auch andere zahlungsfähige Gönner wie Plinius d. J. stifteten Bibliotheken. Die berühmteste ist die Celsus-Bibliothek von Ephesos. Den Einrichtungen konnten wie im Fall Varros gelehrte Bürger vorstehen und allen kaiserlichen Bibliotheken zusammen ein ritterlicher *procurator bibliothecarum*, doch oft wirkten Sklaven oder Freigelassene als *bibliothecarius*. Dieser verwaltete den Bestand der Rollen, ließ sie von *scribae* oder *liberarii*, meist ebenfalls kaiserliche oder öffentliche Sklaven, vermehren und pflegen oder tat dies selbst. Ausleihen waren in antiken Bibliotheken prinzipiell unüblich, dafür wurden bereits damals kulturelle Veranstaltungen in ihnen abgehalten.

Mythische Amme

Odysseus war in jungen Jahren in Obhut der unfreien Amme Eurykleia. Sie, deren Name „die weit Berühmte" bedeutet, genoss im Haus seiner Eltern großes Vertrauen. Sie erkannte den als Bettler getarnten Heimkehrer an seiner Narbe, die ihm ein Keiler einst zugefügt hatte, als sie ihn wie früher wusch.

Die Amme – fremde „Ernährerin"

Waren das Stillen und die Betreuung eines Kleinkindes innerhalb einer Familie oder eines Freundeskreises nicht möglich oder nicht gewollt, griffen Wohlhabende auf Ammen oder Kinderfrauen zurück. Sie waren oft Sklavinnen. Spartanerinnen sollen besonders begehrt gewesen sein, sogar in verfeindeten Städten, da sie passend zum Bild des abgehärteten Spartiaten mit Verwöhnung angeblich geizten.

Ähnlich verhielt es sich in Rom, obwohl konservative Kreise es ablehnten, eine Sklavin ihr Kind stillen zu lassen oder gar einen Vertrag mit einer freigelassenen oder freien Amme einzugehen. Auf der anderen Seite waren viele *nobiles* der Ansicht, eine *domina* solle die Schwerarbeit des Stillens einer am besten griechischen *nutrix* („Ernährerin") überlassen. Nicht selten scheint es dabei zu Schadensersatzklagen seitens der Eltern gekommen zu sein, besonders wenn das Kind schwächlich war oder blieb.

Religiöses

Das klassische Altertum strotzt vor allseits bekannten Mythen um Gottheiten, Heroen und Mischwesen. Für die Zeitgenossen waren sie die
Religion, die ihr Leben bestimmte. Bis zum Siegeszug des Christentums
in der Spätantike existierten etliche familiäre, lokale, überregionale und
staatliche Kulte mit einer Vielzahl spezieller Priesterinnen und Priester,
die zwar meist keiner übergeordneten religiösen Institution wie später
der Kirche dienten, jedoch wie alle uns zum Teil suspekt erscheinenden
Vorschriften Folge leisten mussten – auf deren Missachtung oder auf
Gotteslästerung stand mitunter sogar die Todesstrafe.

Der Priester – Gebote und Privilegien

Kaum priesterliche Hierarchien, keine öffentliche Ausbildung einer professionellen Priesterschaft – in der Antike übten durchaus auch Bürger ohne spezielles Hintergrundwissen dieses Amt unterschiedlich lange aus, mitunter lebenslang. Oft übernahmen sie es aus der Familie und vererbten es weiter.
Allerdings hatte jede Stadt und jede *gens* ihre eigene Schutzgottheit oder
ihren eigenen Heros, deren Priesterinnen und Priester – meist dem jeweiligen Geschlecht entsprechend – besondere Eigenschaften aufwiesen. Sie
konnten erlost, vom Volk gewählt, vom Regenten ernannt oder zumindest
„empfohlen" werden. Außerdem wurde es in hellenistischer Zeit üblich, ein
Priesteramt zu kaufen. Voraussetzung dafür war ein oft recht niedriges Mindestalter, ein guter Leumund und Gesundheit, teilweise Keuschheit und zumindest im frühen Griechenland und Rom aristokratische Abstammung.

Priester führten öffentliche Kulthandlungen unter freiem Himmel, in
einem heiligen Hain oder vor den frühzeitig entstehenden riesigen Tempeln – der Zutritt zu den Heiligtümern war Bürgern oft verboten –, deuteten
aber keine Omen, denn dafür waren der Haruspex und der Augur zuständig.
Allerdings unterstanden sie besonders im Römischen Reich der Kontrolle des
Staates, der von sakralen und profanen Amtsträgern, die beide religiöse
Handlungen vornahmen, unbedingte Loyalität verlangte.

Weitere Aufgaben eines *hiereus*, einer *hiereia* oder umgangssprachlich eines *sacerdos* waren der Erhalt der Kultstätte und die Verwaltung des Tempelschatzes – in dieser Funktion vergaben Priester sogar Kredite. Viele Geistliche waren auffällig gekleidet, begleiteten neben Sehern (vgl. Magier) Heere; verschiedene wurden bei Hochzeiten hinzugezogen. Alle Amtsträger genossen neben hohem Ansehen Privilegien wie Ehrensitze im Theater, die Belieferung mit Naturalien, Geldspenden, in Einzelfällen ein regelmäßiges, wenn auch geringes Gehalt, Befreiung von Steuern und vom Kriegsdienst sowie allgemeine Immunität.

> **Antike Kalender** und Jahreszählungen bezogen sich zum Beispiel auf Olympiaden, Könige oder den höchsten, eponymen, das heißt dem Jahr den Namen gebenden Beamten – Archonten, Ephoren, Konsul und andere. Die Bürger der Stadt Argos zählten die Jahre nach ihrer Hera-Priesterin.

Die Kanephore – unbezahlte „Korbträgerin"

Die Kanephore war im alten Griechenland eine Freie, oftmals Jungfrau, aus aristokratischem Haus. Sie hatte die wichtige und ehrenvolle Aufgabe, bei öffentlichen Feierlichkeiten wie den Großen Panathenäen in Athen die Prozession der Bürger zum Altar der Athena Polias anzuführen. Sie trug dabei einen Korb auf dem Kopf, der mit Opferfrüchten gefüllt war. Zudem schmückte sie die vorgesehenen Opfertiere mit Girlanden.

Die *galloi* – von fester Überzeugung

Obwohl die Römer um 200 v. Chr. auf den Rat des Orakels von Delphi (Pythia) hin den heiligen Stein der phrygischen Muttergöttin Kybele (röm. *Magna Mater*), wohl einen Meteoriten, nach Rom gebracht hatten, stand deren orgiastischer Mysterienkult während der Republik unter strenger Kontrolle durch ein spezielles Kollegium, die *septemviri* oder *(quin-)decemviri sacris faciundis*. Seine Priester, *galloi* oder *galli* genannt, mussten aus Phrygien stammen und sich selbst kastriert haben. Diese Sitte geht angeblich auf den Gefährten der Kybele namens Attis zurück, den sie aus Eifersucht in den Wahnsinn getrieben hatte, sodass er sich selbst entmannte.

Die *galli* durften sich nur an festgelegten Tagen in der Öffentlichkeit zeigen. Römern war es gestattet, am Fest der Göttin, den *ludi Megalenses*, teilzunehmen. In der frühen Kaiserzeit entwickelte sich der Kult sogar zu einem bedeutenden Mysterienkult (vgl. auch Hierophant). – Die ursprünglichen Begleiter und Diener der Kybele hießen Korybanten.

Der Hierophant – oberster Mysterienpriester

Neben den offiziellen Kulten gab es vielerorts auch sogenannte Mysterienkulte, vor allem um Demeter und Persephone, aber auch andere Olympier, um die schwer greifbaren Kabiren, um Isis, Mithras, Orpheus und Dionysos, Kybele und andere. Vorstufen, die mehr oder weniger damit zu tun haben konnten, existierten möglicherweise bereits in spätmykenischer Zeit; in archaischer Zeit breiteten sie sich über die griechische Welt aus. Mysterien konnten an feste Orte gebunden sein oder mittels überzeugungskräftiger Wanderprediger die antike Welt überziehen. Es handelte sich zwar um sogenannte Geheimkulte, unbescholtene Griechen konnten sich aber einweihen lassen. Die zum Demeter-/Persephone-Kult gehörenden „Großen Mysterien" mit der Prozession nach Eleusis wurden in Athen offiziell vom *archon basileus* und einigen Epimeleten organisiert. Doch auch die anderen Kulte hatten große Anziehungskraft auf Könige und die römischen Kaiser. Philipp II. und Olympias etwa lernten sich während ihres Besuchs der Mysterien auf Samothrake kennen.

Der eleusinische Kult ist dadurch geprägt, dass Demeter, die Göttin des Ackerbaus, die im Mythos ihre Tochter Persephone/Kore für einen Teil eines jeden Jahres an den Unterweltgott Hades/Pluto verliert, sowohl ein reiches Diesseits als auch ein noch besseres, erlösendes Jenseits verspricht. Die eigentliche zweistufige, umfassende Initiation von Novizen, die große Geheimhaltung gebot, oblag den Priestern des Kultes, besonders dem *hierophantes*: Dieser Hohepriester – wörtlich „der Heiliges Lehrende" – entstammte genauso wie seine zwei Gehilfinnen stets der Familie der Eumolpiden. Eine zweite Adelsfamilie, die der Keryken, stellte stets einen Fackelträger und einen Herold. Diese eleusinische Priesterschaft wurde – für Priester der griechischen Welt ungewöhnlich – auf Lebenszeit gewählt, gab also ihr ziviles Leben vollständig auf.

Die eleusinischen Mysterien operierten mit Dunkelheit und Licht, Klängen, An- und Ausrufungen, Zeiten des Fastens und Trinkens und Speisens. Trotz mancher Parallelen nährte die Geheimhaltung bei vielen Christen, deren Erlöserreligion in der Anfangszeit selbst dem Argwohn etlicher Römer ausgesetzt gewesen war, Okkultismus- und Orgiasmusverdacht. Kaiser Theodosius der Große (379–395 n. Chr.) verbot 391 n. Chr. alle heidnischen Kulte im Reich – vier Jahr später zerstörten die Westgoten unter Alarich Eleusis.

Die *metragyrtai* – (zu) viel versprechende Wanderpriester

Besonders wandernden Priestern, die oft, jedoch nicht immer einen Mysterienkult vertraten – zum Beispiel die *orpheotelestai* –, wurde nachgesagt, sie seien Scharlatane und predigten lediglich aus Bettelei, versprächen ein Leben nach dem Tod oder vollzögen falschen Zauber. Bereits in archaischer Zeit durchzogen *metragyrtai*, „Bettler der (großen) Mutter", Griechenland. Oft handelte es sich um Anhänger der Kybele, vielleicht auch deren kastrierte Priester (*galloi*). Sie bezogen ihr Einkommen unter anderem aus dem Handel mit Devotionalien oder mit Absolutionen.

Die Pythia – göttliche Eingebungen mit oder ohne Gas

Die alten Griechen und Römer kannten zahlreiche Orakelstätten, die sie im Auftrag des Staates oder privat aufsuchten, um dort über ein Medium – einen bestimmten Priester oder eine Priesterin – göttliche Auskunft auf eine schwierige politische, kulturelle oder persönliche Frage zu erhalten, die sie mündlich oder auf Papyrus, auf Zinn- oder Bleitäfelchen stellten. In Dodona in Epirus etwa befand sich ein berühmtes Zeus-Orakel, das wahrscheinlich bereits in mykenischer Zeit existiert hatte. Drei ältere Priesterinnen, die *peleiai*, lauschten dort dem Rauschen einer heiligen Eiche und deuteten daraus die Auskunft des Göttervaters.

Das berühmteste Orakel war das des Apollon in Delphi. Die wichtigste Person war hier die lebenslang amtierende Pythia. Diese Priesterin war nach dem Drachen Python benannt, den Apollon, der Gott der Weissagung, getötet hatte.

Sagenumwoben: die auf dem Dreifuß sitzende Pythia.

**Falsch oder richtig gedacht –
legendäre Anfragen**

Delphi ist bereits im Herakles-Mythos verankert: Der nach einer Bußmöglichkeit suchende Sohn des Zeus und der Alkmene erhält hier den Rat, seinem Cousin Eurystheus, dem König von Tiryns, zu dienen. Dieser trägt dem Helden die berühmten zwölf Arbeiten auf. – Der Lydierkönig Kroisos missdeutete die Aussage der Pythia, dass er, wenn er den Halys überschreite, ein Großreich zerstöre. Gemeint war nicht das persische, wie er meinte, sondern sein eigenes (541 v. Chr.). – Themistokles lag hingegen richtig: Er setzte infolge der Information der Pythia Aristonike, nur die „hölzerne Mauer" sei von Nutzen, auf die Flotte, mit deren Hilfe die Griechen die Schlacht von Salamis 480 v. Chr. gewannen. – Getäuscht haben soll sich wiederum Philipp II., der sich selbst als „Opferer" der Perser sah, jedoch 336 v. Chr. selbst ermordet wurde.

Ursprünglich war die Pythia eine delphische Jungfrau, doch nach einer Vergewaltigung sollen nur noch reifere Frauen das Amt ausgeübt haben, die ein Keuschheitsgelübde ablegten. Sie saß auf einem Dreifuß, und zwar angeblich über einer Erdspalte, aus der Gase strömten – vielleicht Ethen, vielleicht auch nur Weihrauch –, was heute weitgehend bezweifelt wird. In Trance gab sie einem sogenannten *prophetes* eine rätselhafte Aussage in der ersten Person – als Apollon höchstpersönlich –, die dieser Priester in Verse formulierte und dem Fragesteller mitteilte. Die Herausforderung bestand darin, die zwei- oder mehrdeutige Mitteilung richtig zu interpretieren. Die Antwort konnte aber in Abhängigkeit vom Gehalt der Frage auch einfach geschlossen sein.

Zum delphischen Priesterkollegium zählten neben der Pythia – teilweise auch zwei Pythien – und fünf *prophetai* auch fünf *hosioi*, die unter anderem die Termine mitbestimmten, an denen Befragungen möglich waren, sowie ein oder zwei weitere ehrenamtliche Priester. Der aus dem unweit von Delphi gelegenen Chaironeia stammende Plutarch war in fortgeschrittenem Alter einer von diesen und wurde von den Delphiern hoch verehrt.

Den größten politischen Einfluss hatte das delphische Orakel bereits im 6. Jahrhundert v. Chr. Der schon erwähnte Fabeldichter Äsop (Aisopios) kritisierte, die Delphier seien arbeitsfaul und Schmarotzer, die ihren Wohlstand allein dem Orakel verdankten. Die verärgerten Bürger warfen ihm Tempelraub oder Gotteslästerung vor und stürzten ihn von einem Felsen.

Delphisches Orakel-Debakel

Ein Skandal erschütterte das delphische Orakel 491/90 v. Chr.: Der Spartanerkönig Kleomenes bestach den Delphier Kobon. Dieser brachte die Pythia Perialla dazu zu verkünden, Kleomenes' Mitkönig Damaratos sei nicht der Sohn des verstorbenen Königs Ariston. Damaratos wurde abgesetzt und ging nach Persien. Der Schwindel flog auf, Perialla wurde entlassen. Kleomenes beging Selbstmord oder wurde ermordet. – Eine Pythia war erst rund zwanzig Jahre zuvor von den Athenern bestochen worden, sie solle den Spartanern raten, den Athenern im Kampf gegen den Tyrannen Hippias beizustehen. Kleomenes selbst hatte daraufhin zu dessen Vertreibung beigetragen.

Seit frühklassischer Zeit schmälerten Vorwürfe der Korruption, während der Perserkriege auch des sogenannten Medismos – des Paktierens mit den Medern, das heißt den Persern – den in hellenistischer Zeit sich weiter verschlechternden Ruf der Stätte, die einst als Stabilitätsgarant gegolten hatte. Dank der großen Nachfrage bei den Römern, die selbst über Weissagungen – die Sibyllinischen Bücher – und einige Orakelstätten verfügten, die jedoch weitaus weniger berühmt wurden als die griechischen, bestand das Orakel bis ins 4. Jahrhundert n. Chr. fort. Es ging während des Vormarschs des Christentums, deren Anhänger es verteufelten, unter.

Für das Imperium Romanum ist eine Vielzahl von Priesterämtern belegt, die zumeist in Kollegien zusammengefasst waren – im Folgenden ein Überblick über die wichtigsten:

Die *pontifices* – die „Wegbereiter"

Die Insignien eines Pontifex.

Es handelte sich um das wohl bedeutendste römische Priesterkollegium, das schon während der Königszeit existierte, und hatte zunächst drei, seit spätrepublikanischer Zeit sechzehn Mitglieder. Den Amtsinhabern standen Amtsdiener (*calatores*) zu. Das reine Ehrenamt auf Lebenszeit führte Aufsicht über die Staatskulte und den Kalender. Vorsteher war der *pontifex maximus*. Zu ihnen zählten außerdem zumindest die drei „großen" *flamines*, der *rex sacrorum* und die Vestalinnen.

Der *pontifex maximus* – größte sakrale Macht

Der *pontifex maximus*, noch heute die Bezeichnung für den Papst, war Vorsteher der einflussreichen *pontifices* und höchster römischer Priester. Er ernannte in der Republik Inhaber hoher sakraler Ämter, darunter die Vestalinnen oder die *flamines*, und wurde selbst wie zum Beispiel Caesar 63 v. Chr. durch die Tributarkomitien gewählt.

Die Macht des Großneffen Caesars, des Kaisers Augustus, war im Prinzip vollendet, als er im Jahre 12 v. Chr. *pontifex maximus* wurde. Er hatte seit diesem Zeitpunkt nicht nur allumfassende Vorrechte in der Politik, sondern auch in der Religion, die das Leben in der Antike maßgeblich prägte. Dieses Amt hatten daher auch seine Nachfolger bis in die zweite Hälfte des 4. Jahrhunderts n. Chr. hinein inne.

Der **rex sacrorum** übte für verschiedene Gottheiten althergebrachte Aufgaben der vormaligen Könige aus und durfte zumindest in republikanischer Zeit keine weltlichen Ämter besetzen. Er unterstand dem *pontifex maximus;* er bekleidete das Amt, das wahrscheinlich beim Übergang des Königtums zur Demokratie/Oligarchie um 500 v. Chr. entstanden war, lebenslang und musste verheiratet sein. Diese Priester gab es auch in mehreren Municipien.

Augustuskult in „Köln"

Der Cherusker Segimundus, der spätere Schwager des Arminius, war *sacerdos* – höchstwahrscheinlich *flamen Augusti* – *im oppidum Ubiorum*, der späteren *Colonia Claudia Ara Agrippinensium*, und zwar genau im Jahr der Varusschlacht. Laut Tacitus „zerriss er die Priesterbinden" und schlug sich auf die Seite des Siegers, wechselte aber später unter dem Druck seines romfreundlichen Vaters Segestes reumütig wieder auf die römische.

Die *flamines* (Sing. *flamen*, „Opferer" oder „Priester") waren 15 spezielle Priester für Jupiter, Quirinus/Romulus und Mars (die sogenannten *maiores*) sowie für niedere Gottheiten (*minores*) in Rom und auch vielen *municipia*. Vom öffentlichen Leben ausgeschlossen, bekleideten sie ein reines Ehrenamt auf Lebenszeit, genossen hohes Ansehen, unterlagen aber vielen Vorschriften. Sie durften zum Beispiel an Feiertagen keinem bei der Arbeit zusehen!

In der Kaiserzeit gab es zusätzlich *flamines Augustorum* oder *flamines Augusti*, ein vielleicht jährlich wechselndes Priesteramt, zum Beispiel in Lugdunum/Lyon, mit einem vornehmen Einheimischen. Sie waren Ausdruck der Loyalitätsbekundung gegenüber der römischen Macht, personifiziert in der Göttin Roma und dem momentanen Kaiser.

Im Dienst des Jupiter – Gebote für den *flamen Dialis*

Er durfte unter anderem keinen Hund, keine Ziege, kein rohes Fleisch und keinen Efeu berühren sowie kein Heer oder Verstorbene und Gräber sehen. Er musste stets seine spitze Mütze (*apex*) und die *toga praetexta*, durfte aber keinen Ring tragen.

Seine Kleidung musste frei von Knoten, Knöpfen oder *Ähnlichem* sein. Er hatte absolutes Reitverbot und durfte während seiner Amtszeit keine anderen Ämter bekleiden. Er musste verheiratet sein. Starb die *flaminica*, musste er zurücktreten. Um *flamen Dialis* zu werden, heiratete Caesar im Jahr 84 v. Chr. Cornelia. Sulla forderte die Scheidung, doch Caesar lehnte ab, legte das ansonsten lebenslange Amt 82/81 v. Chr. nieder und verließ Rom.

Einem Gefesselten in seinem Haus wurden die Fesseln abgenommen, und er wurde über das Dach aus dem Haus gebracht.

Die Vestalin – Keuschheit oder Tod

Die Vestalinnen dienten angeblich bereits in vorrömischer Zeit der Göttin des Herdfeuers, Vesta (griechisch: Hestia); sie galten auch als Töchter der altrömischen Könige. Später wählte der *pontifex maximus* sechs- bis zehnjährige Mädchen aus patrizischen Familien zu diesem mindestens 30-jährigen Dienst aus, der vor allem darin bestand, unter der Vorsteherin, der *virgo Vestalis maxima*, das heilige Feuer zu bewachen – erlosch dieses, gab es eine Züchtigung – und wichtige Kultgegenstände und Schriften, darunter Testamente, in einem Rundtempel auf dem Forum Romanum unterhalb des Palatin-Hügels, neben dem sie auch lebten, aufzubewahren. Lief eine Vestalin einem verurteilten Verbrecher über den Weg, heißt es, wurde dieser begnadigt. Die sechs *Vestales* durften erst nach ihrer langen Dienstzeit heiraten. Hatten sie als vestalische Jungfrau Geschlechtsverkehr, drohte ihnen die Todesstrafe – sie wurden lebendig eingemauert oder begraben, der Liebhaber wurde getötet. Das Amt wird zuletzt um 400 n. Chr. erwähnt – sein strenges Keuschheitsgebot blieb jedoch im Gedächtnis der christlich geprägten westlichen Welt verankert und fand breiten Eingang in die Literatur.

> **Sagenhafte Jungfrau**
> In der Spätzeit der vorrömischen Könige von Alba Longa (ca. 12.–8. Jahrhundert v. Chr.) soll die Jungfrau Rhea Silvia von dem Usurpator Amulius zur Vestalin ernannt worden sein. Durch den Kriegsgott Mars jedoch gebar sie Romulus und Remus, die von Amulius in den Tiber geworfen wurden, jedoch von einer Wölfin ernährt wurden, bis sie der Hirt Faustulus aufnahm. Sie stießen Amulius später vom Thron und gründeten an der Stelle ihrer Rettung Rom. Durch Vogelflugdeutung (vgl. Augur) wurde Romulus zum König ernannt, was zum Zerwürfnis mit Remus und zu dessen Tötung führte.

Die *luperci* waren ein Kollegium von Priestern aus altehrwürdigen Familien, die bei den *lupercalia,* einem Fruchtbarkeits- und Hirten-Fest, dem Hirtengott Lupercus (Faunus) zu Ehren an der Grotte in Rom, wo die Wölfin (*lupa*) Romulus und Remus gesäugt haben soll und wo Faustulus sie fand, Opfer vollzogen.

Reinigende „Peitschen" im Februar
Der Monatsname Februar geht zurück auf lat. *februa*: Riemen aus dem Fell von Ziegenböcken, die die *luperci* anlässlich der *lupercalia* im *februarius*, dem Monat der Reinigung, opferten. Die Priester liefen mit dem restlichen Fell bekleidet durch Rom und schlugen in reinigender und fruchtbar machender Absicht auf Passanten ein. Dieser Brauch hatte bis zum Ende des Weströmischen Reiches Bestand.

Die *fratres arvales* (Arvalbrüder, von *arvum*, gepflügtes Feld) waren ein seit der frühen Republik bestehendes Kollegium aus zwölf lebenslang dienenden Priestern aus bedeutenden Familien. Ihre Aufgabe bestand in der Segnung von Ländereien und Feldern sowie der Überwachung von deren Grenzen. Das Amt wurde von Augustus reorganisiert.

Die *fetiales,* ein 20er-Kollegium auf Lebenszeit, das ebenfalls aus der Königszeit stammte, fungierten als diplomatische Vermittler zwischen Senat und einem anderen Volk. Sie untermauerten Vertragsabschlüsse mit speziellen Riten.

Bei den *sodales* (Augustales) handelte es sich um eine unter Tiberius speziell für verschiedene Kaiser eingerichtete Priesterschaft („Gefährten"), bestehend aus bedeutenden Staatsmännern.

Die *(quin-)decemviri sacris faciundis* legten die sogenannten „Sibyllinischen Bücher", eine prophetische Spruchsammlung, die in republikanischer Zeit im Jupitertempel verwahrt wurde, seit Augustus im Apollontempel, aus. Nur sie durften die Schriften nach Antrag beim Senat einsehen. Des Weiteren überprüften, gestatteten oder verboten sie neue Kulte. Das stadtrömische Kollegium existierte seit der Königszeit und bestand zunächst aus zwei, später zehn, seit dem 1. Jahrhundert v. Chr. aus fünfzehn und später weiteren Mitgliedern, zu denen stets auch der Kaiser gehörte.

Unerlässliche Gehilfen bei Blutopfern

butypos: in Athen der „Rinderschläger", er betäubte ein selteneres, da kostspieliges großes Opfertier wie ein Rind mit einem Hammerschlag vor dessen Tötung; in Rom *popa* genannt

aedituus: im Römischen Reich neben den Priestern möglicher Anleiter der Opferdiener in einem Heiligtum

victimarius/cultrarius: durchschnitt mit einem Kultmesser die Kehle des Opfertiers, teilweise der Priester/Magistrat selbst

Die **salii** waren zwölf auf zwei Kollegien verteilte Priester, die in Kriegszeiten für verschiedene Rituale zuständig waren. Sie markierten im März und Oktober Beginn und Ende des Kriegsjahres und führten in einer altertümlichen Kriegerkluft zu festgelegten Terminen rituelle Tänze mit altlateinischem, schwer verständlichem und daher desto sakraler wirkendem Liedgut auf.

Fressfaule Hühner soll man nicht ersäufen

Die Römer erlitten im 1. und 2. Punischen Krieg schwere Niederlagen. Sie begründeten deren zwei damit, dass der jeweilige Kommandeur verheißungsvolle Verhaltensweisen von Vögeln – zum Beispiel das Fressverhalten der mitgeführten heiligen Hühner – ignoriert hatte.

Mit den **epulones** (*septemviri epulonum*) war ein stadtrömisches 7er-Kollegium (ursprünglich drei) gemeint, das Augustus ausbaute. Sie vollzogen Opfer während verschiedener Spiele (*ludi*), dienten dem Kaiserkult und unterstanden den *pontifices*.

Die **Auguren** waren ein römisches Priester- oder eher Weissageramt auf Lebenszeit, das aus dem griechischen weiterentwickelt wurde und vor wichtigen Entscheidungen befragt wurde.

Aus dem Vogelflug und der Fortbewegung anderer Tiere deuteten sie die Absichten und das Wohlwollen der Götter (Auspizien). Ihr berühmtestes Mitglied war der Redner und Staatsmann Cicero.

Die **haruspices**, ein Kollegium etruskischer Seher (Sing. *haruspex*), zogen die Römer seit der Unterwerfung der Etrusker zunehmend zurate und institutionalisierten sie spätestens im 1. Jahrhundert v. Chr. Frühzeitig gingen bei ihnen auch private Anfragen ein und in der Kaiserzeit zunehmend auch vor Militäroperationen. Die Seher lasen aus Auffälligkeiten an Eingeweiden von Opfertieren – besonders der Leber; es ist ein etruskisches Lebermodell aus Ton aus dem 3. Jahrhundert v. Chr. erhalten – oder Naturphänomenen Omen; Magistrate und Priester reagierten entsprechend auf die angeforderte *responsa* (Deutung, Gutachten).

Die Leber von Piacenza, um 100 v. Chr., ist ein bronzenes Modell einer Schafsleber.

Einige weitere Beispiele von Anforderungen an einen Priester

Dem Priester des Poseidon in der Stadt Megara war es verboten, Fisch zu essen.

Viele Priester durften keine privaten Gebäude betreten, um ihre Reinheit zu bewahren.

Priester durften keine Toten berühren.

Die Priesterin der Athena Polias war stets eine ältere Frau, die von ihrer Berufung an keusch leben musste.

Auch in Rom gab es den griechischen Kult der Demeter/Ceres. Ihre Priesterinnen mussten griechischer Herkunft sein, erhielten jedoch das römische Bürgerrecht.

Sowohl der *rex sacrorum* als auch die hohen *flamines* (Dialis, Quirinalis, Martialis) durften an Feiertagen keiner Arbeit beiwohnen. Die Eltern der *salii*/Salier mussten noch am Leben sein.

Der Magier – Glaube, Aberglaube, Zauberei und Tricks

Professionelle oder laienhafte Magier (griech. *magoi*, lat. *magi*) waren bereits in den altorientalischen Reichen dafür zuständig, öffentlich oder im privaten Rahmen Beschwörungen, Verzauberungen und andere Rituale – lange Zeit auch in der Medizin – vorzunehmen. In Persien waren damit auch die Priester im Allgemeinen gemeint. Die Handlungen richteten sich vorwiegend an Geister oder Dämonen, aber auch an Gottheiten, die mit der Unterwelt in Verbindung standen, zum Beispiel Demeter und Persephone oder Hekate. Magie und Religion vermischten sich teilweise, so in der Tempelmedizin, in den Mysterienkulten, bei diversen, auch öffentlichen Fruchtbarkeitsriten und bei allen Blut- und Trankopfern.

Ein Mädchen opfert einen Hahn und einen Trank.

Viele Bestimmungen, Gebote und Verbote im religiösen Leben jener Zeit erscheinen uns als abergläubisch und daher mit Magie verbunden. Dazu zählt auch das damals wie heute beliebte Tragen von Amuletten und Talismanen. Der Dichter Horaz klagte darüber, dass der Esquilin, auf dessen oberem Bereich zu seiner Zeit prachtvolle Gebäude standen, ständig nach menschlichen Überresten „abgegrast" werde, die für magische Rituale oder Formeln benötigt würden. Auf diesem Hügel der Stadt Rom hatte sich einst ein Armenfriedhof befunden.

Schutz- und Heilzauber waren genauso verbreitet wie schwarze Magie und Zauberei. Die Griechen und Römer glaubten, das am Nordrand der griechischen Welt liegende Thessalien sei die Heimat der Hexen und Zauberinnen (*sagae*). Doch nicht nur Thessalierinnen waren in der verbotenen schwarzen Magie bewandert – zahlreiche Zauberpuppen oder Fluchtäfelchen aus Ton, die sich gegen Rivalen im Sport, im Gewerbe, in der Liebe oder gegen Diebe richteten und vielerorts von Nordafrika über Kleinasien bis nach Britannien gefunden wurden, belegen dies. Oft sollten Personen mithilfe von Dämonen für sich gewonnen, gebannt oder gebunden (*katadesmos* oder *defixio*, Bindezauber), das heißt schlichtweg „unschädlich" gemacht, verletzt, verdammt oder getötet werden. Magier oder „weise Frauen" hatten dafür die passende Zauberformel oder auch einen Trank parat. Spezielle Zauberer waren auch in Nekromantie, der Totengeisterbeschwörung, bewandert; ihre Dienste soll sogar der eine oder andere Kaiser in Anspruch genommen haben.

In der „Apostelgeschichte" will der Magier Simon die magischen Künste von Jesus' Jüngern erwerben, erhält jedoch von Petrus eine barsche Abfuhr.

Beispiele für Magie aus der Mythologie
Der junge Odysseus besucht seinen Großvater und geht mit diesem und seinen Onkeln auf die Jagd. Ein Keiler verwundet ihn am Oberschenkel. Seine Onkel versorgen die Wunde und beschwören singend, sie mögen heilen. In der Unterwelt beschwört der Held selbst den Geist des Sehers Teiresias, des ersten Vogelflugdeuters, um den Heimweg zu finden. – Berühmt sind auch die *pharmakeutriai* Medea, die unglückliche Geliebte des Argonautenführers Iason, und Kirke, ihre Tante. Letztere verwandelt Odysseus' Männer in Tiere; nur er selbst widersteht ihrem Trank durch das Zauberkraut Moly. – Das Fortleben des Meleagros, der Hauptfigur im Mythos um den Kalydonischen Eber, ist an das Fortbestehen eines Holzscheites gebunden.

Einem professionellen Gewerbe gingen ebenfalls zahlreiche Traumdeuter – so der lydische Autor Artemidor –, Wahrsager oder Astrologen nach. Sie alle übten auf den antiken Menschen enorme Anziehungskraft aus, da sie dessen Leben in einen höheren Zusammenhang stellten. Doch abgesehen von den autorisierten Haruspices und Auguren waren unbescholtene Bürger wie Kaiser auch skeptisch, ob man nicht besonders bei umherziehenden Wahrsagern, die sich teilweise auch auf das Bauchreden verstanden, Scharlatanen aufsaß, die einem das Geld aus der Tasche zogen oder böses Blut machten.

Großen Einfluss hatten Astrologen oder Wahrsager auch bei militärischen Entscheidungen. So bewirkte der Seher Euphrantides, dass drei Perser kurz vor der Schlacht von Salamis geopfert wurden, wogegen der protestierende Themistokles machtlos war. Der aus Lykien stammende Aristandros, der Seher Philipps und Alexanders von Makedonien, begleitete Letzteren auf seinem großen Feldzug und sah zahlreiche Ereignisse vorher. Als es hieß, eine Statue des mythischen Sängers Orpheus, der über magische Kräfte verfügte, begänne zu schwitzen, deutete er dieses Wunder laut dem Alexanderbiografen Arrian so, dass spätere Dichter es schwer haben würden, Alexanders gewaltige Taten zu beschreiben. Auch interpretierte er die Mondfinsternis einige Tage vor der entscheidenden Schlacht von Gaugamela gegen Dareios III. als günstiges Omen.

Während seines umstrittenen freiwilligen Aufenthalts auf Rhodos (6 v. Chr.–2 n. Chr.), wo er sich der Philosophie widmete, lernte der spätere Kaiser Tiberius den Philosophen und Astrologen Thrasyllos kennen. Aufgrund negativer Entwicklungen in Bezug auf seine als glänzend vorhergesagte Zukunft hätte der Augustus-Nachfolger, wie Sueton schreibt, den Griechen beinahe als falschen Wahrsager und riskanten Mitwisser ins Meer gestürzt, als ein Schiff einlief, das laut Thrasyllos gute Botschaft brachte – Tiberius' Rückberufung nach Rom. Er nahm den Wahrsager mit nach Rom und zog ihn bis zu dessen Tod 36 n. Chr. – ein Jahr vor seinem eigenen – oft zu Rate.

> **Dem Tod (vorerst) entronnen**
> Einige Pagen Alexanders des Großen sollen im Jahr 327 v. Chr. während seines Feldzugs in Asien geplant haben, ihn in der Nacht in seinem Gemach zu ermorden. Der Plan schlug fehl, da angeblich eine syrische Seherin dem König riet, sich in besagter Nacht nicht zur Ruhe zu begeben, sodass Alexander es vorzog, beim Gelage zu bleiben.

Vielen Astrologen oder Magiern erging es anders: Sie wurden durch Senatsbeschluss aus Italien vertrieben. Ein gewisser Lucius Pituanius wurde laut Tacitus 16 n. Chr. vom Tarpeiischen Felsen gestürzt, ein Publius Marcius wahrscheinlich enthauptet. Magie und Zukunftsdeutung wurden besonders in der christlichen Spätantike stark unterdrückt.

Kriminelles

Überfälle, Raub und Mord gibt es seit eh und je, nicht erst seit Ötzi, der über 5000 Jahre alten Gletschermumie aus Südtirol, und Piraterie setzte zweifellos zeitgleich mit der Erfindung der ersten Boote ein. Für die Antike sind zahlreiche Straftaten überliefert, die simpel und brutal, aber auch äußerst raffiniert waren und vor denen sich Unbescholtene oft bestenfalls durch Nachbarschaftshilfe schützen konnten. Doch obwohl es zu keiner Zeit einen flächendeckend organisierten „Polizeiapparat" gab, versank die antike Welt nicht im Chaos.

Es ist zudem stets eine Frage der Perspektive, ob Operationen gegen den Staat oder dessen eigenes Vorgehen kriminell oder rechtens waren: Für den Stamm der Sabiner war der Raub ihrer Frauen ein schweres Verbrechen – für den Stadtgründer Romulus, der ihn angeordnet hatte, und für sein frauenarmes, junges Volk offiziell die Rettung. Spartacus und seine Anhänger kämpften für ihre Freiheit, die Obrigkeit sah nur die logische, zweifellos für viele katastrophale Folge: jahrelange Plünderungen durch Sklaven, die vielen, nicht allen Freien als Sachgegenstände und nicht als Menschen galten.

Der Vorkoster – wohl bekomm's!

Vorkoster waren hochrangige, aber meist unfreie Personen, die bereits in den altorientalischen Reichen die Herrscher vor Vergiftung schützen sollten und natürlich die Schmackhaftigkeit testeten. Alexander der Große soll dieses Amt von den Achämeniden, den Perserkönigen, übernommen haben. Mit Giften wussten die Menschen bereits frühzeitig umzugehen. Bekannt ist zum Beispiel der tödliche Schierlingsbecher, zu dessen Einnahme Sokrates 399

Der Schierling enthält ein tödliches Alkaloid, das in der Antike gezielt zum Einsatz kam.

v. Chr. verurteilt wurde. Kundige Giftmischer waren sogar in der Lage, die Wirkung zu verlangsamen.

Die alten Griechen scheinen zumindest an die Existenz teuflischer Elixiere geglaubt zu haben, denn sonst hätte sich das Gerücht, Alexander sei vergiftet worden – obwohl er erst Tage später starb –, nicht so hartnäckig gehalten. Einen Vorkoster scheint er, wenn er wirklich vergiftet worden ist, zumindest bei dem entsprechenden Gelage in Babylon 323 v. Chr. nicht in Anspruch genommen zu haben, sonst wäre wohl von dessen Tod die Rede. Letztlich werden diese Diener dafür zuständig gewesen sein zu garantieren, dass die Speise dem Herrschergaumen mundete. Sie mussten demnach kulinarisch bewandert sein und buchstäblich guten Geschmack haben.

Römische Größen sahen sich offenbar erst in den Machtkämpfen am Ende der Republik genötigt, einen *praegustator* (griech. *progeustes*) einzustellen. In der Kaiserzeit gewann dieses Amt derartige Bedeutung, dass sich die Vorkoster unter Leitung eines speziellen Prokurators in *collegia* organisierten. Vorkoster konnten aber nicht nur in der Opferrolle auftreten: Der Eunuch Halotus und der Prätorianerpräfekt Tigellinus waren Kaiser Nero lange Zeit treu ergeben. Nach dessen Ende sollten sie hingerichtet werden. Neros Nachfolger Galba begnadigte sie jedoch und ernannte Halotus obendrein zum Prokurator. Damit war wahrscheinlich die oben genannte Funktion gemeint, denn Halotus war bereits Kaiser Claudius' Vorkoster gewesen. Sueton berichtet, dass entweder Halotus selbst oder Claudius' Gattin Agrippina d. J., die Mutter Neros, die Speise des Kaisers vergiftet hatte. Da er die Pilze erbrach, wurde vielleicht sogar eine Vomierhilfe – wohl eine Feder – vergiftet.

> **„Fight poison with poison"**
> Mithridates VI. von Pontus, Roms erbitterter Feind, setzte nicht (allein) auf Vorkoster. Er ist vielmehr dafür bekannt, sich mit regelmäßiger Einnahme von Giften weitgehend immun gemacht zu haben. – Im Prinzip war auch das Antidot Theriak, das in der Kaiserzeit hohen Absatz fand, ein Gift, bestand es doch aus fragwürdigen Ingredienzien wie Vipernfleisch und Opium. Dessen Einnahme bewirkte bei so manchem Kaiser, dass er nur berauscht regieren konnte.

Praefectus vigilum – Feuerwehrhauptmann und Hauptkommissar in einem

Neben den Prätorianern und den *cohortes urbanae* waren die *vigiles* eine weitere polizei-ähnliche Einrichtung des Augustus für die Stadt Rom. Ihr Kommandant, der *praefectus vigilum*, entstammte dem Ritterstand und befehligte zunächst 600 Sklaven, seit 6 n. Chr. insgesamt sieben Kohorten, die vornehmlich als Feuerwehr fungierten, aber auch Kriminelle festnehmen konnten und entlaufene Sklaven verfolgten – als sogenannte *fugitivarii*. Diese wohl 7000 *vigiles* waren nun Freigelassene, denen nach einigen Jahren Dienst das römische Bürgerrecht verliehen wurde. Das Ansehen dieser Einheiten stieg im Lauf der Kaiserzeit. Sie waren an sieben Orten stationiert und damit für jeweils zwei Stadtteile verantwortlich. Claudius richtete zwei weitere Kohorten in Puteoli und Ostia ein. Angesichts der engen Gassen und der vielen hölzernen Bauten waren effektiver Streifendienst bzw. Brandschutz zwei schwer lösbare Aufgaben, die seit Ende des 4. Jahrhunderts in Rom und Constantinopolis sogenannte *corporati* („Korporationen") oder *collegiati* wahrnahmen. Nach erfolgreicher Amtszeit wurden zahlreiche *praefecti vigilum praefectus annonae* oder sogar Kommandeur der Prätorianer.

Auf dem Land und in den Provinzen war es vorrangig die Aufgabe des Statthalters und der Ädilen, für Sicherheit zu sorgen. In Italien richtete Augustus zusätzlich sogenannte *stationes* ein, die nach und nach auch in anderen Povinzen erbaut worden sein sollen. Es handelte sich um Militärposten, die mit nur wenigen *stationarii/beneficiarii* besetzt waren, die zwar nach Räubern fahndeten, Kriminalität in größerem Maße aber kaum bekämpfen konnten, vor allem wenn die Bevölkerung mit den Tätern paktierte. Hatten sie jedoch einen Kriminellen gestellt, waren sie zu raschen Urteilen und Vollstreckungen befugt. Die *stationarii* unterstanden wie die *burgi*, die in befestigten Anlagen stationiert waren, dem Statthalter. Bei größeren Unruhen mussten reguläre Soldaten intervenieren; Centurionen und Decurionen konnten Unruhestifter inhaftieren und aburteilen.

Tigellinus, der berüchtigte und für viele Hinrichtungen verantwort-
liche Prätorianerpräfekt Kaiser Neros, hatte zuvor als *praefectus
vigilum* gewirkt. Er sagte sich von Nero los, beging in den Wirren
der Jahre 68/69 n. Chr. jedoch Selbstmord.

Der Henker – verhasster „Fleischmacher"

In hoch entwickelten Gesellschaften wie den griechischen Stadtstaaten oder
dem Römischen Reich, in denen der Staat und seine Magistrate, nicht aber
Privatpersonen berechtigt waren, über einen Verurteilten zu verfügen
– womit Selbstjustiz entgegengewirkt wurde –, oblag es dem öffentlich be-
stellten Scharfrichter, ein Todesurteil zu vollstrecken. Seit jeher zog Schaulus-
tige der Schauder, der von einer öffentlichen Hinrichtung ausging, an – Hinrichtungen waren bis zum ausgehenden 18. Jahrhundert Alltag. Und doch
war der Henker stets verhasst und fristete das Dasein eines Ausgestoßenen.
Bereits in der Antike lebte er prinzipiell außerhalb der Stadtmauern und hatte
kein Recht auf ein Grab. Zahlreiche öffentliche Hinrichtungen fanden zwar in
den Arenen statt, die meisten aber außerhalb der Stadt oder des Pomeriums
sowie innerhalb der Gefängnisse. Es verwundert also nicht, dass es oft die
Staatssklaven waren, auf die die alten Griechen und Römer die undankbare
Aufgabe abwälzten, eine der verschiedenen Hinrichtungsarten auszuführen.
Sie dienten in Athen unter Aufsicht der sogenannten **Elfmänner** – der Hen-
deka, bestehend aus zehn Phylenvertretern und einem Schreiber –, die die
Gefängnisse überwachten und die Hinrichtungen leiteten. Diese Beamten
konnten sogar per Schnellverfahren etwa auf frischer Tat ertappte Diebe oder
auch Ehebrecher ohne Gerichtsbeschluss töten lassen, besonders wenn es
sich um mittellose Bürger, Fremde (Metöken) oder Sklaven handelte.

Die Menschen waren stets erfindungsreich, wenn es darum ging, Kriminelle oder Gegner zu erniedrigen, zu quälen und zu exekutieren. Verurteilte
starben oft durch Enthauptung, die als Privileg galt, durch Erwürgen, Sä-
ckung, den Schierlingsbecher, Brandstifter durch Verbrennen bei lebendi-
gem Leib. Im Militär vollzogen meist Soldaten das Urteil. Alexander der
Große ließ wirkliche oder vermeintliche Hochverräter wie Philotas, den Befehlshaber der Reiterei, steinigen oder mit Speeren durchbohren. Im Zuge

seiner Eroberung des Perserreichs kam der Tod durch Zertrampeln durch Kriegselefanten in den hellenistischen Reichen in Mode.

Der heute geläufige Begriff „dezimieren" geht auf das lateinische *decimatio* zurück, das durch den schwerreichen Staatsmann und Feldherrn Marcus Licinius Crassus (115–53 v. Chr.) berühmt wurde: Er ließ jeden zehnten Legionär entweder einer Legion oder einer Kohorte vor den Augen seiner entsetzten Kameraden hinrichten. Der Grund war Feigheit dieser Einheit vor dem Feind, in diesem Fall vor den Truppen des Spartacus, die den Römern lange Zeit schwere Verluste beibrachten. 6000 Aufständische endeten schließlich am Kreuz entlang der Via Appia. Das war eine besonders grausame, langwierige Art der Bestrafung mit verschiedenen Variationen, die schon Alexander der Große bei etlichen Einwohnern der phönizischen Metropole Tyros angewandt hatte, die er monatelang belagert hatte. Bei den Römern drohte sie vor allem entlaufenen Sklaven, straffälligen Nichtbürgern und Räubern.

Im zivilen Leben im alten Rom gab es spezielle Personen, die als Henker fungierten. Der lateinische Begriff *carnifex* („Fleischmacher", „Schlächter") veranschaulicht die Art ihrer Arbeit. Auch sie konnten entweder öffentliche Sklaven (*servi publici*) oder aber freie Unternehmer sein, die einen Vertrag mit der jeweiligen Gemeinde geschlossen hatten und die Leichen hinterher auch bestatteten. Sie unterstanden zur Zeit der römischen Republik den örtlichen Amtsinhabern und in Rom selbst den *tresviri capitales.*

Ehrfurcht vor dem Opfer
Ein wohl unfreier gallischer oder kimbrischer Henker sollte 88 v. Chr. in Minturnae, rund 100 km südlich von Rom, C. Marius enthaupten. Aus Respekt vor dem einstigen Bezwinger der Kimbern und Teutonen und „Vater des Vaterlandes" verweigerte er den Befehl und floh. Die Einwohner ließen Marius daraufhin frei.

Diese drei niederen Beamten waren das römische Pendant zu den athenischen Elfmännern. Ihr Amt existierte seit Beginn des 3. Jahrhunderts v. Chr. Die gewählten Mitglieder hatten neben der Aburteilung von Kleinkriminellen die – wegen ihrer begrenzten Möglichkeiten oft unlösbare – Aufgabe, entlaufene Sklaven zu fangen, für nächtliche Sicherheit zu sorgen und Brände zu löschen.

In besonders schwerwiegenden Fällen saßen Kriminelle oder Opfer römischer Justiz im *Carcer Tullianus* unterhalb des Kapitols – gelegen unter der heutigen Kirche San Giuseppe dei Falegnami, neben dem Bogen des Septimius Severus – ein. Sie wurden dort nach oder vor öffentlicher Zurschaustellung oft auch getötet, die sogenannte „Seufzertreppe" entlanggeschleift und in den Tiber oder die Cloaca Maxima geworfen. Der berühmteste Insasse dürfte Petrus gewesen sein.

Die Henker stießen bis in die frühe Kaiserzeit hinein Verurteilte, meist Verräter, vom sogenannten Tarpejischen Felsen am Abhang des Kapitols, der seinen Namen von der Vestalin Tarpeia hat, die in der Frühzeit Roms den Sabinern den Zugang zum Kapitol geöffnet haben, von diesen aber erschlagen oder vom Felsen gestürzt worden sein soll.

Delatoren und Sykophanten – professionelle Verleumder

Besonders in der Kaiserzeit verdienten sogenannte Delatoren (lat. „Anzeiger") ihr Brot damit, Mitmenschen zu denunzieren. Am lukrativsten erschien es, wenn sie ihre Dienste am kaiserlichen Hof oder dem Imperator selbst anboten. Verschiedene Kaiser scheinen für Verleumdungen ein offenes Ohr gehabt zu haben, denn so mächtig sie auch waren, waren sie doch stets gefährdet. Im Schnitt regierten die weströmischen Kaiser nur sechs Jahre, manchmal sogar nur wenige Wochen; etwa jeder vierte wurde von den eigenen Soldaten umgebracht. Sie waren mehr oder weniger misstrauisch und scheinen den Mitteilungen ihrer Informanten mitunter nur zu gern Glauben geschenkt zu haben. Besonders florierte das Geschäft des Delators unter Kaisern, die einen schlechten Ruf hatten, zum Beispiel Caligula, Nero oder Domitian.

Neben einer möglichen großzügigen Zahlung stand dem professionellen Denunziator ein Teil der Summe, die der Angeklagte bei Schuldspruch zu zahlen hatte, oder ein Teil von dessen eingezogenem Vermögen zu. Doch auch für den Delator konnte die Situation brenzlig werden, wenn sich nämlich erwies, dass er den Angeklagten verleumdet hatte (*calumnia*). In diesem Fall konnte ihm sogar das Bürgerrecht entzogen werden. Auch konnte der gegebenenfalls Freigesprochene den Spieß umdrehen und den „Anzeiger" seinerseits verklagen.

> Einige Regenten ließen Delatoren gnadenlos verfolgen. Sueton
> bezeichnet Letztere als Plage. Kaiser Titus bekämpfte sie: Er ließ
> **Denunzianten** öffentlich auspeitschen, im Kolosseum vorführen
> und teilweise sogar versklaven oder verbannen.

Ähnlich den Delatoren drohten „Sykophanten" im alten Griechenland – vor allem in Athen – wohlhabenden Bürgern mit gezielter Verleumdung. Nur mit einer Geldzahlung oder anderen Gütern ließen sich Ruf und Karriere oftmals retten. Bedeutung und Herkunft des Begriffs „Feigenanzeiger" sind von Anfang an unklar. Ob damit die illegale Ausfuhr von Feigen, mit deren Anzeige laut Plutarch die Sykophanten drohten, gemeint ist, ist umstritten. Die Rechtsprechung in Attika förderte das Sykophantenwesen indirekt, indem sie vorsah, dass dem Ankläger die gesamte Geldstrafe des Verurteilten zustand. Wie im kaiserzeitlichen Rom gab es auch in Athen Phasen, in denen Sykophanten – auch wenn sie nicht mehr als solche tätig waren – verfolgt wurden.

Im Auftrag des kaiserlichen Hofes waren auch andere Bedienstete als Boten oder Spitzel im Einsatz. Bei den sogenannten *frumentarii*, „Getreidehändlern", mag es sich noch im 1. Jahrhundert v. Chr. um Soldaten oder Zivilisten gehandelt haben, die für reibungslosen Nachschub für die Legionen sorgten und daher mit Händlern in Kontakt standen – wohl seit der Regentschaft des Commodus übermittelten sie in Rom und in den Provinzen aber auch brisante Informationen. Diese Tätigkeit zugunsten der „inneren Sicherheit" übernahmen in konstantinischer Zeit die *agentes in rebus*, die entweder dem *magister officiorum* oder wie bereits die stadtrömischen *frumentarii* dem *praefectus praetorio* unterstanden. Die rund 1000 Sicherheitsbeamten waren hierarchisch gegliedert; nach Ablauf der mehrjährigen Dienstzeit standen ihnen hohe Posten innerhalb der Reichsverwaltung zu. Ihr offenbar korruptes und rigoroses Vorgehen führte zu erheblichem Widerstand im Volk, aber nicht zum Machtverlust der *agentes in rebus*, im Gegenteil: Sie wurden seit dem 5. Jahrhundert n. Chr. sogar in den Rang eines Senators erhoben.

Räuber und (kein?) Gendarm

INTERFECTUS A LATRONIBUS – „... von Banditen ermordet ...". So lautet der geläufige Passus in römischen Grabinschriften. Er belegt, dass besonders das Reisen – ob auf großen Handelsstraßen oder fernab – nicht ungefährlich war. Zahlreiche Reisende wurden überfallen, getötet oder verschleppt. Der Spätstoiker Epiktet (1./2. Jahrhundert n. Chr.) riet daher, sich am besten Reisegesellschaften anzuschließen. Er ergänzt jedoch, dass sogar hohe Beamte überfallen werden konnten oder die Mitreisenden selbst sich als Räuber entpuppten, und kommt zu dem Schluss, der Glauben an Gott sei der einzige Schutz.

Antikes Banditentum ist schwer zu beurteilen. Grund dafür ist die Vieldeutigkeit des Begriffs *latro* – in der antiken Literatur meist verfälscht, als Stilmittel genutzt oder als Vergleich, um wie Epiktet auf andere Aspekte überzuleiten oder politische Gegner, sogar den Kaiser, zu diffamieren. Banditen wurden auch positiv dargestellt, etwa in den Bemerkungen von Cassius Dio über den listenreichen Bulla Felix. Der Historiker betont den Gerechtigkeitssinn dieses Räubers, den er bei Septimius Severus vermisst. Cicero räumte ein, dass manche Banden egalitäre Strukturen hätten. Eine Mitgliedschaft in einer solchen „Gemeinschaft" muss zahlreichen Unfreien und armen Freien lukrativer erschienen sein, als einem schlecht bezahlten und verachteten Beruf nachzugehen.

Bulla Felix – das Cognomen *Felix*, das neben anderen auch Sulla trug, bedeutet „der Glückliche" – war einer der bekanntesten Räuber der Antike. Im frühen 3. Jahrhundert n. Chr. verunsicherte er mit mehreren Hundert Gefolgsleuten, die nur teilweise aus entlaufenen Sklaven bestanden haben dürften, die hier vor *fugitivarii* – von den *domini* angeheuerten Sklavenjägern – sicher waren, das südliche Italien. Ihm gelangen einige Siege gegen römische Einheiten. Nur durch Verrat konnte er gefasst und hingerichtet werden. Führungslos zerstreute sich die Bande.

Räuber gab es zu jeder Zeit, vermehrt und erfolgreicher in Krisenzeiten und meist in abgelegenen Regionen. Ihre Straftaten fanden jedoch eher in kleinerem Rahmen statt, verübt durch neidische oder verarmte Einzeltäter aus allen Bevölkerungsschichten. Meist waren Ärmere die Opfer, weil sie sich nicht mit Sklaven schützen konnten und vor Gericht meist den Kürzeren zogen. Exemplarisch konnte über einen armen Räuber die *damnatio ad bestias*, die Verurteilung zum Tod in der Arena im Kampf gegen wilde Tiere, verhängt werden, während sein Komplize, möglicherweise ein Patrizier, lediglich verbannt wurde.

Grausamer Tod:
damnatio ad bestias.

Auch wenn in den Städten im Prinzip dieselben Verbrechen wie auf dem Land passierten, „florierten" hier und besonders in den Metropolen, allen voran Rom, spezielle Delikte, insbesondere Diebstahl. Das Zwölftafelgesetz erlaubte eingeschränkt Selbstjustiz: Man durfte nächtliche oder bewaffnete Diebe, auf frischer Tat ertappt, töten. Mit einem überwältigten Täter schlimmerer Straftaten wurde anscheinend ohnehin kurzer Prozess gemacht. Dass der politische Mord an dem Volkstribun Tiberius Gracchus und seinen Anhängern 133 v. Chr. mit stumpfen Waffen vollzogen wurde, deutet auf die zumindest damalige Unterbewaffnung der Bevölkerung hin.

Der Staat konnte und wollte nur auf Unruhen reagieren, wenn er seine Grundfesten bedroht sah. Plutarch bemerkt, dass der für Rom katastrophale Spartacusaufstand 74/73 bis 71 v. Chr. zunächst als unbedeutender Überfall interpretiert wurde. Seit Augustus bauten die Römer zumindest ansatzweise einen Polizeiapparat auf. Zahlreiche *stationes* im italischen Mutterland erschwerten Überfälle, obwohl die wechselnde Besatzung mangelhaft ausgebildet war. Städte und Gemeinden hatten weiterhin selbst für ihre Sicherheit zu sorgen und engagierten oft private Wächter, besonders in den Provinzen, wo die Statthalter mit der Strafverfolgung oft überfordert waren.

Zum effektiven Schutz vor Verbrechern blieb man letztlich weitgehend auf sich, die Familie und die Nachbarschaft angewiesen und war gut beraten, nicht allein außer Haus zu gehen. Gewalttätige Jugendliche, oft aus angesehenem Hause, terrorisierten die Straßen Roms und sahen in ihren kriminellen Machenschaften offenbar eine Art Volkssport. Trotz alltäglicher Kriminalität versank die antike Welt nicht im Chaos. Dafür sorgte nicht zuletzt die recht geringe Anonymität, besonders auf dem Land, aber auch in den Städten, wo sich Neuigkeiten schnell verbreiteten.

Piraten – Kapern, kidnappen, kassieren

Thukydides berichtet zu Beginn seines Werks „Der Peloponnesische Krieg", dass Piraterie genauso wie Landraub vor allem in der Frühzeit der angeblich sehr räuberisch veranlagten Griechen weit verbreitet war. Bereits der berühmte König Minos auf Kreta, der Stiefvater des Minotauros, war mit Seeräuberei konfrontiert; er konnte mithilfe seiner Flotte und durch die Anlage zahlreicher Siedlungen erfolgreich dagegen vorgehen. Das passt zur Lügengeschichte des Titelhelden der „Odyssee", der damit prahlt, in seiner angeblichen Heimat Kreta durch Seeraub zu Ansehen und Wohlstand gekommen zu sein, von Arbeit, Haushalt und Kindererziehung dagegen nichts wissen will. Piraterie war unter Aristokraten weit verbreitet und keinesfalls verachtet, sondern galt eher als sportlich-lukrative Nebenbeschäftigung.

In der gesamten Antike agierten Piraten, die sich aus Freien, zum Beispiel Söldnern, und entlaufenen Sklaven rekrutierten, in verschiedenen Teilen des Mittelmeers, so auf den Balearen, in der Adria und Ägäis und an den Küsten Kretas. Die Ptolemäer gingen wiederholt gegen Seeräuber im Roten Meer vor. Besonders das recht wilde Kilikien an der Südküste Kleinasiens bot Piraten gute Rück-

---

„Freibeuter" als Söldner

Antike Seeräuber überfielen im Auftrag verschiedener Mächte Schiffe und Küstenorte. Fürst Psammetich kam im 6. Jahrhundert v. Chr. mithilfe ionischer und karischer Söldner, von denen etliche auch seeräuberisch tätig gewesen waren, in Ägypten sogar an die Macht. Auch Demetrios Poliorketes befehligte etliche Freibeuter, etwa bei der Belagerung von Rhodos. Dikaiarchos durchsegelte für Demetrios' indirekten Nachfolger Philipp V. marodierend die Ägäis. Verschiedene Poleis im Schwarzmeerraum paktierten sogar mit den „Kriminellen", um den Sklavenhandel anzutreiben.

zugsmöglichkeiten. Der Niedergang des Seleukidenreichs im 2. Jahrhundert v. Chr. begünstigte ihre dortige Machtentfaltung. Die Römer unternahmen zunächst nichts, im Gegenteil: Die Freibeuter trugen wesentlich zum Sklavenhandel bei, der damals blühte und entsprechende Märkte – ganz besonders den auf der Insel Delos, Freihafen seit 167 v. Chr – aus allen Nähten platzen ließ.

Die kilikischen Freibeuter dehnten ihre Raubzüge später bis zum italischen Mutterland und nach Afrika aus; sie verbündeten sich darüber hinaus mit Mithridates VI. von Pontos (120–63 v. Chr.) und blockierten weiträumig den Seehandel im östlichen Mittelmeer. Selbst Caesar geriet als junger Mann auf dem Weg nach Rhodos in Gefangenschaft. Er konnte sich allerdings freikaufen und errang mit privaten Mitteln einen Sieg über seine Peiniger. Spartacus wiederum soll darauf gehofft haben, mithilfe von Freibeutern das italische Festland verlassen zu können.

Bereits im Jahre 102 v. Chr. hatte der Senat den Prätor Marcus Antonius, Großvater der gleichnamigen Berühmtheit, nach Kilikien entsandt, um gegen die Seeräuberplage vorzugehen. Wie effektiv diese erste von zahlreichen, zunehmend umfangreichen Operationen war, ist nicht klar. Auf lange Sicht wurde das Ziel jedenfalls nicht erreicht. 74 v. Chr. entschied man in Rom, seinen gleichnamigen Sohn, ebenfalls im Rang eines Prätors, mit einem außerordentlichen Kommando, einem *imperium infinitum*, auszustatten und in einen ausgedehnten Kampf zu schicken. Dabei hatte erst 100 v. Chr. das sogenannte „Piratengesetz" das Bestreben Roms gezeigt, keine außergewöhnlichen Kommandos zu vergeben. Antonius' Vollmachten umfassten jedoch das gesamte Mittelmeer und entsprachen denen der Statthalter in den Provinzen bis 75 Kilometer ins Landesinnere. Die Operation schlug jedoch fehl, wohl aufgrund mangelnder Fähigkeit Antonius' sowie ungenügender materieller Ausstattung. Wenige Jahre später begann der Prokonsul Metellus gegen die Piraten auf Kreta vorzugehen. Das Unternehmen war dort erfolgreich, insgesamt aber ein Tropfen auf den heißen Stein.

Von dieser Krise profitierte Gnaeus Pompeius Magnus – nicht zum ersten Mal in seinem Leben. Sein Anhänger, der Volkstribun Gabinius, setzte 67 v. Chr. gegen den Willen des Senats durch, dass man den erfolgreichen Feldherrn und späteren Gegner Caesars mit einem noch nie dagewesenen *impe-*

rium extraordinarium ausstattete. Es orientierte sich an dem Kommando des Antonius, überbot es aber bei Weitem, denn es war von Beginn an auf drei Jahre festgesetzt. Pompeius wurden zusätzlich gewaltige finanzielle Mittel bewilligt – eine riesige Zahl an Schiffen, tausende Infanteristen und Kavalleristen, 36 Millionen Denare sowie unbegrenzter Kredit – im Prinzip die gesamte Staatskasse.

Dies war ein äußerst heikles Unterfangen, denn in den vergangenen Jahrzehnten hatte man erfahren müssen, wozu die Bindung großer Truppenteile an einen einzelnen Feldherrn mit außerordentlichen Befugnissen führen konnte, nämlich zur Schwächung der Republik und zu Bürgerkriegen. Gleichzeitig war klar, dass die Piraten, deren Guerillataktik man nicht gewachsen war, Roms Vormachtstellung im östlichen Mittelmeer gefährdeten.

Pompeius siegte in weniger als drei Monaten über die Seeräuber im westlichen Teil des Meeres und in Kilikien, indem er konsequent vorging, aber nicht wie sonst üblich jeden Gegner töten ließ, dessen er habhaft werden konnte, sondern indem er rund 20 000 Gefangene begnadigte und in verschiedenen Städten ansiedelte. Das Piratenwesen war damit großflächig und langfristig eingedämmt – auch dank der Flotten aus Misenum, Ravenna und anderen Häfen –, wenngleich keineswegs ausgemerzt.

Unterhaltsames

Sport, Musik, Theater – diesen Freizeitinteressen ging bereits der freie Mensch im alten Griechenland und Rom nach. Freie wie unfreie Stars wurden in den Stadien, Arenen und Theatern umjubelt und genossen in der Heimat Privilegien. Viele hingegen wurden, hatten sie ihre „Bühne" verlassen, jäh verachtet, hatten kaum Rechte, wurden mitunter sogar vertrieben – und setzten sich im sportlich-kämpferischen Bereich freiwillig oder unfreiwillig höchster Gefahr aus.

Der Berufssportler – „Silber" gab es nicht

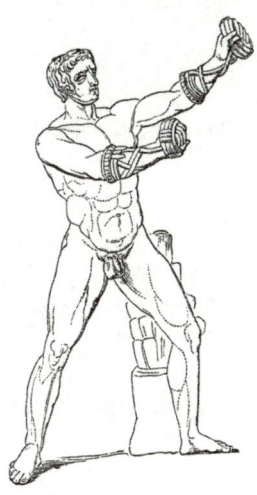

Griechische Boxer schlugen mit Lederriemen an den Fäusten aufeinander ein.

Sportlicher Wettkampf war wesentlicher Bestandteil der griechischen Polis-welt. Die Stadtstaaten veranstalteten über Jahrhunderte insgesamt wahr-scheinlich einige Hundert Spiele (Agone), die entweder Landsleute oder – im Fall der sogenannten panhellenischen, das heißt gesamtgriechischen Spiele – alle (straf-)freien Griechen als aktive Teilnehmer zuließen. Ausnahmen bestä-tigen auch hier die Regel: Die Eleer waren von den Isthmischen Spielen aus-geschlossen, während die Römer seit 229 v. Chr. daran teilnehmen durften.

In römischer Zeit war es überhaupt „Barbaren", das heißt „Nichtgriechen" erlaubt, an den Spielen teilzunehmen. Wohlhabende, die es sich erlauben konnten, intensiv eine oder mehrere sportliche Disziplinen im heimischen Gymnasion zu trainieren, hatten die Möglichkeit, zu Ruhm und Reichtum zu gelangen. Sie ließen sich oft von einem Sportlehrer, dem *gymnastes*, betreuen und neben Familienmitgliedern oder Freunden zu den Wettkämpfen begleiten. Von Amateurstatus konnte spätestens seit klassischer Zeit genauso wenig die Rede sein wie von dem Ideal, dass dabei sein alles sei. Den Wettkampf zu gewinnen – allein darauf kam es den Agonisten an. Und sie waren sich ihres Auftretens bewusst: Besonders in römischer Zeit ließen sich die besten Schwerathleten von tausenden Schaulustigen als regelrechte Action-Stars bei Wettkämpfen wie den Kapitolinischen Spielen (seit 86 n. Chr.) feiern.

Die berühmtesten Spiele

Titel	Veranstalter	Zeitraum/Häufigkeit (prinzipiell)
Die vier panhellenischen Spiele		
Olympische Spiele	Pisa, später Elis	776 v. Chr.–393/4 n. Chr. alle vier Jahre
Pythische Spiele	Amphiktyonen (Rat aus versch. „Stämmen")	586 v. Chr.–393/4 n. Chr. alle vier Jahre
Isthmische Spiele	Korinth (zeitweise Sikyon)	580 v. Chr. bis Spätantike alle zwei Jahre
Nemeische Spiele	Kleonai, später Argos	573 v. Chr. bis Spätantike alle zwei Jahre
Große Panathenäen	Athen	565 v. Chr. bis Spätantike alle vier Jahre

Für Olympia erlosten die Eleer zehn oder zwölf *hellanodikai* („Richter der Griechen", Kampfrichter), eleische Agonotheten im Prinzip, die für die Organisation und Durchführung dieser berühmtesten panhellenischen Spiele verantwortlich waren. Nach monatelanger Ausbildung tagten sie in einem speziellen Gebäude in Elis, dem Hellanodikeon. Bei ihnen mussten sich die fast ausschließlich männlichen Teilnehmer im Knaben- und Erwachsenenalter einige Wochen vor den Spielen anmelden. Die Ausschussmitglieder prüften die Teilnehmerlisten sowie die Sportler und die Pferde auf Verfassung und Altersklasse und bereiteten die strebsamen, angehenden Olympioniken („Olympiasieger") wochenlang intensiv auf die harten, mitunter tödlichen Wettkämpfe vor. Dieses „Qualifying" fand spätestens seit klassischer Zeit in Elis statt. Die Kampfrichter erlegten den Bewerbern außerdem eine fest vorgeschriebene Diät auf. Nach der Prüfung marschierten die Sportler wohl in zwei Tagen die rund sechzig Kilometer nach Olympia. Unterwegs vollzogen die Hellanodiken rituelle Reinigungen. Vor Beginn der eigentlichen Spiele, die sie ebenfalls leiteten, losten sie die Aufstellungen oder Paare aus. War nur ein einziger Agonist angemeldet oder kampffähig, so siegte er „staublos", das heißt ohne sich im Kampf gemessen zu haben.

> Obwohl die ersten **Olympien** mit dem Sieg des Eleers Koroibos 776 v. Chr. in Zusammenhang gebracht wurden und den Beginn einer eigenen Zeitrechnung markierten, glaubten die Griechen, dass bereits im heroischen Zeitalter entsprechende Wettkämpfe stattgefunden haben. So soll in Olympia einst der Held Pelops im Wagenrennen gesiegt haben. Zugleich wurde dort Herakles verehrt, da es hieß, er habe den heiligen Ölbaum in Olympia gepflanzt.

Entscheidungen gab es in den „klassischen" Disziplinen: dem Wettlauf im Stadion, dem Fünfkampf (Lauf, Sprung, Diskos, Speer, Ringen), Faustkampf, Pankration („Allkampf") und Wagenrennen. Unter den 81 für die Jahre von 720 bis 576 v. Chr. überlieferten Olympioniken finden sich 46 Spartaner, was für deren – nur in frührarchaischer Zeit –Wertschätzung des gesamtgriechischen Sports spricht. Ihre Siege ebbten seit dem 6. Jahrhundert v. Chr. auffällig ab, was mit der selbst gewählten Isolation des Doppelkönigtums und der Konzentration auf militärische Belange zusammenhängen mag.

Ein schmutziger Sieg
Die sonst strengen Hellanodiken waren der Macht Neros nicht gewachsen: Der Kaiser verlegte die Olympiade um zwei Jahre, wurde als Lenker von zehn Pferden vom Wagen geworfen und konnte das Rennen nicht beenden. Dennoch galt er als Sieger und feierte seine Rückkehr nach Rom als eine Art Triumphzug. Nach seinem Tod wurde sein Sieg für ungültig erklärt. Die Hellanodiken sollten die angebliche Bestechungssumme von 250 000 Drachmen an Rom zurückzahlen.

Frauenwettkämpfe waren außer in Sparta die Ausnahme – bei Olympia, das vorrangig für Zeus gefeiert wurde, liefen sie zu Ehren Heras, seiner Gattin. Eine Frau konnte auch siegen, indem sie wie die Spartanerin Kyniska, die Schwester König Agesilaos' II., einen eigenen Wagen ins Rennen schickte. Beim Pferderennen galt der Inhaber oder die Inhaberin der Pferde als Sieger und nicht der Wagenlenker, meist verschiedene Personen. Auch Philipp II. von Makedonien gewann als Besitzer im Jahr 356 v. Chr., als sein Sohn Alexander geboren wurde, bei den Olympischen Spielen.

Die verurteilte Statue
Nach dem Tod des Theagenes von Thasos verging sich ein ehemaliger Gegner des Sportlers mehrfach an der Statue, die diesem zu Ehren errichtet worden war. Irgendwann fiel sie um und erschlug ihn. Die Thasier versenkten sie „zur Strafe" im Meer, doch nach schlimmen Ernteausfällen riet ihnen die Pythia, sich des Theagenes zu erinnern. So sollen Fischer die Statue mit Netzen an Land gezogen und die Thasier ihren großen Agonisten fortan mehr denn je verehrt haben.

Wenig Glück mit dem besonders prestigeträchtigen Wagenrennen hatte am Ende der Athener Kimon mit dem Beinamen „Dummkopf": Erst war er vom Tyrannen Peisistratos verbannt worden. Dann durfte er nach Hause zurückkehren, da er diesen bei seinem zweiten Sieg in Olympia als Sieger ausgerufen hatte. Nach seinem dritten Sieg jedoch ließ Hippias, Sohn und Nachfolger des Peisistratos, den möglicherweise allzu stolzen Kimon ermorden. Dessen Sohn Miltiades besiegte als Stratege der Athener mit dem verbündeten Aufgebot aus Plataiai 490 v. Chr. in der Schlacht von Marathon die Perser. In deren Beraterstab befand sich der 510 v. Chr. vertriebene Hippias.

Glimpflicher kam der Spartaner Lichas 420 v. Chr. davon, dessen Fahrer mit dem als thebanisch ausgegebenen Gespann gewann. Grund für den Betrug war, dass die Eleer Sparta wegen kriegerischer Handlungen zur Zeit der

Friedensperiode disqualifiziert hatten. Als Lichas sich in anmaßender Weise als Spartaner zu erkennen gab, wurde er von Peitschenträgern verjagt. Die Spartaner zwangen die Eleer schließlich militärisch, den Sieg des Lichas anzuerkennen.

Auch Bestechungsversuche kamen vor, welche die Kampfrichter mit Bußgeldern ahndeten, von denen beispielsweise Statuen errichtet wurden. Im Jahr 480 v. Chr. verurteilten die Kampfrichter den berühmten Schwerathleten Theagenes von Thasos wegen niederer Beweggründe – möglicherweise Neid – zu der hohen Geldstrafe von zwei Talenten (12 000 Drachmen). Er hatte den Faustkampf gewonnen und war zudem für das Pankration angemeldet gewesen, von dem er nun angeblich wegen Erschöpfung zurücktrat. Sieger wurde Euthymos von Lokroi, der im Faustkampf Unterlegene.

Im Laufe der Zeit fügten die Griechen ihren Spielen weitere Disziplinen hinzu – vor allem beim Pferderennen oder den Waffenlauf –, andere wurden aufgegeben. Bei zahlreichen Spielen gab es auch musischen Wettstreit: Gesang, Musik, Tanz, Theater oder Malerei. Die in Purpur gewandeten Hellanodiken ehrten die Olympioniken mit einem Kranz aus Ölbaumzweigen.

Ein zweiter Herakles
Zahlreichen Athleten gelang es, bei allen vier panhellenischen Spielen in Folge zu siegen. Der berühmteste dieser sogenannten Periodoniken („Rundensieger") war Milon. Der Ringer aus Kroton (Italien) vollbrachte diese Meisterleistung sechsmal. Insgesamt errang er 32 Einzelsiege. In der Heimat hatte er erheblichen Einfluss und unterwarf ca. 510 v. Chr. als Feldherr die Stadt Sybaris.

Die rivalisierenden Poleis waren derart stolz darauf, wenn einer ihrer Bürger – oder gar der Regent selbst – in einer Disziplin der panhellenischen Spiele gewonnen hatte oder gar Gesamtsieger geworden war, dass sie ihm große Ehren zukommen ließen. Nicht nur, dass der Betreffende zum Beispiel in Athen fortan freie Speisung im Amtsgebäude der Prytanen genoss und damit „Parasit" wurde, er erhielt oftmals auch eine große Geldsumme – bis zu fünf Talente (30 000 Drachmen) –, ein Grundstück oder diverse andere Privilegien. Die Stadt ließ Siegerstatuen und Siegerinschriften aufstellen – sogar für die Pferde –, berühmte Dichter wie Pindar oder Bakchylides rühmten den Sieger in Hymnen und wurden großzügig dafür entlohnt. Ein erfolgreicher

Nackte „Tatsache"
Dass die Teilnehmer der großen Spiele in heroischer Nacktheit auftraten, basiert angeblich auf einer Blamage: Der Läufer Orsippos, ein Feldherr aus Megara, soll bei den Olympischen Spielen die Kleidung verloren haben.

Agonist konnte zu einem Heros aufsteigen, den Anekdoten umrankten. So konnte Milon von Kroton einen Stier angeblich sowohl tragen als auch verspeisen. Um die Grabstätte mehrerer Olympioniken entstand ein regelrechter Kult.

Die Agonotheten – Arbeiten für den Wettkampf

Die Agonotheten waren Beamte, die in verschiedenen Griechenstädten damit beauftragt waren, die öffentlichen Spiele, Agone (Wettkämpfe) sowie Feste zu organisieren. Jede der zehn Phylen Attikas etwa bestimmte alle vier Jahre per Los je ein Gremiumsmitglied. Zusammen prüften diese Anmeldungen und tatsächliche Teilnehmer – vor allem der Großen Panathenäen –, überwachten die verschiedenen Disziplinen, bestraften Regelverstöße und ehrten die Sieger. Sie traten oft in Purpur gewandet und bekränzt auf. Die ebenfalls zehn *hieropoioi*, niedere Kultbeamte, die für mehrere Poleis belegt sind, unterstanden ihnen und bereiteten religiöse Riten oder Opfer vor.

Seit hellenistischer Zeit waren die Agonotheten in Athen auch für die musikalische Begleitung von Theaterstücken zuständig, das heißt, sie übernahmen in Abstimmung mit dem Archon die Aufgabe des bisherigen Choregen. Das bedeutete, dass sie Personal und Material selbst finanzierten, während sie in klassischer Zeit, als Athen auf dem Zenit seiner Macht stand, über umfangreiche öffentliche Mittel verfügten.

Im vorletzten Gesang von Homers „Ilias" finden die Leichenspiele zu Ehren des Patroklos statt. **Achilleus** selbst, engster Freund des Gefallenen und bester Kämpfer der Hellenen oder Danaer, wie Homer die Griechen nennt, leitet als Veranstalter die damit verbundenen Wettkämpfe. Er fungiert als Schiedsrichter und vergibt Preise aus seinem Eigentum – das Vorbild schlechthin für alle ehrenamtlichen Agonotheten.

Petronius „Arbiter" – Kenner in Sachen „guter Geschmack"

Der Staatsmann C. oder T. Petronius war dem Geschichtsschreiber Tacitus zufolge Suffektkonsul und Statthalter in Bithynien, bevor er an Kaiser Neros Hof durch eine ungewöhnliche Tätigkeit zu Ansehen kam – indem er nichts tat. Das bedeutete aber nicht, dass er einfach nur herumsaß. Vielmehr hatte er offenbar ein Gespür dafür, wie sich das Leben auf stilvolle, angenehme, jedoch nicht verschwenderische Weise genießen lasse. Er galt daher als *arbiter elegantiae* oder *elegantiarum*, als „Entscheider über guten Geschmack".

In dieser Funktion gewann er erheblichen Einfluss auf den Hof und Nero selbst – herrlich dargestellt im Film-Epos „Quo vadis" nach Henryk Sienkiewiczs gleichnamigem Roman aus dem Jahr 1896: Leo Genn als Petronius kritisiert den Kaiser, den Peter Ustinov mimt, sein Gesang sei zu gewöhnlich, er „brenne" nicht genug, und Letzterer erkennt dies an – allerdings mit fatalen Folgen für die Stadt … Petronius' Macht kostete ihn das Leben: Der eifersüchtige Prätorianerpräfekt Tigellinus sorgte dafür, dass Petronius in Verdacht geriet, in die sogenannte Pisonische Verschwörung verwickelt zu sein. Der als Autor des Schelmenromans „Satyricon" mit dem „Gastmahl des Trimalchio" als zentralem Stück berühmte Petronius schnitt sich daraufhin die Pulsadern auf und zeigte Nero in einem letzten Brief auf, wie bekannt dessen Eskapaden waren – ebenfalls brillant in dem Monumentalfilm „verewigt".

Schauspieler – Eins, zwei, drei, vier …

In mykenischer, geometrischer und früharchaischer Zeit hatten umherziehende *aoidoi*, Epos-Sänger, mithilfe eines brillanten Gedächtnisses, traditionellen Versmaterials und Lyra- oder Kitharagesangs vorrangig den Adel mit alten Heldentaten unterhalten. Selbstverständlich wurde dieses Liedgut neben anderen Volksweisen auch außerhalb der Adelshäuser mündlich weitergegeben. Aus lyrischen Gesängen, die mit dem Kult des Dionysos zusammenhingen, soll dann im späteren 6. Jahrhundert v. Chr. die berühmte griechische Tragödie parallel zur schriftlichen Berufsdichtung hervorgegangen sein, die das musische Unterhaltungsprogramm immens bereicherte. Aristoteles meinte im 4. Jahrhundert v. Chr., Thespis aus Attika hätte den ersten Schauspieler eingesetzt. Der Dichter siegte in den 530er-Jahren im allerersten Tragödienwettbewerb, der bei den Dionysien in Athen ausgetragen wurde. Ein Schauspieler sprach den Prolog und trat sprechend oder singend in eine Art Dialog mit dem Chor. Die griechische Komödie indes soll aus sizilischen Dramen oder nächtlichen Umzügen hervorgegangen sein. In Athen wurde sie entfaltet.

Bei den gesamtgriechischen und den unzähligen lokalen Festen und Agonen, die sich in der archaischen Zeit entwickelt hatten, traten seit spätarchaischer Zeit in zunehmendem Maße nicht nur Sportler, sondern auch Schauspieler und Chöre der einzelnen Phylen oder Poleis gegeneinander an. Allein im klassischen Athen, das als Wiege der griechischen Tragödie gilt, fanden an rund siebzig Tagen im Jahr öffentliche Feste statt. Die Archonten vergaben im Vorfeld an mehrere Dichter den Auftrag, verschiedene Stücke für die wichtigsten Agone (Dionysien, Lenäen) zu verfassen. In der Regel handelte es sich um einen Ausscheid von fünf oder drei Komödien (seit 486 v. Chr.) sowie einen von jeweils drei Tragödien und einem derben Satyrspiel – Letzteres nicht bei den Lenäen. Mehrere erst am Ende des Ausscheids ausgeloste Preisrichter aus verschiedenen Phylen entschieden nach dem eigentlich unumstößlichen Vorentscheid der Zuschauer endgültig über den Sieg.

> Die Tragödie **Der Fall Milets** befasste sich nicht mit Mythen, sondern war 493 v. Chr., im Jahr der Aufführung, regelrecht Gegenwartsliteratur. Sie schockierte die Athener dermaßen, dass sie den Dichter Phrynichos zu der hohen Geldstrafe von 1000 Drachmen verurteilten.

Die ersten Schauspieler waren meistens die Dichter der vorgetragenen Stücke selbst; ansonsten wählten diese den Darsteller aus, der wahrscheinlich vom Staat bezahlt wurde. Sie ließen darüber hinaus ihr Werk in Kooperation mit dem Choregen musikalisch untermalen. Mit einem einzelnen Schauspieler (*hypokrites*) zu beginnen war ein revolutionärer Schritt, doch bereits Aischylos erkannte, dass zwei Darsteller mehr Abwechslung boten. Sophokles (ca. 495–406 v. Chr.) führte einen dritten Schauspieler ein. Komödien verlangten nach drei oder vier Schauspielern. Das hieß, dass die Dichter nicht mehr allein und später gar nicht mehr persönlich auftraten; erstes prominentes Beispiel ist Sophokles.

Die Schauspieler waren prinzipiell freie Bürger der Stadt. Wie die Chorsänger waren sie maskiert; sie trugen schwere Gewänder und oft Schnürstiefel und übernahmen auch die Frauen- und Kinderrollen. Wollten sie Erfolg haben, mussten sie es verstehen, die Emotionen der Charaktere mit deutlichen Gesten auszudrücken, täglich ihre Stimme trainieren und aus mündlicher Überlieferung oder Notation schöpfen. Von ihnen wurden also große Anpassungs- und Wandlungsfähigkeit erwartet. Sie lebten weitgehend enthaltsam, da dies der Reinheit und Feinheit ihrer Stimme zuträglich sein sollte. Die älteren Komödien mit ihrem Spott,

Dramatisch inszenierte Tode?

Nicht erst hellenistische Dichter suchten die Nähe der Höfe: Bereits die Lyriker Anakreon und Pindar verdienten im 6. bzw. 6./5. Jahrhundert v. Chr. horrende Summen, indem sie Gedichte für den Adel, Tyrannen, Händler oder siegreiche Agonisten verfassten. Während Anakreon hochbetagt an einem Traubenkern erstickte, genoss Pindar, sterbend an seinen Geliebten gelehnt, den Vortrag seiner eigenen Werke. Auch die klassischen Tragiker Aischylos und Euripides zog es an den Hof. Ersterem ließ angeblich ein Adler eine Schildkröte auf den Kopf fallen; Letzteren sollen die Hunde des makedonischen Königs Archelaos zerfleischt haben.

recht bissiger Sozialkritik und derben Possen sahen in Griechenland auch extravagante Kleidung und überdimensionierte Lederphalloi vor. Eigens vom Staat eingesetzte „Stockträger" müssen oftmals durch die in klassischer Zeit noch hölzernen Reihen und Aufbauten gegangen sein, um aufgebrachte oder fanatische Zuschauer wieder zur Räson zu bringen.

Die Beliebtheit der griechischen Tragödie, die meistens mythische Themen aufgriff, brachte auch etliche spezialisierte Handwerker hervor, die zahlreiche Maskentypen aus Leinen und Gips und verschiedene Gewänder kreierten. Ihr Einfluss schwand jedoch im Verlauf des 4. Jahrhunderts v. Chr. In den hellenistischen Monarchien und im alten Rom fand die griechische Komödie wenig Anklang, sieht man vom gräkophilen Nero ab, der selbst als Kitharöde auftrat. Die mittlere Komödie (ab ca. 400 v. Chr.) sah parallel zum Niedergang athenischer Macht von politischen Themen ab. Alltagsszenen traten in den Vordergrund, der Chor verlor an Bedeutung. Dies änderte sich auch in der neueren Komödie (323 bis ca. 260 v. Chr.) nicht, deren berühmtester Dichter Menander war, für den auch Caesar sich begeisterte.

Bei einigen Agonen wurde seit ca. 450 v. Chr. auch der beste „Protagonist", das heißt der erste Schauspieler, ausgezeichnet. Einige wurden regelrechte Stars, viele mussten sich jedoch wie heute einzelne Rollen erkämpfen

– so bereits in klassischer Zeit der später berühmte Redner Aischines –, vor allem auch weil das Ansehen der Schauspieler in hellenistischer Zeit schwand.

Selbst ist der Mann
Aristophanes (ca. 445 bis 385 v. Chr.) gilt als der berühmteste griechische Komödiendichter. In seinen bissigen Werken nahm er seine Gesellschaft, die Götter und verschiedene Staatsmänner aufs Korn. Als er den radikalen Politiker Kleon – den „Gerber", siehe Tuchwalker – als Volksverhetzer kritisierte, war kein Schauspieler gewillt, die entsprechende Rolle zu übernehmen. Er spielte sie daher selbst.

Dem römischen Gelehrten Livius zufolge fußt die römische Komödie auf rituellen Tänzen und Flötenspielen von bei einer Seuche herbeigerufenen Etruriern, denen junge Römer später Verse hinzudichteten. Zumindest soll sich im 3. Jahrhundert v. Chr. der römische Schauspieler – *histriones, scaenicus* oder auch *actor* – als Beruf etabliert haben. Einige Autoren, allen voran Livius Andronicus, machten zu dieser Zeit die griechische Tragödie und Komödie in der aufstrebenden Republik bekannt, doch ohne langfristigen Erfolg. Die Schauspieler im von den Ädilen beaufsichtigten römischen Theater waren insbesondere in republikanischer Zeit Sklaven oder Freigelassene, denen die im Vergleich zu den Athenern recht heterogene Zuschauermenge kaum Achtung zollte.

Weitaus erfolgreicher als die Komödie, die in Rom ohne Chor auskam, oder gar die Tragödie war der sogenannte Mimus, den die Römer von den Westgriechen geerbt hatten. Unmaskiert und barfuß, manchmal auch nackt, traten dabei während verschiedener Spiele (*ludi scaenici*) Männer und auch Frauen auf, die stereotype Rollen wie etwa die fremdgehende Ehefrau und deren Liebhaber spielten und nicht in Versform, sondern in Prosa sprachen. Die Possen waren deftig, aber weitgehend unpolitisch; so förderten die Kaiser den Mimus. Viele Schauspieler hatten, wenn sie keine eigenen Stücke inszenierten, Werke von Dichtern abgekauft, um sie mit ihrer Gruppe im Auftrag der Ädilen aufzuführen. So konnten Partnerverträge zwischen Autor und *actor* fruchten oder bei Missfallen platzen.

Einige Schauspieler spezialisierten sich auf die in Rom ebenfalls erfolgreiche, anspruchsvollere Pantomime, die in frühaugusteischer Zeit dort eingeführt wurde. Der maskierte *pantomimus*, der nach einem seiner Urheber auch Bathyllus genannt wurde, trat mit einigen Instrumentalisten, Sängern und Tänzern bei verschiedenen Veranstaltungen auf und stellte wortlos vor allem mythologische und historische Themen dar. Einige von ihnen avancierten wie auch Mimus-Darsteller zu regelrechten Stars, die mehrere Hundert Sesterzen pro Auftritt verdienen konnten.

Wandernde *tragoidoi* trugen nicht erst in römischer, sondern schon in archaischer Zeit ihre Stücke vielerorts vor. Erst in hellenistischer Zeit jedoch entstanden regelrechte Vereinigungen oder Gilden dieser *technitai* („Artisten" des Dionysos). Viele errangen regional oder überregional enormen Einfluss und tourten durch die gesamte griechisch-römische Welt mit ihren zeitweise dreihundert Theatern und Odeia.

Der Prototyp der „brotlosen Kunst"
Schauspielerische Darbietungen, darunter das Marionettentheater oder derbe Volksstücke, waren stets vielfältig und vermischten sich gelegentlich mit Akrobatik, so etwa als Pausenfüller im Circus Maximus in Rom. Die Straßenschauspieler, *deikeliktai*, hatten ein besonders geringes Ansehen. Als Alexander der Große in Ägypten weilte, unterhielt ein Artist bei einem Wettbewerb die Zuschauer damit, dass er eine Kichererbse auf eine Nadel warf, sodass sie steckenblieb. Der König belohnte ihn – angeblich mit einem Säckchen Erbsen.

Viele Bürger misstrauten den Gruppen von Schauspielern, Musikern und Tänzern, von Akrobaten – Kunstspringern, Seil- oder Gerüstakrobaten –, Gauklern (*praestigiatores*) oder Possenreißern (*scurrae*) wegen deren unsteten Lebens, vertrieben sie sogar, oder die Obrigkeit wies sie aus. Die dargestellten Themen – oft provokant, freizügig und zügellos – standen später auch im Widerspruch zu christlicher Frömmigkeit. Doch aufgrund der Begeisterung der breiten Massen besonders am komischen Schauspiel in all seinen Facetten besiegelte erst der Untergang des Weströmischen Reichs das Ende des antiken Theaterwesens, das gerade in den östlichen Provinzen lange Zeit griechisch geprägt blieb.

Der Musiker – mit und ohne Saiten vielseitig

Römische Musiker an der
Wasserorgel und dem Horn.

Der hohe Stellenwert, den sowohl die Minoer und Mykener als auch nach ihnen die Griechen der Musik beimaßen, ist bereits im Mythos erkennbar. Instrumente waren wichtige Attribute einiger Olympier: die Lyra (die Leier; darauf basiert der Begriff „Lyrik") von Apollon, die Kithara (eine Weiterentwicklung, Vorläufer der Gitarre) von Hermes, das Barbiton (ein recht schlankes Saiteninstrument) von Dionysos und die Syrinx von Hermes und Pan (daher als Panflöte bekannt). Flötenspiel galt den Griechen, nicht jedoch den Etruskern und Römern als minderwertig, da es die Gesichtszüge entstellte. Deswegen hatte Athena den *aulos*, den sie erfunden hatte, auch weggeworfen. Dennoch fand diese eher der Oboe ähnelnde „Doppelflöte" im wahren Leben vielseitige Verwendung. Vor allem Apollon war gnadenlos, wenn sich ein Sterblicher anmaßte, sich mit ihm musikalisch zu messen. Der Satyr Marsyas, der den *aulos* der Athena gefunden hatte, verlor einen Wettstreit mit diesem Gott und wurde zur Strafe gehäutet.

Vergleichsweise hohe Erwartungen hatten die Griechen an professionelle Rhapsoden, auch Aoiden genannt, die bevorzugt den Adel unterhielten, indem sie oft auch eigene Verse rezitierten, sich musikalisch begleiteten oder mit einem Lyra- oder auch Flötenspieler kooperierten. Man denkt fast zwangsweise an den legendären Sänger Homer (8. Jahrhundert v. Chr.), dem landläufig die ersten beiden Epen Europas, die „Ilias" und die „Odyssee", zugeschrieben werden. Er stammte möglicherweise aus Kleinasien, wo grundlegende Musiktheorien entwickelt wurden. Ferner soll der ebenfalls historisch schwer greifbare Phrygier Olympos die Griechen im Spiel auf dem *aulos* unterwiesen haben.

Auch Lesbos scheint eine Hochburg früher Musiktheorie gewesen zu sein. Von dieser Insel stammten nicht nur Alkaios und Sappho (um 600 v. Chr.), zwei Koryphäen musikalischer Lyrik, sondern bereits Terpandros. Er soll Anfang des 7. Jahrhunderts v. Chr. die Lyra oder die Kithara auf sieben Saiten erweitert – obschon bereits die Minoer Letztere in dieser Form gespielt hatten –, den instrumental begleiteten Gesang etabliert sowie den Grundstein für das Spielen nach Noten und in Tonarten gelegt haben. Er war so bekannt, dass die Spartaner ihn anwarben, damit er ihnen die Chortechnik beibringe.

Bei zahlreichen Wettkämpfen, seit etwa dem 6. Jahrhundert v. Chr. bei den panhellenischen Spielen, bei den Dionysien, den Panathenäen und später auch den kaiserlichen Agonen wetteiferten die besten Musiker wie bereits Terpandros um Ruhm, Privilegien und hohe Preisgelder. Der Aulet Sakadas aus Argos siegte 586 v. Chr. bei den Pythischen Spielen in Delphi mit einem Flötenstück – vielleicht wegen seines Könnens, vielleicht aber auch, weil es von der Gründungssage des heiligen Ortes handelte. In den beiden folgenden Jahren konnte er seinen Sieg mit jeweils einer anderen Fassung seines Werkes wiederholen.

Die Konkurrenz unter Berufssängern und Instrumentalisten auf dem Aulos, der Kithara, der trompetenartigen Salpinx, dem Tympanon, einer Handtrommel, oder anderen Instrumenten nahm seit klassischer Zeit zu. Regelrechte Stars wie der Thebaner Timotheos, ein Flötenspieler des 4. Jahrhunderts v. Chr., verdienten mit eigenen Konzerten ein Vermögen. Der Salpinxbläser Herodoros aus Megara siegte im 4./3. Jahrhundert v. Chr. mehrfach bei den wichtigsten Spielen: den Olympischen, Isthmischen, Nemeischen und Pythischen. Im Dienst des Demetrios Poliorketes soll er mit gleich zwei „Trompeten" dessen Truppen derart beflügelt haben, dass sie das von ihnen schwer belagerte Argos einnehmen konnten. Auch andere Blasinstrumente mobilisierten oder dirigierten Armeen auf dem Schlachtfeld. Dazu zählen das Horn (*cornu*) und der *aulos*, den ein Jüngling zwischen Hoplitenphalangen auf der in Etrurien gefundenen berühmten „Chigi-Kanne" aus dem 7. Jahrhundert v. Chr. spielt. Im römischen Heer dominierte die Tuba, die der Salpinx ähnelt. Pro Legion sollen bis zu vierzig Bläser damit verschiedene Kommandos verkündet haben.

Seit dem 3. Jahrhundert v. Chr. entstanden vielerorts **Musikervereini-gungen**. Das entsprechende *collegium* in Rom befand sich auf dem Aventin und war einem Heiligtum der Minerva (Athena) angegliedert.

Antike Musikerinnen und Musiker, frei oder unfrei, spielten und sangen bei privaten und öffentlichen Festen, Prozessionen und Riten – in Rom etwa dem Schwein-Schaf-Stier-Reinigungsopfer, *suovetaurilia* genannt, denn auch dort wurde der Musik heilende Wirkung nachgesagt. Gerade in der Weltstadt Rom strömten Künstlerinnen und Künstler aller Art zusammen. Begehrt und verrufen zugleich waren die erotischen Tänzerinnen aus Gades/ Cádiz mit ihren Hand- und Fußklappern.

In der römischen Komödie bestand die Theatermusik vor allem als instrumentales Intermezzo fort. Und auch im Amphitheater waren Musiker gefragt: Mit Flöten (*tibiae*) und der Wasserorgel (*hydraulis*), einer Erfindung des Technikers Ktesibios von Alexandreia aus dem 3. Jahrhundert v. Chr., ließen die Veranstalter Gladiatoren-Kämpfe (*munera*), Kämpfe gegen wilde Tiere (*venationes*, vgl. *venator*) und wohl auch die Hinrichtungen von Verbrechern dramatisch untermalen oder die Schreie übertönen.

Der Chorege – ein teurer Spaß

Als Musikwegweiser hatte Terpandros in gewisser Weise mit seinem lydischen Zeitgenossen Alkman, der sich ebenfalls in Sparta aufhielt und den ursprünglichen, wohl aber von den Kretern übernommenen Chorgesang geprägt haben soll, rivalisiert. Chöre waren spätestens seit archaischer Zeit wesentlicher Bestandteil der Spiele und religiösen Feste und gewannen mit Beginn der klassischen Zeit immense Bedeutung für das Theater.

Damit entwickelte sich eine enorm wichtige Form der Leiturgie, die Wohlhabenden je nach Auffassung angeboten oder auferlegt wurde: der Chorleiter (*choregos*). Die Choregie übernommen zu haben hieß, für einen reibungslosen Chorauftritt bei Festen, Wettbewerben der einzelnen Phylen und vor allem bei den bedeutenden Theaterwettbewerben mit Komödien, Tragödien und Satyrspielen – bei den Dionysien, bei den Lenäen nur die beiden Ersteren – zu sorgen und mit dem Staat und dem Pächter eines Theaters oder Odeions zu verhandeln und zu vermitteln.

> Die **Chormitglieder** bei den Theaterwettbewerben waren meist männlich. Es gab aber auch Mädchenchöre wie die der Gesangsexperten Alkman und Sappho, die ebenfalls in Wettbewerben gegeneinander antraten.

Zusammen mit dem Hauptdarsteller (Schauspieler) eines nominierten Stücks – in früher Zeit oftmals der Dichter selbst –, das musikalisch begleitet werden sollte, suchte der Chorege männliche Sänger oder Choreuten – die Anzahl schwankte je nach Wettbewerb zwischen zwölf und fünfzig –, den *koryphaios*, den direkten Chorführer (daher leitet sich „Koryphäe" ab), sowie den oder die sie begleitenden Instrumentalisten aus. Der *choregos* konnte auch einen *chorodidaskalos*, einen Choreografen, hinzuziehen und damit beauftragen, den Chor entsprechend auszubilden. Dieser konnte auch der Dichter selbst sein; auch der berühmte Tragödiendichter Aischylos hatte einst als solcher fungiert. Der Chorege hatte ferner die Aufgabe, die Chormitglieder zu versorgen, einzukleiden und die Statisten zu bezahlen. Der finanzielle Aufwand konnte einige Tausend Drachmen betragen, doch das scheinen viele dieser Ehrenämtler gern in Kauf genommen zu haben: Immerhin war es ihnen im Fall eines Sieges gestattet, ein Denkmal für sich errichten zu lassen.

Ende des 4. Jahrhunderts v. Chr. löste Demetrios von Phaleron, der auf Beschluss des makedonischen Herrschers Kassandros zehn Jahre lang in Athen regierte, wegen der Kosten und der schwindenden Bedeutung des Chores und der Musik in der sogenannten Neuen Komödie die Choregie auf. Fortan oblagen die damit verbundenen Aufgaben einem Archon und den Agonotheten, die Kosten aber dem Steuerzahler.

> Auch der vielleicht berühmteste attische Staatsmann, **Perikles**, amtierte in jungen Jahren als Chorege. Sein Chor untermalte im Jahr 472 v. Chr. die siegreiche Tragödie „Perser" des Aischylos bei den Dionysien.

Der Wagenlenker – Champion aller Ställe

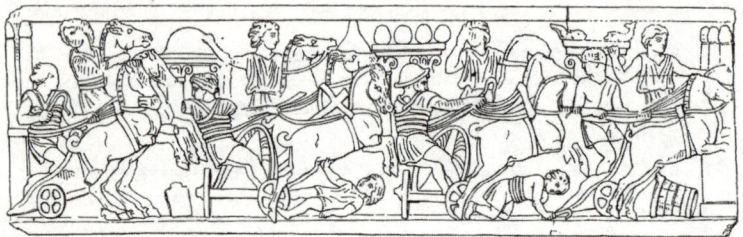

*Römisches Wagenrennen – rasant und
nicht selten tödlich.*

Wagenlenker brachten im frühen Griechenland Krieger meist adeliger Abstammung auf dem Streitwagen zum Kampfplatz, wo diese absprangen und
zu Fuß kämpften. Seit archaischer Zeit beschränkten sich die Griechen,
deren Heere und Kriege expandierten, auf Infanterie und in geringem Maße
auf die Reiterei, die nur für die Oberschicht erschwinglich war. Wagenrennen erinnerten bei den großen Spielen an die „alte Zeit" und hatten daher
wie später auch in Rom den höchsten Stellenwert. In Olympia trugen Vierspänner, die in teilweise großer Zahl teilnahmen, zwölf Runden mit einer
Gesamtstrecke von etwa zehn Kilometern aus.

Die Lorbeeren erntete nicht der siegreiche Wagenlenker, sondern der Eigentümer des Gespanns, meist eine andere Person (vgl. Sportler). Doch empfingen die Fahrer den spontanen Jubel der Zuschauer im Hippodrom und
wurden darüber hinaus von den Eigentümern oft reich belohnt.

Nicht in den Händen, sondern um die Lenden
Im Gegensatz zu griechischen Wagenlenkern, die die Zügel in den
Händen hielten, banden sich die römischen diese um die Hüften, um
zugleich eine Peitsche schwingen zu können. Das war praktisch, aber
riskant, denn wenn der Lenker das Gleichgewicht verlor und aus dem
Wagen geschleudert wurde, konnte er zu Tode geschleift werden, gelang es ihm nicht, sich rechtzeitig loszuschneiden.

Die geläufige Rundenzahl im Circus Maximus in Rom und auf anderen Rennbahnen betrug sieben, die Strecke fünf bis sechs Kilometer, die Zahl der zum Teil sehr erbitterten Kontrahenten schwankte. Sie traten für verschiedene Gesellschaften oder Parteien (*factiones*), die Besitzer der Pferde und Wagen, die ihre eigene Farbe hatten, an.

Kaiserliches Massaker an „Hooligans"

Das Verhalten der Anhängerschaft von Wagenlenkern war oftmals ausufernd und brutal. 390 n. Chr. hatte ein *magister militum* in Thessalonica einen beliebten Wagenlenker wegen dessen – in der Spätantike zunehmend verfolgten – Homosexualität inhaftieren lassen. Der Magistrat wurde von einer erzürnten Menge gelyncht. Kaiser Theodosius ließ daraufhin 3000 Zuschauer angeblich von Bogenschützen töten und wurde vom Mailänder Bischof Ambrosius zu öffentlicher Buße gezwungen.

Verschiedene römische Autoren beschrieben die Licht- und Schattenseiten des Stardaseins bei den *ludi circenses*: zum einen die verlockenden hohen Preisgelder, für die andere – Arbeiter und Lehrer beispielsweise – vielleicht ein ganzes Jahr schuften mussten, selbst wenn diese an die „Rennställe" abgingen und es unklar ist, wie viel davon an die Fahrer abfiel. Rekordhalter mit 3559 Siegen ist nachweislich ein gewisser Pompeius Musclosus. Die erfolgreichsten kaiserzeitlichen Fahrer fuhren mehrere Millionen Sesterzen ein. Berühmte *agitatores* wie Gaius Apuleius Diocles, der im 2. Jahrhundert n. Chr. in mehr als 4200 Rennen über 35 Mio. Sesterzen gewann, wechselten die Faktionen je nachdem, wie viel ihnen geboten wurde.

Zum anderen drohte den meistens unfreien oder freigelassenen Wagenlenkern – berühmte Ausnahme: Kaiser Nero –, die als solche zwar verehrt, politisch und sozial aber minderberechtigt waren, ja als minderwertig galten, ein jäher Unfalltod. So zählten zum Hilfspersonal neben anderen *chirurgi*, die auch Gladiatoren versorgten, und Tierärzte (*mulomedici*). Sehr anschaulich dargestellt wird die Lebensgefahr, in der Wagenlenker schwebten, in Lew Wallace' „Ben Hur" aus dem Jahr 1880 bzw. dessen berühmten Verfilmungen: In der Person des Judah Ben Hur siegen Charlton Heston (1959) und sein „Kollege" aus Stummfilmzeit (1925), Ramon Novarro, als *agitator* oder *auriga* des Scheichs Ilderim zur Zeit Jesu und des Kaisers Tiberius über den Römer Messala, der dabei tödlich verletzt wird, und die anderen Rivalen.

Der Gladiator und sein „Manager" – auf Leben und Tod

Kampfszenen von Gladiatoren
zu Fuß und zu Pferd.

Das Markanteste wie vielleicht auch Skandalöseste, womit die alten Römer in Erinnerung geblieben sind, sind die Gladiatorenkämpfe, die im Laufe von etwa siebenhundert Jahren im gesamten Imperium Hunderttausenden inmitten der Arenen (von (*h*)*arena*, Sand) das Leben gekostet und zig Millionen auf den Rängen begeistert haben dürften. Dabei ist zu bedenken, dass sich auch heute nicht wenige Zuschauer an Sportarten begeistern, die an Brutalität und Waghalsigkeit nichts zu wünschen übrig lassen. Und wie vor 2000 Jahren haben nicht wenige heutige Kampf- und Extremsportler einen zweifelhaften Ruf und werden zugleich bejubelt.

„Brot und Spiele" waren nach Juvenal die zwei Grundforderungen der städtischen Bevölkerung. Mit Spielen waren dabei neben dem Wagenrennen – in Rom vor allem im Circus Maximus – besonders Gladiatorenkämpfe (*munera*) gemeint, die an zahlreichen Tagen im Jahr nach Tierhetzen (*venationes*, vormittags) und Hinrichtungen (mittags) stattfanden.

Venatores waren professionelle Tierjäger oder Tierkämpfer. In Rom wurden sie in einer speziellen Schule, dem *ludus Matutinus*, ausgebildet. Sie traten kaum gerüstet zum Beispiel gegen Krokodile, Flusspferde, Raubkatzen, Elefanten, Nashörner oder Bären an. Jagdvorführungen waren beliebt, doch deren Abhaltung am Vormittag belegt, dass sie nicht die Hauptattraktion waren und damit einen niedrigeren Status als die Gladiatoren hatten. Auch hier rekrutierten sich die Kämpfer aus Kriminellen, Sklaven und Freiwilligen. Tierkämpfe fanden bis ins 6. Jahrhundert n. Chr. statt.

Die weitaus größere Begeisterung der breiten Massen für die „Schwertkämpfer" (*gladius*, Schwert) brachte verschiedene Superstars aus einzelnen Städten wie etwa Pompeji mit eigenen Fangemeinden hervor, die oft gegen-

einander vorgingen. Erfolgreiche
Gladiatoren waren von Frauen um-
schwärmt, konnten ein großes Vermögen anhäufen und sogar die Freiheit erringen, symbolisiert durch den
Empfang eines hölzernen Schwerts
(*rudis*). Einige Überlebende arbeiteten fortan als Trainer. Und dennoch
standen selbst diese Ausnahmehel-
den im Ansehen ganz unten: auf der-

Edle Tropfen …
Das Blut der Gladiatoren galt zunächst
als Opfer für Verstorbene. Später
sorgte es für Fruchtbarkeit, diente als
Liebestrank und wirkte wie auch die
Leber anti-epileptisch, wie auch Plinius
d. Ä. glaubte. Zuschauer sollen sich
daher auf gestorbene oder sterbende
Kämpfer gestürzt haben, um deren
Blut aufzufangen.

selben Stufe wie Sklaven, Prostituierte, Henker oder Bestatter, da sie ihr
Geld in den Augen der Römer mit anrüchiger Arbeit verdienten. Um die
große Mehrheit der Gladiatoren stand es weit schlimmer.

Männer konnten als Kriegsgefangene, Verbrecher oder Sklaven – unter Hadrian und Marcus Aurelius eingeschränkt – zum Kampf in den bis zu zweihundert Amphitheatern des Reiches, aber auch in Theatern – so in Ephesos –
oder auf umfunktionierten Plätzen
gezwungen werden. Bessergestellt
waren da Freie, die freiwillig in den
Dienst eines *lanista*, des Inhabers
einer Schule für Gladiatoren (*ludus*),
traten. Dieser hatte im Allgemeinen
einen schlechten Ruf und durfte
keine Ämter bekleiden, konnte aber
zu Wohlstand kommen, indem er
mit anderen Schulinhabern darin
wetteiferte, die von ihm ausgebilde-
ten oder gekauften Gladiatoren an
Veranstalter (*munerarii*) zu vermie-

Unfreiwillige Berühmtheit
Der Spartacusaufstand 73 bis 71
v. Chr. war der schwerste antike Skla-
venkrieg – er zwang die Römer fast in
die Knie. Seinen Anfang hatte er in der
Gladiatorenschule des Lentulus (Batiatus oder Vatia) aus Capua genommen.
Das Schicksal dieses *lanista* ist ungewiss. Im Monumentalfilm „Spartacus"
(1960) überlebt er, verkörpert von
Peter Ustinov; in der brachialen Serie
von 2010–13 kommt John Hannah als
Batiatus als extra-blutige Vollendung
des Ausbruchs um.

ten oder weiterzuverkaufen. In der Kaiserzeit, als *munera* längst zum Politikum geworden waren, setzten Kaiser auch *procuratores* als Leiter von Gladiatorenschulen ein.

Ein *lanista* nahm Freiwillige gern auf, musste er sie doch nicht erwerben,
sondern nur unterhalten. Sie gaben während der vertraglich geregelten Zeit

viele ihrer bisherigen Rechte auf, genossen aber abhängig von der Lage der Schule oder Kaserne, der Zeit und ihrem Status verschiedene Privilegien: Sie konnten beispielsweise ihre Familien besuchen und waren zugleich Mitglied einer weiteren geworden: der ihres *lanista*. Bei aller Konkurrenz innerhalb der Truppe waren die Gladiatoren ein und desselben *ludus* aufeinander eingeschworen. Dies wurde jedoch dann schwierig, wenn *munerarii* verlangten, dass einige von ihnen gegeneinander antraten.

Die nicht selten verhältnismäßig angenehmen Unterkünfte, die ärztliche Versorgung, von der der Normalbürger nur träumen konnte, die lange, harte, aber intensive Ausbildung durch Trainer und die recht gehaltvolle Nahrung mit viel Getreide und Bohnen belegen, dass Gladiatoren eine Wertanlage waren und Kämpfe offenbar überwiegend ohne Tote ausgingen. Besonders die Aussicht auf möglichst hohe Preisgelder bewegte viele, freiwillig ein sklavenähnliches Dasein anzunehmen und sich dem mörderisch bleibenden Spiel auszusetzen. Besonders als unerfahrener Neuling lief man Gefahr, beispielsweise als Thraker (mit Krummschwert und Rundschild), Hoplomachus oder Secutor (jeweils schwer bewaffneter Gladiator), Murmillo (Schwertkämpfer) oder Retiarier (mit Netz und Dreizack) zu sterben oder eine dauerhafte Verletzung oder Behinderung davonzutragen, zumal nicht selten erfahrene Gegner ausgesucht wurden.

Die zahlreichen erhaltenen Grabinschriften sind aufschlussreich: Sie lassen nicht nur erkennen, wie stolz die Gladiatoren oder ihre Hinterbliebenen auf den so verfemten Beruf waren, sondern vermerken auch, wie oft ein Verstorbener als Kämpfer in der Arena gestanden hatte: oft nur zwei oder drei Mal pro Jahr. Der *lanista* muss seine Gladiatoren, wenn sie Leerlauf hatten, anderweitig eingesetzt oder vermietet haben, vielleicht als Schutztruppe. In vielen Fällen mussten Gladiatoren allerdings auch mehrmals täglich oder wiederholt innerhalb weniger Tage auftreten, besonders bei so größenwahnsinnigen Feierlichkeiten wie der hunderttägigen Einweihung des Flavischen Theaters oder nach Trajans Sieg über die Daker. Ein Kampf konnte tödlich, mit Begnadigung oder unentschieden – vom Schiedsrichter festgestellt – enden.

Auch Frauen traten als **Gladiatorinnen** (*gladiatrices*) gegeneinander an, wenn auch weitaus seltener als Männer. Wie ihre Kollegen hatten sie oft kämpferische Künstlernamen wie zum Beispiel „Achillia". Kaiser Septimius Severus untersagte schließlich den weiblichen Schwertkampf.

Gladiatorenkämpfe im alten Rom sind seit der Mitte des 3. Jahrhunderts v. Chr. belegt. Sie sind italischen Ursprungs und haben einen kultischen Hintergrund: Sie dienten in rasch zunehmender Zahl der Ehre eines verstorbenen Familienvaters, Patrons oder auch Amtsträgers. Mit dem Blut der unterlegenen Gladiatoren sollte der Tote besänftigt werden – ihm wurde ein „Dienst" (*munus*) erbracht. Magistrate erkannten bald, dass sie die Begeisterung des Volks für die Kämpfe propagandistisch nutzen konnten. Caesar etwa verschuldete sich extrem hoch, um unvergessliche Spiele veranstalten zu können. Dem Senat waren seine Spiele ein Dorn im Auge, weshalb ihr Umfang begrenzt wurde. Doch die Entwicklung war unumkehrbar: Nach Caesars Tod wurden die Spiele zunehmend verstaatlicht, die stadtrömischen Schulen seit Domitian. Deren Leiter waren fortan ritterlichen Standes.

Commodus – Kaiser, Halbgott und Gladiator
Der „wiedergeborene Hercules", für den er sich selbst hielt, regierte von 180 bis 192 n. Chr. Es heißt, er sei 1200-mal – in abgespeckter Form mit Holzschwert – als *gladiator* und als *venator* aufgetreten. Einmal soll er einhundert Strauße mit speziellen Pfeilen geköpft haben.

Die Kaiser versuchten mit diesen Spielen, die Stadtbevölkerung von politischen oder ökonomischen Entscheidungen und Problemen abzulenken. Kaiser Titus etwa, dessen Regentschaft unter anderem wegen des Vesuvausbruchs unter keinem guten Stern stand, kannte kein Erbarmen, als die Raubtiere bei den Eröffnungsspielen des Flavischen Theaters verwirrt wirkten und zauderten. Er ließ den für ihre Abrichtung verantwortlichen Dompteur hinrichten.

Die *munera* hatten ihre Hochzeit im 1. und 2. Jahrhundert n. Chr. – trotz zunehmender Kritik seitens der Christen und sinkender Angebote fanden sie bis ins 5. Jahrhundert statt.

Löhne und Preise in der Antike

Löhne

Griechenland

Siegesprämie für Olympioniken unter Solon	500 Drachmen
Siegesprämie für Isthmioniken unter Solon	100 Drachmen
Lohn für Seeleute im 5. Jh. v. Chr.	3 Obolen (zeitweise 6)
Tägliches Gehalt eines Buleuten seit Perikles	1 Drachme
Richterlohn („Diät") in Athen ab ca. 425 v. Chr.	3 Obolen (zuvor 1 und 2)
Tageslohn eines athenischen Ruderers	3 Obolen
Standard-Tageslohn eines Facharbeiters bei öffentlichen Aufträgen (klassische Zeit)	1 Drachme
Lohn eines Ziegelfabrikanten	2 Drachmen/ 10 bis 20 Drachmen pro 1000 Stück
Jahreseinnahmen aus der Schwertmanufaktur des Vaters des Demosthenes (4. Jh. v. Chr.)	3000 Drachmen
Jahreseinnahmen aus der Möbelmanufaktur des Vaters des Demosthenes	1200 Drachmen
Jahreseinnahmen aus der Schildmanufaktur des Pasion (4. Jh. v. Chr.)	6000 Drachmen
Gehobenes Lehrerhonorar (ca. 3 Jahre)	1000–10 000 Drachmen
Reguläres Jahresgehalt einer Priesterin der Athena Nike	50 Drachmen
Tageslohn für verschiedene unfreie Tempeldiener	2 Obolen
Pauschalhonorar eines Turnlehrers (4. Jh. v. Chr.)	100 Drachmen
Jahreshonorar eines Musiklehrers in Teos (2. Jh. v. Chr.)	700 Drachmen
Tagessold für einen Hopliten in klassischer Zeit	2–6 Obolen + ggf. Dienerunterhalt
Tagessold für einen Reiter in klassischer Zeit (Athen)	2 Obolen + ggf. Unterhalt
Tagessold für mak. Infanteristen unter Alexander	1 Drachme
Tagessold für mak. Reiter unter Alexander	2 bis 3 Drachmen
Tagessold für griech. Reiter (Söldner) unter Alexander	2½ Drachmen
Tagessold für Söldner im 5. bis 3. Jh. v. Chr.	4–6 Obolen
Monatliches „Getreidegeld" pro Infanterist/Reiter (Kostenrechnung des Demosthenes)	10/30 Drachmen

Antiker Gesamtschätzwert von Athens Besitzungen	ca. 6000 Talente
Jährliche Einnahmen für Philipp II. von Makedonien	
aus den Gold- und Silberbergwerken im Pangaion/	
Pangeo-Gebirge	1000 Talente

2 *chalkoi* = ¼ Obole
6 Obolen = 1 Drachme
100 Drachmen = 1 Mine
60 Minen = 1 Talent

Rom

Tageslohn eines Arbeiters in der Kaiserzeit	maximal 10 Asse
	(1 Denar)
Tageslohn eines Minenarbeiters	2 Sesterzen
Tageslohn bei der Weinlese (1. Jh. n. Chr.)	4 Sesterzen
Jahresgehalt eines Flottenkommandeurs (Präfekt)	200 000 Sesterzen
Jahreslohn eines Liktors (1. Jh. n. Chr.)	600 Sesterzen
Jahresgehalt eines Prokurators (Kaiserzeit)	50 000 bis 300 000
	Sesterzen
Jahreslohn für Bergarbeiter (2. Jh. n. Chr.)	ca. 150 bis 200 Denare
Toppreisgeld für erfolgreiche Wagenlenker (Kaiserzeit)	50 000 Sesterzen pro Sieg
Jahressold eines rangniederen Legionärs (*miles*,	
späte Republik)	120–225 Denare
Jahressold eines Legionärs (frühe Kaiserzeit)	225–300 Denare
Jahressold eines Reiters (*eques*, frühe Kaiserzeit)	ca. 260 Denare
Jahressold eines hohen Centurios (*primipilus*,	
frühe Kaiserzeit)	bis zu 5000 Denare
Jahressold eines Centurios der Hilfstruppen	
(frühe Kaiserzeit/um 240 n. Chr.)	ca. 1000/7500 Denare
Jahressold eines *miles* um 200/240 n. Chr.	600/1800 Denare
Jahressold eines Centurios um 200 n. Chr.	9000/27 000 Denare
Lohn für einen Bademeister (spätere Kaiserzeit)	2 Denare pro Gast
Preisgebot des Staatsmanns Lucullus für eine Statue	
des Bildhauers Arkesilaos	1 Mio. Sesterzen
Angebliches Vermögen des Philosophen Seneca	
(4 v. bis 65 n. Chr.)	300 Mio. Sesterzen

Aus dem (Höchst-)Preisedikt Diokletians (301 n. Chr.)

Schulgeld für Grundschullehrer	50 Denare pro Monat und Schüler (in der Kaiserzeit oft nur acht bis zehn)
Schulgeld für Oberschullehrer	200 Denare pro Monat und Schüler
Schulgeld für Hochschullehrer	250 Denare pro Monat und Schüler
Tageslohn für Handwerker	50 Denare
Tageslohn für Landarbeiter	25 Denare
Tageslohn für einen *marmorarius*	60 Denare
Tageslohn für einen *lithurgos/ lapidarius*	50 Denare
Lohn für einen Barbier	2 Denare

1 Sesterz = 2½ Asse
1 Denar = 10 (später 16) Asse
1 Denar = 4 Sesterzen

Preise

Griechenland

Existenzminimum pro Tag (klassische Zeit)	2 Obolen
Ein *medimnos* (Scheffel) Getreide (ca. 6 kg, arch. Zeit)	1 Drachme
Ein Scheffel Getreide (klassische Zeit)	4 bis 5 Drachmen
Ein Scheffel Getreide (Hungerjahr 330/29 v. Chr., Preis der Fernkaufleute)	bis zu 16 Drachmen
Jahresausgaben einer Kleinfamilie für Weizen (klass. Zeit)	ca. 100 Drachmen
Eine *choinix* (ca. 1,1 l) Olivenöl	2 *chalkoi* bis 1 Drachme
Speisefisch mittlerer Qualität	bis 4 Obolen
Ein Schaf (archaische Zeit)	1 Drachme
Ein Rind	mind. 50 Drachmen
Ochse (Preis in Athen, 5. Jh. v. Chr.)	3,3 Minen
Eine Ziege	10 Drachmen
Gängiger Werkzeugpreis	2 bis 3 Drachmen
Gängiger Sitzpreis im Theater	2 Obolen

Preis für ein mittleres Grundstück in Attika	ca. 500 Drachmen
Preis für ein kleineres Haus in Attika	500 bis 1000 Drachmen
Ein älteres Handelsschiff mit unfreier Besatzung	4000 Drachmen
Eine (unbemannte) Triere (Kriegsschiff)	5000 bis 6000 Drachmen
Ein Sklave (Kind bis Facharbeiter)	50 bis 500 Drachmen
Tagespachtzins für einen Sklaven	2 Obolen
Freilassungspreis für Heloten in Sparta 222 v. Chr.	500 Drachmen
12-jähriger Lehrgang beim klass. Maler Pamphilos	1 Talent
Bußgeld für Sparta wegen Friedensbruch während der Olympischen Spiele (5. Jh. v. Chr.)	2000 Minen
Kosten für Athens jährliche Feste	mind. 100 000 Drachmen
Kosten einer Trierarchie	bis zu 5000 Drachmen
Strafbeispiel für einen Großhändler bei Vertragsbruch (4. Jh. v. Chr.)	5000 Drachmen
Preis einer Aufbereitungswerkstatt in einer Mine	ca. 10 000 Drachmen
Produktionskosten für die Athena Parthenos (um 440 v. Chr.),	bis zu 1000 Talente
davon Gold	44 Talente (ca. 1 Tonne)
Produktionskosten für den Parthenon-Tempel	500 Talente
außerordentliche Abgabe wohlhabender Bürger an den Staat (*eisphora*)	ca. 100 Talente
Athens Mindestausgaben beim See-Import (4. Jh. v. Chr.),	10 Mio. Drachmen
davon Getreide	ca. 3 Mio. Drachmen
Kosten für die athenische Belagerung Poteidaias (laut Thukydides, 430/29 v. Chr.)	2000–2400 Talente

Rom

Existenzminimum pro Jahr	mind. 2000 Asse
1 Laib Brot	1 As
1 Schoppen (ca. ½ Liter) billiger Wein	1 As
1 Schoppen höherwertiger Wein	2 Asse
1 Schoppen Falerner Wein (Pompeji)	4 Asse
1 Pfund Oliven (ca. 330 g, Pompeji)	4 Asse
1 Pfauenei (1. Jh. v. Chr.)	5 Denare
1 Pfau	50 Denare
Jahreseinnahmen aus Vogelzucht (Drosseln, Pfaue)	50–60 000 Denare
1 Modius (ca. 6,5 kg) Weizen (Rom)	7 Sesterzen
1 Modius Roggen (Rom)	3 Sesterzen
1 Maultier	ca. 500 Sesterzen
1 Sklave	ca. 1000–2000 Sesterzen
1 Pfund Weihrauch (1. Jh. v./n. Chr.)	bis zu 6 Denare

1 Pfund tyrienischer Purpur (1. Jh. v./n. Chr.)	1000 Denare
Eintritt in öffentliche Thermen	¼ bis 1 As
Bordellbesuch	1 As, oft 2 Asse, bis zu mehrere Denare

Aus dem (Höchst-)Preisedikt Diokletians (301 n. Chr.)

Zehn „Premium"-Äpfel	4 Denare
Ein Scheffel Weizen	100 Denare
Ein Pfund Rind- oder Ziegenfleisch	8 Denare
Ein Pfund Schweinefleisch	12 Denare
Ein „normaler" bis hochwertiger frischer Meeresfisch	6–24 Denare
Hochwertiger Honig (ca. ½ Liter)	40 Denare
Ein „Fuß" Marmor (herkunftsabhängig)	40–250 Denare

Jahreskosten für Getreideimport (Rom, frühe Kaiserzeit)	250–300 Mio. Sesterzen
Edeltisch aus nordafrikanischem Zitrusholz	bis zu 1 Mio. Sesterzen
Perlenschmuck der Lollia Paulina (Gattin Kaiser Caligulas)	40 Mio. Sesterzen
geschätztes Jahresbudget des Reichs um 200 n. Chr.	ca. 1000–1200 Mio. Sesterzen,
davon Heeresausgaben	ca. 900–1000 Mio. Sesterzen

Bestattungskosten für einen Legionär (mittlerer Dienstgrad, Kaiserzeit)	1000 Sesterzen
Angebliche Bestattungskosten Kaisers Vespasians	10 Mio. Sesterzen
Selbst gewähltes Bestattungsbudget des Großgrundbesitzers Gaius Caecilius Isidorus (8 n. Chr.)	1,1 Mio. Sesterzen
Bau der Neptunthermen von Ostia (2. Jh. n. Chr.)	2 Mio. Sesterzen
Imperatorische Geldgeschenke an das Volk:	
Gaius Iulius Caesar	32 Mio. Denare
Septimius Severus	220 Mio. Denare
Einzelner Einsatz Kaiser Neros beim Glücksspiel	400 000 Sesterzen

Zeittafel

ca. 1600–1100 v. Chr.	Mykenische Zeit
ca. 1190	Trojanischer Krieg
ca. 1200–750	„dark ages"
ca. 900–700	Geometrische Zeit (Vasenmalerei-Stil)
814	Gründung Karchedons/Karthagos durch die Phönikier
776	Erste Olympische Spiele
753	Gründung Roms
ca. 750–700	„Ilias" und „Odyssee"
ca. 750/700–500	Archaische Zeit, Große Kolonisation
559–529	Kyros der Große Achämenidenkönig, Herausbildung des persischen Weltreichs
510/09	Ende der attischen Tyrannis und der römischen Königszeit
522–486	Dareios I. Achämenidenkönig
ca. 500–323	Klassische Zeit, attische Demokratie
490–479/48	Perserkriege (Marathon 490, Salamis 480, Plataiai 479)
431–404	(2.) Peloponnesischer Krieg
404–371	Spartanische Hegemonie
387	Galliersturm über Rom
359–336	Philipp II. von Makedonien
338	Schlacht von Chaironeia, Korinthischer Bund
336	Ermordung Philipps, Herrschaftsantritt Alexanders
333/31	Schlacht von Issos/Gaugamela
330	Ermordung Dareios' III.
323	Tod Alexanders in Babylon
323–30	Hellenistische Zeit (Entstehung und Niedergang der großen Nachfolgestaaten des Alexanderreichs)
264	Erste Gladiatorenkämpfe (drei Paare) in Rom
264–241	1. Punischer Krieg
218–202/01	2. Punischer Krieg
168	Roms Sieg über Makedonien, Makedonien wird Provinz
149–146	3. Punischer Krieg, Zerstörung Karthagos
146	Zerstörung Korinths, Griechenland wird Provinz
105–101	Einfall der Kimbern und Teutonen (*furor Teutonicus*)
82/81–79	Diktatur des L. Cornelius Sulla
73–71	Spartacusaufstand
63	Pompeius' Siege über Mithridates VI. und das Seleukidenreich
58–49	Caesar in Gallien
47–44	Diktatur und Ermordung Caesars

30	Octavian erobert Alexandreia, Ende des letzten hellenistischen Großreichs
27	Octavian erhält den Beinamen Augustus/Beginn des Prinzipats (römische Kaiserzeit)
9 n. Chr.	Schlacht im Teutoburger Wald/ *clades Variana*
14–37	Kaiser Tiberius
37–41	Kaiser Caligula
41–54	Kaiser Claudius
54–68	Kaiser Nero
69–79	Kaiser Vespasian
79–81	Kaiser Titus; Vesuvausbruch 79; Eröffnung des Flavischen Theaters 80
81–96	Kaiser Domitian
96–98	Kaiser Nerva
98–117	Kaiser Trajan; größte Ausdehnung des Imperium Romanum
117–138	Kaiser Hadrian
161–180	Kaiser Marcus Aurelius
180–192	Kaiser Commodus
193–211	Kaiser Septimius Severus
211–217	Kaiser Caracalla
235–285	Soldatenkaiser
284–305	Kaiser Diokletian (Tetrarchie seit 293)
306/12–337	Kaiser Konstantin
379–395	Kaiser Theodosius I. der Große
395	Teilung des Römischen Reichs
451	Schlacht auf den Katalaunischen Feldern gegen die Hunnen
410	Plünderung Roms durch die Westgoten
455	Plünderung Roms durch die Vandalen
474–526	Theoderich der Große König der Ostgoten
476	Absetzung des letzten weströmischen Kaisers durch Odoaker
527–565	Kaiser Justinian (Ostrom)

Quellen und Literatur

Quellen

Augustus, Res gestae. Tatenbericht (übers. und hrsg. Marion Giebel), Stuttgart 2004.

Herodot, Neun Bücher der Geschichte (übers. Heinrich Stein, bearb. Wolfgang Stammler), Essen.

Homer, Ilias (übers. Roland Hampe), Stuttgart 1979.

Ders., Odyssee (übers. Roland Hampe), Stuttgart 1979.

Müri, Walter (Hrsg.), Der Arzt im Altertum. Griechische und lateinische Quellenstücke von Hippokrates bis Galen mit der Übertragung ins Deutsche, München/Zürich ⁵1986.

Pausanias, Beschreibung Griechenlands (übers. und hrsg. Ernst Meyer), 2 Bände, München ²1972.

Plinius Secundus d. Ä, Naturkunde (übers. und hrsg. Roderich König), 31 Bände, Zürich/Düsseldorf 1973–1996.

Plutarch, Alexander Caesar (übers. und hrsg. Marion Giebel), Stuttgart 2004.

Strabo, Geographica (übers. Albert Forbiger), Wiesbaden 2005.

Sueton, Sämtliche Werke (übers. Adolf Stahr, bearbeitet Franz Schön/Gerhard Waldherr), Essen 2004.

Tacitus, Annalen I–VI (übers. Walther Sontheimer), Stuttgart 1964.

Tacitus, Annalen XI–XVI (übers. Walther Sontheimer), Stuttgart 1967.

Thukydides, Der Peloponnesische Krieg (übers. und hrsg. Helmuth Vretska, Werner Rinner), Stuttgart 2000.

Xenophon, Hellenika (hrsg. Gisela Strassburger), München ²1988.

Lexika

Andresen, Carl et al. (Hrsgg.), Lexikon der alten Welt, 3 Bände, Düsseldorf 2001.

Cancik, Hubert/Schneider, Helmuth (Hrsgg.), Der neue Pauly. Enzyklopädie der Antike, 13 Bände, Stuttgart/Weimar 1996–2002.

Fredouille, Jean-Claude, Lexikon der römischen Welt, Hamburg 2005.

Howatson, M. C. (Hrsg.), Reclams Lexikon der Antike, Stuttgart 1996.

Rachet, Guy, Lexikon der griechischen Welt, Hamburg 2005.

Darstellungen

Boardman, John (Hrsg.), Reclams Geschichte der antiken Kunst, Stuttgart 1997.

Burford, Alison, Künstler und Handwerker in Griechenland und Rom, Mainz 1985.

Connolly, Peter, Greece and Rome at War, London/Mechanicsburg 1998.

Connolly, Peter/Dodge, Hazel, Die antike Stadt. Das Leben in Athen & Rom, Köln 1998.

Eich, Armin, Die politische Ökonomie des antiken Griechenland (6.–3. Jahrhundert v. Chr.), Köln/Weimar/Wien 2006.

Finley, Moses I., Die antike Wirtschaft, München ³1993.

Garnsey, Peter (Hrsg.), Non-Slave Labour in the greco-roman World, Cambridge 1980.

Giardina, Andrea (Hrsg.), Der Mensch der römischen Antike, Essen 2004.

Heather, Peter, Der Untergang des Römischen Weltreichs, Stuttgart 2007.

Heuss, Alfred, Römische Geschichte (hrsg. Jochen Bleicken), Paderborn/München/ Wien/Zürich ⁷2000.

Hornblower, Simon, The Greek World. 479–323 BC, London/New York ³2003.

Kloft, Hans, Die Wirtschaft des Imperium Romanum, Mainz 2006.

König, Ingemar, Der römische Staat. Ein Handbuch, Stuttgart 2007.

König, Ingemar, Vita Romana. Vom täglichen Leben im alten Rom, Stuttgart 2004.

Kudlien, Fridolf, Die Stellung des Arztes in der römischen Gesellschaft. Freigeborene Römer, Eingebürgerte, Peregrine, Sklaven, Freigelassene als Ärzte, Stuttgart 1986.

León, Vicki, Working IX to V. Orgy Planners, Funeral Clowns, and Other Prized Professions of the Ancient World, New York 2007.

Krause, Jens-Uwe, Kriminalgeschichte der Antike, München 2004.

Marrou, Henri Irénée, Geschichte der Erziehung im klassischen Altertum, München ⁷1977.

Matyszak, Philip, Antikes Sammelsurium. Skurriles und Kurioses von Ovid bis Caesar, Stuttgart 2011.

Meijer, Fik, Die Gladiatoren, Düsseldorf 2007.

Mossé, Claude, The Ancient World at Work, New York 1969.

Murray, Oswin/Davies, John K./Walbank, Frank W., Das antike Griechenland, Düsseldorf 2006.

Ogilvie, Robert M./Crawford, Michael/Wells, Colin, Das antike Rom, Düsseldorf 2006.

Rhodes, Peter John, A History of the Classical Greek World. 478–323 BC, Malden/Oxford/Carlton 2006.

Roebuck, Carl, The Muses at Work. Arts, Crafts, and Professions in Ancient Greece and Rome, Cambridge/London 1969.

Rosen, Klaus, Griechische Geschichte erzählt, Darmstadt ²2006.

Warry, John, Warfare in the classical World, Norman 1995.

Weiss, Alexander, Sklave der Stadt. Untersuchungen zur öffentlichen Sklaverei in den Städten des Römischen Reiches, Stuttgart 2004.

Unger, Steffen, Der König von Asien. Alexander der Große erobert Persien, Darmstadt 2014.

Vernant, Jean-Pierre (Hrsg.), Der Mensch der griechischen Antike, Frankfurt/M. ²1996.

Weeber, Karl-Wilhelm, Alltag im alten Rom. Das Landleben, Darmstadt ²2012.

Weeber, Karl-Wilhelm, Alltag im alten Rom. Das Leben in der Stadt, Mannheim ⁴2011.

Weeber, Karl-Wilhelm, Nachtleben im alten Rom, Darmstadt 2004.

Welwei, Karl-Wilhelm, Die griechische Polis, Stuttgart ²1998.

Berufe- und Personenregister

Ädil 30
Aetius, Flavius 72
agentes in rebus 43, 167
Agesilaos II. 56, 176
Agonothet 178
agoranomoi 22
Agrippa, M. Vipsanius 34
Alarich 72, 149
Alexander der Große 52, 53, 54, 55, 56,
  57, 58, 59, 60, 62, 63, 71, 77, 81, 89,
  102, 106, 113, 120, 121, 131, 136,
  159, 160, 161, 162, 164, 165, 176,
  183
Alkibiades 20, 121
Amme 145
Antonius, M. 34, 37, 97, 121
Apelles 94, 103, 120
Apicius 110
apparitores 44
arbiter 48
arbiter elegantiae/elegantiarum 179
Architekt 104
Archon 14
Areopagiten 16
Aristoteles 136, 144, 179
Arminius 27, 153
Arrian 160
Artaxerxes II. 56, 132
Artaxerxes III. 57, 63
Arzt 129
Äsop 121, 151
astynomoi 22
Augur 156
Augustus 26, 27, 34, 36, 39, 40, 42, 43,
  48, 64, 66, 67, 69, 70, 91, 97, 113,
  115, 118, 133, 152, 155, 156, 160,
  163, 169

Bäcker 107
Bankier 87
Barbier 112
Bauer 73
Bematist 58

Bergmann. Siehe Minenbetreiber
Bestatter 115
Bibliothekar 143
Bildhauer 100
Böotarch 20
Bordellbesitzer. Siehe Prostituierte
Bote 109
Brutus, L. Iunius 25
Bulla Felix 168

Caesar, C. Iulius 26, 27, 29, 30, 34, 35,
  37, 41, 61, 63, 64, 68, 88, 113, 131,
  144, 152, 153, 171, 181, 193
Caligula 108, 118, 119, 166
Caracalla 68, 69
Cassius Dio 168
Cato, M. Porcius 34, 35, 73, 74, 118,
  131, 139
centumviri 48
Chares von Lindos 60, 105
Chiliarch 54
Chorege 186
Cicero, M. Tullius 73, 88, 135, 139,
  156, 168
Cincinnatus, L. Quinctius 35, 37, 73
Claudius 119, 162, 163
cohortes urbanae 39, 71
colonus 76
Commodus 124, 133, 167, 193
Crassus, M. Licinius 88, 165
curator annonae 42
curator aquarum 42

Dareios I. 105, 130
Dareios III. 57, 62, 63, 160
*decemviri (consulari imperio) legibus
  scribundis* 38
decurio (mil.) 64
decurio (ziv.) 30
Delator 166
Demetrios Poliorketes 60, 105, 122,
  170, 185
Demetrios von Phaleron 56, 187

Abbildungsnachweis

Alle Illustrationen stammen aus Werken des 19. Jahrhunderts.